21世纪经济管理新形态教材·创新创业教育系列

U0655772

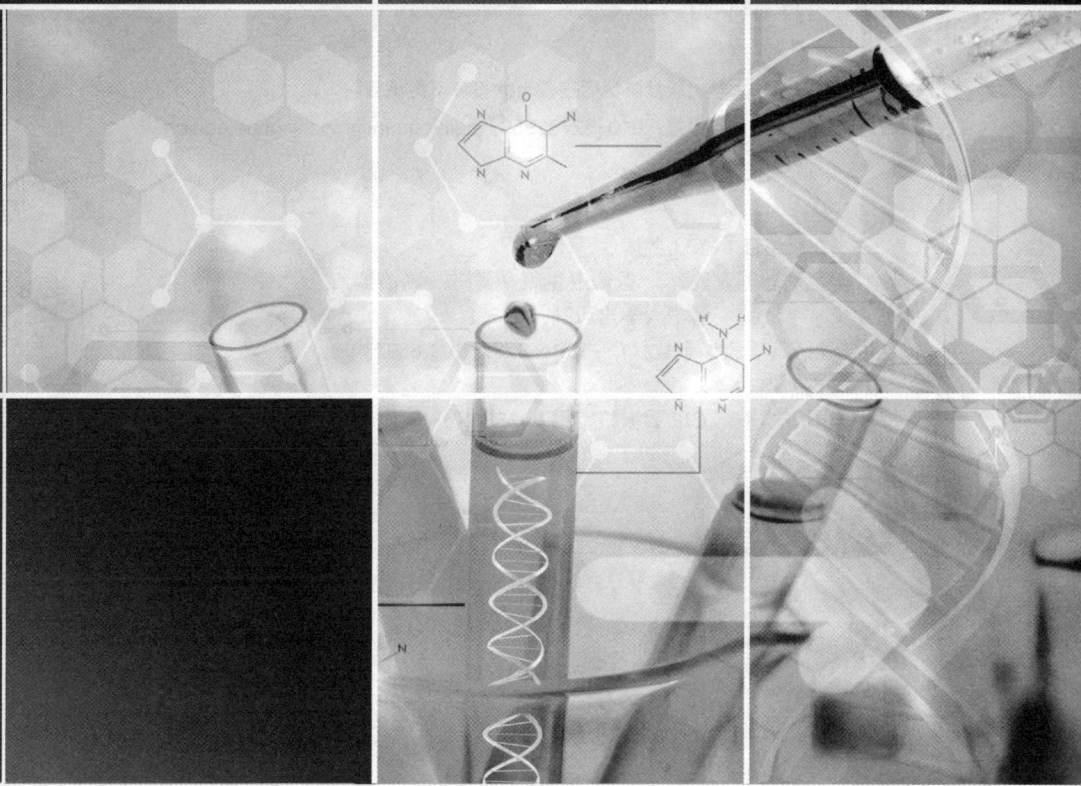

大学生创新创业教育

主 编◎李 杰 葛治国 张 帆

副主编◎郭跃伟 陈 冉 刘 海

（医药卫生版）

清华大学出版社

北京

内 容 简 介

本教材融合创新创业教育和实践，把价值教育、素养提升和能力锻造有机结合起来，从创新创业与人生发展、创业素养发掘、创业者与创业团队、创业机会挖掘、整合创业资源、创业计划制订与调整、创业风险分析与把控、创业筹备与企业管理、创业项目实施方法和技巧以及创新创业赛事解读十个方面展开教学设计。每章通过导入案例引出主题，结合案例分析与拓展阅读形成有机配合，以多角度阐释、多形式呈现的方式传递知识理念，使课堂教学内容更加丰富，形式更具灵活性。

本教材可作为普通高等院校大学生创新创业基础教育的指导教材，也可以供大学生创业者、社会创业工作者学习和参考使用。

图书在版编目（CIP）数据

大学生创新创业教育：医药卫生版 / 李杰，葛治国，
张帆主编. -- 北京：清华大学出版社，2025.1.
(21 世纪经济管理新形态教材). -- ISBN 978-7-302-68023-9

Ⅰ．G647.38

中国国家版本馆 CIP 数据核字第 2025E6K587 号

责任编辑：付潭蛟
封面设计：胡梅玲
责任校对：王荣静
责任印制：沈　露
出版发行：清华大学出版社
　　　　　网　　　址：https://www.tup.com.cn，https://www.wqxuetang.com
　　　　　地　　　址：北京清华大学学研大厦 A 座　　　　邮　　编：100084
　　　　　社 总 机：010-83470000　　　　　　　　　　　邮　　购：010-62786544
　　　　　投稿与读者服务：010-62776969，c-service@tup.tsinghua.edu.cn
　　　　　质 量 反 馈：010-62772015，zhiliang@tup.tsinghua.edu.cn
　　　　　课 件 下 载：https://www.tup.com.cn，010-83470332
印 装 者：河北鹏润印刷有限公司
经　　销：全国新华书店
开　　本：185mm×260mm　　　　印　张：12.75　　　字　　数：275 千字
版　　次：2025 年 3 月第 1 版　　　　　　　　　　印　次：2025 年 3 月第 1 次印刷
定　　价：46.00 元

产品编号：105469-01

本书编委会

主　编：李　杰　葛治国　张　帆
副主编：郭跃伟　陈　冉　刘　海
编　委：代克强　史世锋　刘　双　刘　洁
　　　　朱　青　齐明超　张　丹　李　琳
　　　　李一光　李文妮　李越华　邹　洁
　　　　陈刘方　侯慧芳　唐　笑　逄园园

前　言

习近平总书记在全国教育大会上要求把创新教育贯穿教育活动全过程。以创造之教育培养创造之人才，以创造之人才造就创新之国家。当前，深化高校创新创业教育改革，造就一大批具有创新精神、创业意识和创新创业能力的大学生，已成为中国高等教育人才培养范式的一次深刻变革，"敢闯会创"已经成为中国高等教育新的质量观。

2020年9月，《国务院办公厅关于加快医学教育创新发展的指导意见》发布，要求以"新医科"统领医学教育创新。该指导意见指出："我国医学教育唯有提升人才培养质量以及提升医药创新发展能力才能面对疫情新的要求和健康中国战略提出的新任务。""到2030年，建成具有中国特色、更高水平的医学人才培养体系，医学科研创新能力显著提高，服务卫生健康事业的能力显著增强。"医学教育是卫生健康事业发展的重要基石，在国计民生中占据重要地位。提高医学生创新能力，培养具有创新创业素养的高等医学人才，是高等医学院校人才培养的重要目标，更是推动新医科建设的有效途径。因此，将创新创业教育融入医学生大学生涯全过程、各阶段，培养创新型、复合型医学人才，不仅是医学生全面发展的现实需要，也是医学院校与时俱进的时代需求，更是为健康中国、创新型国家建设及国家治理体系和治理能力现代化提供有力支撑和服务保障。

近年来，医学院校大力提倡创新创业能力的培养，确实取得了一定的成绩。但由于医学教育的特殊性，长期以来对创新创业教育的理解过于简单，创新创业教育与医学专业教育衔接不够紧密，未形成科学系统的创新创业教育课程体系。受传统就业观念影响，师生创新创业意识不强、动力不足，相对固定模式的教育方式也不利于创新创业精神的培养，等等。这些都严重制约着医学院校创新创业教育向更深层次发展。作为医学院校从事创新创业教育的一线教师，我们有责任帮助医学院校大学生们树立正确的创新创业价值观，向他们传授科学家精神、工匠精神和企业家精神的共同内涵，为他们提供创新的理论指引与创业的方法训练，引导他们释放自身创新创业潜力。

基于此，本教材编者结合自身多年从事创新创业教育与实践经验编写了本教材。本教材的特色如下：①突出思创融合。把思想政治教育与创新创业教育有机融合，通过创新创业跨学科启发性教学承载思政教育，引导医学生树立正确的创新创业价值观，培养科学家精神、工匠精神和企业家精神，形成从理念、内容、形式上的相配相符，从而帮助医学生塑造正确的世界观、人生观、价值观，以提高其创新意识与社会实践能力。②突出专创融合。对标行业需求对教材进行"量体裁衣"，紧密结合医药产业发展前沿，选取大健康产业、生物医药科技、医工交叉融合与智能医疗等与学生专业相关领域的典型案例，如常俊标教授研发阿兹夫定等，增强教材感染力与吸引力，从医学专业视角对医学生创新创业进行指导，突出对临床创新实践能力和创新思维的培养。③强化产学研融合。将各级各类创新创业赛事引入教材，通过系统梳理创新创业大赛的概况分类、参赛技巧、项目案例分析、孵化成果展示等，引导医学生将创新创业的基础知识与科研创新、成果转化相结合，帮助医学生树立"原始创新、技术研发和成果转化及科技型创业公司孵化"一体化的创新创业理念，激发其主动创新、正确创业。

唯改革者进，唯创新者强，唯改革创新者胜。深化创新创业教育改革，为高等医学教育植入创新创业的灵魂，不仅是创新创业教育的未来，也是我国高等医学教育的未来。我们期待着更多医学生以敢闯的素质、会创的本领、家国的情怀，在创新创业的生动实践中焕发出更加有为、更加美丽的青春光彩！

目　录

第一章

创新创业与人生发展

【知识目标】

1. 了解"双创"提出的时代背景和意义。
2. 了解国内外"双创"教育的发展历程。
3. 关注医药卫生领域发展趋势，树立创新创业思维。

【能力目标】

1. 知晓"双创"对国家发展的影响与意义。
2. 知晓医学生创新创业的必要性和可行性。

【素质目标】

1. 能够自觉培养自身的创新意识与创业能力。
2. 能够积极顺应"双创"时代发展的潮流，树立正确的创新创业价值观。
3. 关注医药卫生领域的痛点以及百姓健康，进行创新创业。

当前，新一轮科技革命和产业变革加速演进，人工智能（AI）、大数据、物联网等新技术、新应用、新业态方兴未艾，创新创业已成为世界大势所趋。大学生是我国未来发展的重要力量。习近平总书记指出："创新是社会进步的灵魂，创业是推动经济社会发展、改善民生的重要途径。青年学生富有想象力和创造力，是创新的有生力量。"因此，努力培养大学生的创业意识、创新精神和创造能力，是高等教育在中国式现代化建设背景下提高大学生素质教育的重要途径。本章主要讲述"双创"提出的时代背景和意义，创新和创业的内涵、特征与分类，国内外"双创"教育的发展历程以及我国"双创"教育的目标任务，医学生提升创新创业实践能力的现实意义等相关知识。

【创业名言】

思路决定出路，布局决定结局。

——牛根生，蒙牛乳业创始人

第一节　开创新局——"双创"提出的背景及意义

导入案例

创业路漫漫，青年立志辟新天

2016年9月，崔高阳步入河南工业大学。一次，学校发通知要开展大学生创新大赛，崔高阳毫不犹豫地报了名，他连夜准备图纸并向学院副院长请教专业知识。崔高阳的积极举动让周围的老师和同学都感到很意外，他腼腆地解释："因为这是我梦想的一部分。我想把创意变成现实，提高社会生产力，让人类社会变得更加美好，让人们生活得更加幸福，实现自己的价值。"

自此，崔高阳便走上了自己的创新创业之路。大学时光里，崔高阳常常带着各种"奇奇怪怪"的问题一次又一次地敲开老师办公室的门，有时为了寻求问题的答案，他甚至追到了教授家里。郑州大学、南昌大学、天津大学、哈尔滨工业大学的校园里都曾出现过他求学的身影，而通往大江南北的绿皮火车也描绘出了他梦想的版图。

2017年5月，崔高阳顶着烈日，带着5000元人民币，汗流浃背地骑着自行车奔赴在他的创业之路上。在创业之初，各种难题纷至沓来。没有足够的订单，拿不出充足的资金，没有工厂愿意代加工产品……似乎每一个摆在他面前的难题都能轻易封锁住他的创业之路。为了筹集资金，崔高阳积极参与学校、政府及相关部门举办的创新创业大赛等一系列活动，在这些平台中结识了志同道合的人。他通过向别人展示自己的梦想，不断与别人交换意见，最终和一些有资源并且愿意帮助创业者的人达成了共识。崔高阳抓住一切机会发展自己的团队，落实自己的项目，通过互惠合作，他的公司慢慢形成了一个有一定规模的企业。

有人曾问过崔高阳一个问题："创新的路上你失败了多少次？"他答不上来。因为崔高阳从开始创业，几乎每走一步都会遇到失败，可恰恰是这种逆境培养了他愈挫愈勇的性格和坚定不移的信念，成为他创业道路上的宝贵财富。

崔高阳坚信创新才是企业的发展源泉。创业之初，他便在拿到学院和政府的知识产权补助后，将全部精力投入到新技术的研发上，申请了数项发明专利，并且全部获得授权。曾经有一次，为了打破国外技术的垄断，崔高阳带领团队进行了长达18个月的艰苦探索，几乎每天晚上实验室都灯火通明，他与团队成员经历了无数个日日夜夜的奋战。苦心人天不负，终于在2019年4月9日凌晨3点，崔高阳兴奋地打电话通知所有研发人员，高温电弧传感器研发成功了，最终测得精度为0.1μm，达到了国际领先水平。崔高阳也凭借敢去打破现状、主动尝试新鲜事物的精神与态度，在行业里开辟出了一片自己的天地。

资料来源：河南大中专学生就业创业."创业路漫漫，青年立志辟新天"河南工业大学毕业生风采展示——大学生创业人物　崔高阳[Z/OL]. https://mp.weixin.qq.com/s/1RcVMlAHruqNBd3tRZqECg.

案例分析

1. 请思考：崔高阳是如何开启创新创业之路的？

2. 请评价：崔高阳的创业精神对当代大学生有哪些启示？

一、开辟新赛道："双创"应运而生

改革开放以来，我国社会主义现代化建设取得了举世瞩目的伟大成就，但科技创新能力不足仍制约着我国经济社会的发展，同时还面临着来自发达国家在科技方面占有优势的巨大压力。2018 年 4 月 16 日，美国商务部发布公告称，美国政府在未来 7 年内禁止中兴通讯向美国企业购买敏感产品，导致中兴通讯股价大跌，甚至面临生产中断、破产的危机。这一事件充分说明我国在某些核心科技方面还存在一定的短板，面临"卡脖子"的危机。

早在 2006 年，全国科技大会就提出自主创新、建设创新型国家战略，颁布了《国家中长期科学和技术发展规划纲要（2006—2020）》，希冀通过创新实现我国经济转型发展。现在，我国的科研论文及专利产出增长迅速。美国国家科学基金会（NSF）发布的 2018 年度"科学与工程指标"报告指出，中国在科研论文发表数量上，第一次超越了美国。2014 年，汤森路透旗下的知识产权与科技事业部在北京发布了研究报告《创新在中国——中国专利活动发展趋势与创新的全球化》，该报告显示，中国在 2013 年的发明专利申请量超过 60 万件，成为全球专利产出总量最多的国家。这些数据表明中国近几十年在科研和学术领域中突飞猛进，取得了快速发展。但总体上看，我国的很多科技成果还停留在纸面上，没能转化为现实的生产力。我国大量的科研成果不能转化为应用技术的问题十分突出，发达国家的科技成果转化率为 60%～70%，而我国的科技成果转化率仅为 30%。

2015 年，中国开启了"双创"国家战略。2015 年，《国务院政府工作报告》明确了驱动经济发展的"双引擎"：一个是大众创业、万众创新，另一个是增加公共产品、公共服务供给。在随后的几年时间里，国家围绕"双创"出台了一系列政策，各地也纷纷掀起了大众创业、万众创新的浪潮。"双创"成为推动国家经济高质量发展的重要动力。在大众创业、万众创新的国家战略引导下，我国的科技创新从以跟跑为主逐步变为并跑、领跑，并成为全球创新创业的热土。2022 年，我国创新指标全球排名第 11 位，进入创新型国家行列。

大学生作为年轻的一代，正见证着这个时代最美好的一切，这个时代的最强音即"大众创业、万众创新"。

二、发展新动能："双创"的时代意义

党的二十大报告提出："要坚持教育优先发展、科技自立自强、人才引领驱动，加快建设教育强国、科技强国、人才强国。"党的二十大报告第一次将教育、科技、人才整合到一起进行系统谋划，共同服务于创新型国家建设，这也是以习近平同志为核心的党中央洞察大势、立足当前、着眼长远作出的重大战略抉择。当前，实施创新驱动发展战略的目的是增强自主创新能力，最大限度地释放全社会创新创业创造动能，激

发中华民族的创新基因和创业精神，并为人们在创造财富过程中更好地实现精神追求和自身价值注入强大动力。因此，创新创业既是时代发展的内在需求，也是满足人民对美好生活向往、增强国家竞争力的重要步骤。

（一）服务国家创新驱动发展战略的时代需要

党的十八大提出实施创新驱动发展战略。2016年4月，党中央、国务院出台《国家创新驱动发展战略》，进一步明确了科技创新是提高社会生产力和综合国力的战略支撑，必须摆在国家发展全局的核心位置。从5G网络的全覆盖、C919大型客机正式运行、时速600公里的高速磁浮交通系统下线到"九章""祖冲之号"问世让中国量子计算机实现算力全球领先，近十年来，我国科技实现了一系列突破性进展，取得一系列标志性成果。但与此同时，我们也要看到在科技领域，我们还有很多被"卡脖子"的技术，包括芯片、传感器、光刻机、激光雷达等关键技术，我国的科技创新能力还需进一步提高。我们要建成世界科技创新强国，任重道远。

今天的世界，谁掌握了核心技术谁就掌握了话语权。我国近代落后挨打的重要原因是与历次科技革命失之交臂，导致科技弱、国力弱。创新驱动是国家命运所系，是世界大势所趋，更是发展形势所迫。

当今社会要求人们的创业活动具有创新性、先进性，要求在新一代信息技术、新材料、智能制造、物联网等领域进行创新发展，而这些先进的技术需要具备专业知识的人才的参与，而大学生接受过高等教育，掌握了一定的先进知识、技术和思维方法，具有宽广的视野和远大的抱负。可以说，当代大学生在新技术、新材料、新能源、新业态、互联网、物联网、人工智能等领域将会大有作为，只要掌握创新创业的基本技能，熟悉创新创业的基本流程，了解创新创业的必备心态，下定决心，做好吃苦、迎接挑战的准备，新一代大学生就一定能够创造出一片属于自己的天空。

在医学健康领域，随着物质生活的极大丰富，人们对健康的重视程度越来越高；同时，医学科技水平的发展也突飞猛进。一些先进医学设备的引入，在诊断和治疗方面发挥了极大的作用。但特别令人忧虑的是，为什么这些设备都是国外研发的？为什么这些新药都是国外进口的？为什么我们只能"用"？难道中国人就不能研发适合国民的医学设备、技术和药品吗？

创新型国家的发展离不开创新型医学健康产业的发展，离不开医学的创新创业。这些都离不开医药卫生类专业学生的医学知识和聪明才智。

（二）经济新常态下，解决就业压力的需要

目前，我国经济已由高速增长阶段进入高质量发展阶段，在这一阶段，经济增速放缓是常态，经济转型也是常态。而在这种情况下，还要完成同样数量的城镇新增就业岗位目标，可以说压力是巨大的。据报道，2020年我国的大学毕业生有874万人，2021年有909万人，2022年达到1076万人；每年还有相当数量的中专毕业生，加上每年数十万的退伍军人，城市的下岗职工、农村剩余劳动力的城市转移及自然增长的劳动力大军，每年需要就业的人数超过2500万。而在我国现行经济发展态势下，每年

只能提供新增城镇就业岗位 1000 余万个，岗位缺口极大，就业形势严峻，且完全符合大学生期望的就业岗位越来越少。这迫使大学生尤其是有远大梦想的大学毕业生选择创新创业。

另外，我国经济从原来的粗放型经济向一个更新的形式转型。工业机器人的兴起和智能制造，将大大提升工业产业的自动化水平；农业现代化的发展与农村人口城镇化的方向遥相呼应。也就是说，传统意义上的第一、二产业将逐渐减少对就业岗位的贡献度；在就业岗位的提供方面，第三产业将承担更重要的角色。其中，对大学生而言，新型服务业（主要指科技性服务业、生产性服务业）应该是未来创新创业和就业的主要方向。

新常态将是一个较长时期的发展态势，我们应该认识它、适应它，这样才能够跟上时代发展的步伐，适应这个社会。

（三）新时代实现个人价值的需要

根据《中国青年创业发展报告（2023）》显示，从 2015 年至 2022 年，青年创业发展指数由 100 升至 184.4，显示出持续向好的发展势头。同时，根据中国劳动和社会保障科学院《2023 数字生态青年就业创业发展报告》，青年已成为数字生态就业创业的主力军。微信生态从业者中，35 岁以下青年人群占比较高，在 56.8% 左右。其中，小程序开发者和小程序服务商从业人员中青年人群占比分别达到 73.4% 和 67.1%。此外，《中国青年创业发展报告（2022）》也强调了青年创业的发展态势。报告认为，青年创业呈现出年轻化、高学历、启动资金规模小的特征。

由此可见，青年人，尤其是大学生群体已经成为我国新一波创新创业浪潮的主力军，并且呈加速递增趋势。

（四）互联网时代带来的冲击给大学生提供了机会

互联网时代的到来、众创空间的打造以前所未有的速度谱写着改变世界的产业传奇和创业人生。互联网引发了生产力、生产关系、生产要素的重新组合建构，也改变解构了原有的价值链条和产业格局，创造了全新的产业生态和经济模式。借助网络以及网络内部多元化的联系，借助国家大学生创业促进政策和计划项目，创业的成本大大减少，创业的门槛降低，催生了大学生创业这一如火如荼的时代浪潮。

归纳起来，大学生选择创业的动机有如下六种。

第一，追求自由、追求自我价值实现的欲望促使大学生创业；

第二，物质生活需求的日益增长促使大学生创业；

第三，优质就业岗位的不足迫使大学生创业；

第四，知识经济时代呼唤大学生创业；

第五，国家的经济社会发展给大学生提供了大好的创业机会；

第六，互联网的发展给大学生创造了极佳的创业机会。

据调查，超过 70% 的有创业欲望的大学生最终选择创业的主要原因是：追求自由、自己主宰自己命运和实现自我价值。

　　"如是娱乐法"联合创始人、"90 后"创业代表、北京大学法学院毕业生刘苀说："中国第一次出现了'可以干自己想干的事情'的一代人。这代人喷薄而出的创新力，会帮助中国进入一个极具创新力的年代。"她说："'90 后'是第一代有传承的人。他们喜欢一件事，认准了，就心甘情愿、默默无闻地做下去。硅谷流行文化——你只活一次（You Only Live Once，YOLO），每个人做自己爱的事，做好自己就是对社会最大的贡献，这是硅谷创新力的重要源泉。"

　　"90 后"追求自由，更愿意为自己打工，期望实现自身的价值，这些促使他们积极投身创新创业热潮。

第二节　创行起航——国内外"双创"教育发展历程

一、取长补短：国外"双创"教育发展历程

　　"双创"教育已经成为全球范围内许多国家高等教育的共识，其成效的高低也成了衡量一国经济发展活力的重要标志之一。美国、英国、法国、德国、日本等国家的高校在探索过程中形成了自己的特色教育模式，国外高校"双创"教育的理论与实践探索对于我国具有积极的借鉴意义。

　　总体说来，当今世界各国特别是发达国家都从战略高度定位"双创"教育。国外高校从教育创新、体制创新、人才培养创新的高度来认识"双创"教育，将其视为高校人才培养的使命。美国高校在教授学生专业知识的同时，会告诉学生如何运用这些知识进行创新、创造，如何将创意变为创业。德国高校不仅重视创新创业基础知识的传授，还非常注重学生跨学科思维方法、能力和素养的培育，重视在专业教育中渗透哲学、社会科学、人类文明等相关人文学科知识的教学，引导学生树立责任意识、企业家精神。英国高校管理者将创业精神融入高校治理中，将"双创"教育融入高校二级单位的战略规划甚至教师的个人学术发展规划中。

　　"双创"教育要取得实效，需要多维发力，需要全方位的保障支持。一是政策和法律支撑。政府在科技成果转化、专利申请、小企业发展等方面为大学生创业提供法律保障和政策支持，如出台相应的中小企业免税法，采用调控手段使资金流向大学生创业主体，优先向初创企业提供订单。二是经费及项目支持。成立政府机构为创新团队和初创企业提供技术支持、融资支持、咨询与培训支持等。比如，美国小企业管理局（Small Business Administration，SBA）于 1958 年被美国国会确定为"永久性联邦机构"，它是专门向中小企业提供资金支持、技术援助、政府采购、紧急救助、市场开拓（特别是国际市场）等全方位、专业化服务的机构。美国小企业管理局是美国政府制定小企业政策的主要参考和执行部门，主要通过提供融资帮助、提供多方面的咨询和技术、帮助小企业获得美国政府的采购合同等三个途径向致力于创办小企业的美国人提供帮助，帮助他们创办小企业、发展小企业并实现致富目标。三是指导与咨询服务。一方面，许多高校通过多维度举措鼓励更多教师参与创新创业，提升创新创业指导水

平；另一方面，国外高校广泛聘请企业家、创业者、投融资机构负责人担任企业导师，帮助大学生解决创新创业实务问题。四是场地与设备服务。高校、企业和社会机构建设了大量的创客空间和孵化器，为初创企业提供条件优厚的办公场地租用服务。

"双创"教育实施过程的协同并举。一方面，国外高校不仅从高校内部选聘优秀教授、研究人员担任创新创业教师，还注重从企业选聘优秀人才担任创新创业导师或客座教授，以专兼职结合、校内外协同的方式共同建设高素质的创新创业师资队伍。美国高校注重整合社会资源，善于吸引社会各界既有创新创业经验又有一定学术背景的专家学者来高校从事创新创业教学和研究工作，并从社会上聘请创业者、企业家等实践型人才，以短期讲学、开设讲座、参与论坛、参加研讨等方式支持学校"双创"教育活动。此外，国外高校还通过鼓励或直接选派教师到企业学习、兼职等方式，整合和依托社会资源来培养教师的创新创业实务技能。美国高校普遍采用"专职教师+企业人士"配对方法，使得创业理论与创业实践有机结合，有效地提升了师资水平。另一方面，国外高校协同整合多种课程形式，包括创新创业基础理论课程、与专业结合的创新创业课程、创新创业实践课程，系统开展"双创"教育，使大学生既能掌握创新创业基础理论知识，又能收获创新创业体验，增强创新创业意识，提高创新创业能力。

"双创"教育平台的开放性。不少高校为推动创新创业实践、创新创业成果产业化、实现产学研一体化而建设的创新创业中心、创新创业基地等创新创业园区，打破了高校与其他社会资源条块分割的格局，使资源配置能够集中、共享、高效，让创新要素在高校、政府、科研机构和企业之间自由流动，使高校、科研机构、企业、行业、非营利机构以及公众的力量实现协同联动，促进政产学研紧密融合，给创新创业以发力的支点。国外对高校科技产业化、商业化大多采取开放性的、市场导向的原则，即高校可以自主地按照市场的需求与规律，将科技创新成果付诸市场。

扩展阅读 1-1 美国大学生"创业计划"

二、乘风破浪：我国"双创"教育改革发展

我国高校的"双创"教育相对国外起步较晚，始于 20 世纪 90 年代末期，迄今走过了 20 多年的历程。根据各个时期具有标志性的重要事件，可以将我国的"双创"教育划分为以下四个阶段。

（一）初期启蒙阶段：1997—2002 年

1997 年，我国高校"双创"教育在清华大学首开先河。清华大学经济管理学院在 MBA（工商管理硕士）培养项目中设立了创新与创业方向及其相关课程。1998 年 5 月，清华大学学生社团——清华大学学生科技创业者协会，发起并成功举办了第一届"创业计划大赛"，自此拉开了我国创业大赛的序幕。

1999 年，首届全国大学生"挑战杯"创业大赛在清华大学成功举办。"挑战杯"创业大赛是"挑战杯"全国大学生系列科技学术竞赛的简称，是由共青团中央、我国

科协、教育部和全国学联共同主办的全国性的大学生课外学术实践竞赛。该赛事在我国有两个并列项目：一个是"挑战杯"中国大学生创业计划竞赛，另一个是"挑战杯"全国大学生课外学术科技作品竞赛。这两个项目的全国竞赛交叉轮流开展，每个项目每两年举办一届。在中国"互联网+"大学生创新创业大赛未举办之前，"挑战杯"创业大赛是国内当时最具影响力、级别最高的大学生创业比赛项目。在赛事的影响和带动下，全国各高校逐渐引入以创业竞赛为主要导向的创业教育。

（二）自主探索阶段：2002—2010 年

创业教育是一门综合性学科，为进一步探索符合我国高校特点的创业教育模式，教育部于 2002 年 4 月将清华大学、北京航空航天大学、中国人民大学、上海交通大学、西安交通大学、武汉大学、黑龙江大学、南京财经大学、西北工业大学 9 所高校定为创业教育试点学校，鼓励这些试点学校采用不同的方式对创业教育进行尝试与探索，为下一步普及高校创业教育奠定了前期基础。可以说，2002 年是我国开创高校创业教育的重要拐点。

各高校在开展创业教育的过程中，遇到的重大瓶颈因素就是创业师资严重匮乏。创业教育不仅要求授课教师具有较高的职业素质、讲授技能，还要有创业实践指导的经历和能力。2003 年 10 月 27 日—11 月 2 日，教育部在北京航空航天大学举办了第一期创业骨干教师培训，这标志着我国高校创业教育的普及化教学正式开始。2005 年 8 月，KAB（Know About Business）创业教育（中国）项目正式启动，这是我国推动创业师资培训的又一项重要举措，越来越多的高校教师接受了这方面的培训，开始在课程体系中增加相关的创业课程，各高校开始将创业教育纳入人才培养的内容范畴。2008 年，教育部通过"质量工程"项目，又立项建设了 32 个创新与创业教育类人才培养模式实验区，取得了较好的预期成果，进一步加快了高校创业教育的探索进程。

（三）全面推进阶段：2010—2015 年

2010 年 5 月，教育部颁发的《教育部关于大力推进高等学校创新创业教育和大学生自主创业工作的意见》，第一次将"创新的概念"融入"创业教育"中，这是我国第一个推进创新创业教育的全局性文件，为形成独具中国特色、符合我国经济社会发展要求的创新创业教育起到了引领性的指导作用。2010 年 6 月，《国家中长期人才发展规划纲要（2010—2020 年）》和《国家中长期教育改革和发展规划纲要（2010—2020 年）》相继出台，强调了创新创业教育对创新型人才培养的重要性，要求各高校将其融入学校人才培养的全过程。各高校开始从创业教育初期偏重于创业知识和理论的传授，转向通过实际操作技能、创业精神及抗风险心理等提高学生的创业素质。

教育部于 2012 年 8 月 1 日颁布了《普通本科学校创业教育教学基本要求（试行）》，对我国高校开展创业教育的教学目标、教学原则、教学内容、教学方法、教学组织作出明确规定，

扩展阅读 1-2　2022 年 3 月教育部学生工作司及学生服务与素质发展中心发布的《普通高校学生自主创业政策公告》

要求各高校要把"创业基础"作为必修课融入人才培养体系，贯穿人才培养全过程，面向全体学生广泛、系统开展。这一政策的出台，不仅规范了我国高校的创新创业教育，推动了专创融合的培养理念，更强调了创业教育就是素质教育的指导思想。很快，在中国大地上掀起了"大众创业""草根创业"的新浪潮，形成了"万众创新""人人创新"的新态势。这种大背景加快推动了高校建立系统化、多元化的创新创业教学体系。

（四）创新发展阶段：2015 年至今

2015 年 5 月，国务院办公厅印发的《国务院办公厅关于深化高等学校创新创业教育改革的实施意见》，站在国家实施创新驱动发展战略、促进经济提质增效升级、推进高等教育综合改革、促进高校毕业生更高质量创业就业的高度，明确了深化高校创新创业教育改革的指导思想、基本原则、总体目标，提出了 9 项改革任务、30 条具体举措。2015 年的《政府工作报告》中提出了"互联网+"行动计划，同年 6 月，国务院印发的《国务院关于大力推进大众创业万众创新若干政策措施的意见》指出，推进大众创业、万众创新，是发展的动力之源，要求各高校激发在校大学生的创新创业热情，体现高校创新创业教育成果，搭建大学生创新创业项目与社会投资对接平台。上述政策推动各高校的创新创业教育进入了蓬勃发展阶段。2015年，首届中国"互联网+"大学生创新创业大赛正式举办，到 2023 年，已连续成功举办九届。2017 年 8 月，习近平总书记在给第三届中国"互联网+"大赛"青年红色筑梦之旅"的参赛大学生的回信中说道："实现全面建成小康社会奋斗目标，实现社会主义现代化，实现中华民族伟大复兴，需要一批又一批德才兼备的有为人才为之奋斗。艰难困苦，玉汝于成。今天，我们比历史上任何时期都更接近实现中华民族伟大复兴的光辉目标。祖国的青年一代有理想、有追求、有担当，实现中华民族伟大复兴就有源源不断的青春力量。希望你们扎根中国大地了解国情民情，在创新创业中增长智慧才干，在艰苦奋斗中锤炼意志品质，在亿万人民为实现中国梦而进行的伟大奋斗中实现人生价值，用青春书写无愧于时代、无愧于历史的华彩篇章。"习近平总书记的回信充分肯定了青年学子奋发有为的精神风貌，更加激发了当代大学生投身到各类创新创业活动的积极性和主动性。该赛事是目前全国最有影响力的赛事，参与高校数由首届的 1800 所增至第八届来自国内外 111 个国家和地区的 4554 所，参与学生人数由首届的 20 万人增至第八届的 1450 万人，学生参与的比赛项目也大幅提升，由首届的 3.7 万项增至第九届的 340 万项。中国国际大学生创新大赛（原中国"互联网+"大学生创

扩展阅读 1-3　2022 年 1 月河南省人民政府办公厅关于印发河南省进一步支持大学生创新创业若干措施的通知

扩展阅读 1-4　2021 年 11 月教育部关于做好2022 届全国普通高校毕业生就业创业工作的通知

扩展阅读 1-5 国务院办公厅关于进一步支持大学生创新创业的指导意见

扩展阅读 1-6　国内大学生创业成功案例

新创业大赛）正在成为各高校深化"思创融合、专创融合、科教融合"的创新创业教育改革载体，是促进学生全面发展的重要平台和推动产学研用相结合的关键纽带。

第三节　乘势而上——"双创"塑造人生

一、奋楫扬帆——大学生提高"双创"能力的意义

（一）有助于培养正确的创新创业价值观

中国特色社会主义进入新时代，亟须大批高素质的创新创业人才。站在新的历史起点上，当代大学生要树立正确的创新创业价值观，这也是社会主义核心价值观在创新创业上的体现，是大学生主体基于自身需求和国家、社会需要，在创新创业实践基础上，对创新创业目标的认识以及在创新创业时采取的价值判断和选择标准。大学生创新创业价值观主要体现在家国情怀、敢闯会创、勇于奋斗、崇尚劳动、创造大美等方面。家国情怀就是要引导大学生在创新创业过程中，完成自我价值的"小我"与为国家和人民服务的"大我"的统一。敢闯会创明确了在国家创新驱动大背景下，大学生应努力发挥自己的才能，在五彩缤纷的社会舞台上敢于尝试与探索各类创新创业活动。勇于奋斗是鼓励大学生要具备在各种高压下仍能独立思考和自主学习的优秀品质，学会自我调节和自我控制的能力。崇尚劳动是帮助大学生在创新创业实践中，感受劳动之艰、劳动之美，进而树立崇尚劳动、尊重劳动、热爱劳动的职业操守。创造大美是要唤醒和塑造大学生创造型人格，使其成为"具有开创性的人"。

当前，有的大学生将"创富"作为创新创业的唯一目的，只注重个体价值的实现，忽略了创新创业精神的培养和社会责任的体现，这是典型的"功利与自我"的表现。在创新创业的浪潮中，新时代的大学生应深刻领悟中国梦的内在含义，中国梦是国家的梦、民族的梦，也是每一个中华儿女的梦。"得其大者可以兼其小。"只要每个人都把人生理想融入国家和民族的伟大梦想之中，把小我融入大我，敢于有梦、勇于追梦、勤于圆梦，就会汇聚起实现中国梦的强大力量。因此，大学生应将自我实现的个人梦融入中华民族伟大复兴的中国梦中，在创新创业中发现自我、锻造品行，最终实现人生价值。

（二）有助于合理规划职业生涯发展

职业生涯规划又称职业规划，是对一个人从开始工作到退休的整个职业历程进行系统的规划，包括职业规划、自我规划、理想规划、环境规划、组织规划等。职业规划在对个人性格特点、兴趣爱好、成长环境、从业经历等主客观因素进行深入测定、分析和总结的基础上，确定个人短期和长期的事业发展目标。职业是不断变化的，职业规划也不是一成不变的，它是一个动态发展的过程，是基于对未来职业的前瞻性和全局性认识，对客观世界发展变化的主观预期和主动适应。大学阶段是人生的"拔节孕穗期"，但现在有很多大学生并不十分清楚自己真正的职业定位，比较习惯于按照父

母的意愿或师长的建议选择职业发展方向。大学期间，大学生应注意提升创新创业能力，运用这种能力不断加强自律能力、学习能力、抗压能力和社交能力，以"踏平坎坷成大道，斗罢艰险又出发"的意志，通过创新思维和创业意识，主动培养自己的优势，挖掘自身潜力，尝试新的领域，在职业生涯规划中扬长避短，个性化地设计适合自己未来发展的职业生涯。

（三）有助于实现高质量创业与就业

习近平总书记在党的十九大报告中指出，"就业是最大的民生"。随着高等教育从"精英教育"向"大众教育"迈进，高校毕业生的就业形势日益严峻，人才供需处于供大于求的失衡状态，大学生毕业数量远远大于空缺岗位的数量。"意识决定行动，行动是意识的反映。"因此，在高校开展创新创业教育，可以增强大学生的创业意识，使其养成一种不满足于现状、敢于创新并承担风险的精神。各高校应积极鼓励大学生自主创业，改变为高校毕业生提供岗位的"输血"式思维，增强大学生自我"造血"能力，缓解大学毕业生的就业压力。

伟大梦想不是等得来、喊得来的，而是拼出来、干出来的。在这个千帆竞发、百舸争流的时代，大学生要努力投身到创业活动中去，只要找准方向、驰而不息，就能条条大路通罗马。"以创业带动就业。"可以说，一个创业能力很强的大学生不但不会有就业压力，相反，还能通过自主创业活动给其他人提供就业岗位。创业能力可以帮助大学生带着创业的思路去主动就业，为其在未来的职业生涯发展中，提供源源不断的精神动力和智力支持，促进大学生在今后的工作岗位不断创新、不断突破，为社会作出更大贡献。

二、"医"创有道——大健康背景下医学生创新创业机会

（一）什么是大健康

大健康是根据时代发展、社会需求与疾病谱的改变，提出的一种全局的理念。它围绕着人的衣、食、住、行以及人的生、老、病、死，关注各类影响健康的危险因素和误区，提倡自我健康管理，是在对生命全过程全面呵护的理念指导下提出来的。它追求的不仅是个体身体健康，还包含精神、心理、生理、社会、环境、道德等方面的完全健康，提倡的不仅有科学的健康生活，更有正确的健康消费，等等。它的范畴涉及各类与健康相关的信息、产品和服务，也涉及各类组织为了满足社会的健康需求所采取的行动。

随着经济发展和人们生活水平的提高，人们在尽情享受现代文明成果的同时，文明病，即生活方式导致的疾病正日益流行，处于亚健康状态的人越来越多。生活条件提高了，可食品安全和环境卫生问题层出不穷，生活质量反而不断下降。如今，人们不重视亚健康状况，一些慢性病问题突出，这已经严重影响人们的身体健康，耗费了大量的社会医疗资源和医疗费用，不少人也因病致贫。新医改提倡以预防为主，国家

中医药管理局明确提出"治未病"的医疗指导原则，进而促进了我国大健康产业的快速成熟。

2016年10月发布的《"健康中国2030"规划纲要》指出"实现国民健康长寿，是国家富强、民族振兴的重要标志，也是全国各族人民的共同愿望"。"共建共享、全民健康"是建设健康中国的战略主题。核心是以人民健康为中心，坚持以基层为重点，以改革创新为动力，以预防为主，中西医并重，把健康融入所有政策，人民共建共享卫生与健康工作方针。针对生活行为方式、生产生活环境以及医疗卫生服务等健康影响因素，坚持以政府主导与调动社会、个人的积极性相结合，推动人人参与、人人尽力、人人享有，以预防为主，推行健康生活方式，减少疾病发生，强化早诊断、早治疗、早康复，实现全民健康。

（二）大健康产业的基本内涵

大健康理念有助于人民群众提高健康素养，接受科学的健康指导和正确的健康消费理念。

大健康产业就是紧紧围绕人们期望的核心，让人们"生得优、活得长、不得病、少得病、病得晚、提高生命质量、走得安"。倡导一种健康的生活方式，不仅是"治病"，更是"治未病"；消除亚健康、提高身体素质、减少痛苦，做好健康保障、健康管理、健康维护；帮助人民群众从透支健康、对抗疾病的模式转向呵护健康、预防疾病的新健康模式。

《"健康中国2030"规划纲要》提出，到2030年，促进全民健康的制度体系将更加完善，健康领域发展更加协调，健康生活方式得到普及，健康服务质量和健康保障水平不断提高，健康产业繁荣发展，基本实现健康公平，主要健康指标进入高收入国家行列。具体实现以下目标。

（1）人民健康水平持续提升。人民身体素质明显增强，人均预期寿命达到79岁，人均健康预期寿命显著提高。

（2）主要健康危险因素得到有效控制。全民健康素养大幅提高，健康生活方式得到全面普及，有利于健康的生产生活环境基本形成，食品药品安全得到有效保障，消除一批重大疾病危害。

（3）健康服务能力大幅提升。优质高效的整合型医疗卫生服务体系和完善的全民健身公共服务体系全面建立，健康保障体系进一步完善，健康科技创新整体实力位居世界前列，健康服务质量和水平明显提高。

（4）健康产业规模显著扩大。建立起体系完整、结构优化的健康产业体系，形成一批具有较强创新能力和国际竞争力的大型企业，成为国民经济支柱性产业。

（5）促进健康的制度体系更加完善。有利于健康的政策法律法规体系进一步健全，健康领域治理体系和治理能力基本实现现代化。到2050年，建成与社会主义现代化国家相适应的健康国家。

（三）大健康产业的发展机会

在 21 世纪，大健康产业将获得极大的发展。也有人认为，医药事业将是 21 世纪的黄金行业。如果把整个大健康产业比作海上的一座冰山，那么，治病救人的医药事业只是浮在海面上的冰山一角，而"治未病"的保健事业是尚且沉在水面下的、更大的部分，是 21 世纪经济的核心产业，也是其他产业突破困局的催化剂。

美国著名经济学家保罗·皮尔泽在《财富第五波》（*The New Wellness Revolution*）一书中曾预言，健康产业将成为继 IT 产业之后的全球"财富第五波"。美国未来几年健康产业年产值将达 1 万亿美元。

在中国，健康产业的规模也正在日益扩大。据国家统计局统计，2023 年规模以上医药工业企业实现营业收入 29552.5 亿元，实现利润 4127.2 亿元，与 2019 年相比，2023 年营业收入、利润分别增长 13% 和 19.4%。

从健康消费需求和服务提供模式角度出发，健康产业可分为医疗性健康服务和非医疗性健康服务两大类，并形成四大基本产业群体，即：

（1）以医疗服务机构为主体的医疗产业；

（2）以药品、医疗器械以及其他医疗耗材产销为主体的医药产业；

（3）以保健食品、健康产品产销为主体的传统保健品产业；

（4）以个性化健康检测评估、咨询服务、调理康复和保障促进等为主体的健康管理服务产业。

医疗产业、医药产业对于消费者而言大多是被动消费，偏重治疗；健康管理服务产业则是主动消费，偏重预防；保健品产业介于二者之间。

医药卫生类专业学生在大健康产业中如何定位是关系到自己职业目标取向的问题，更是关乎能否在"双创"中展现风采的大事。医药卫生类专业学生的毕业去向未必只有去临床一线这一条路，在上述四大领域都有巨大的发展空间。结合专业，把握健康中国发展机遇，时不我待，健康事业的发展"舍我其谁"！

思考题

1. 有人认为，创新创业会影响大学生的专业学习，因而不支持大学生创业；也有人认为，大学生在大学期间要多参加社会实践，通过创新创业历练自己，这样才能更好地走向社会。关于大学生专业学习与创新创业之间的关系，你有何看法？

2. 青年创新创业是"个人价值的实现与国家富强、民族复兴"的有机统一，你如何理解？

扩展阅读 1-7　青年人是推动创科发展的主力军

第二章

创业素养发掘

【知识目标】

1. 了解创业者应具备的基本素养。
2. 了解基本素养的分类。
3. 能够描述出创业者的基本形象。

【能力目标】

掌握启发创业意识、训练创业思维、培养创业精神、塑造创业品质以及提升创业能力的基本方法。

【素质目标】

1. 能够自主培养自身的创业意识与精神。
2. 能够自觉锻炼自身的品质与能力。
3. 能够积极顺应"双创"时代发展的潮流。

　　每个人都有梦想，创业者更是如此。创业是一项充满风险的事业，但也是一项充满机遇的事业。在创业过程中，要想取得成功，不仅需要拥有当今时代的技能与知识，还要拥有将其应用于实践的能力，即创新创业素养。21 世纪是知识经济时代，知识经济的本质就是创新。创新是一个民族进步的灵魂，是一个国家兴旺发达的不竭动力。创新思维是人类最高层次的思维，也是创新创业教育的核心。因此，培养创新思维、发掘创业素养是时代对有创业梦想的大学生提出的基本要求，为了使大学生更好地创新创业，应加强对大学生创新创业素养的培育，进而提升其核心能力，促进全面发展。本章主要讲述创业素养的内涵、创业人才应具备的素养与能力、大学生创业素养的培育等相关知识。

【创业名言】

　　我认为做企业要有这些素质，特别在中国市场上，那就是：诗人的想象力、科学家的敏锐、哲学家的头脑、战略家的本领。

——宗庆后，娃哈哈集团创始人

第一节　满眼生机——启发创业意识

导入案例

大学生创业的失败与成功

王淑娟毕业于信阳师范大学。2004 年，刚毕业的她来到了上海，顺利进入了一家企业开启了自己的职业生涯。由当初的设计师到企划策划，再到市场营销，最后成为管理者。几年的时间里，王淑娟积累了很多工作经验，也慢慢地萌生了自己创业的念头，和众多有梦想与理想的创业青年一样，她在自己成长的道路上，看到了很多人的成功，并暗自下了创业的决心。

2006 年，经过一番筹备，王淑娟开始了自己第一次创业，但由于人员和资金的问题，第一次创业最终失败了。经历了第一次创业失败，王淑娟总结出很多实际经验，也从中悟到一些道理，团队需要一种相同的文化理念支持，需要一种凝聚力。光凭着热情，一个创业团队可以支持一时，但很难持久，所以自己第一次创建的团队出现了"集体干活，个人出名"的现象，同时也没有及时地发现和解决员工的这种心理状态。

2008 年，在一次展会上，王淑娟又一次看到了创业机会，经过一段时间的市场调查，王淑娟发现国内传统的演示和展示技术已经远远不能满足众多行业企业的个性化需求。虚拟现实展示技术无论是发展方向，还是市场应用，前景都十分广阔。这次创业王淑娟选择了以虚拟现实、3D 视觉技术为主的科技服务业。为了自己的第二次创业能够形成自己的特色，王淑娟做了很多前期工作：组建公司前，参加专业机构培训，从中学习到一个优秀企业家所需要具备的素质，以及团队文化建设、团队塑造和团队领导等；在筹备期，建立了公司的管理流程和制度，同时也制定了公司的激励机制。有了这些制度、流程和责任划分，公司在初期的市场运作上取得了比较好的效益。慢慢地，随着市场的发展，公司的员工也逐渐增多，公司已经从创业初级阶段发展到一个有着 15 人团队的成长阶段。

资料来源：张汝山，张林. 大学生创业案例解析[M]. 南京：南京大学出版社，2013：45.

案例分析

1. 请思考：王淑娟的第一次创业为什么会失败？从失败中汲取到什么样的经验？
2. 请评价：王淑娟的创业经历对当代大学生培养创业意识方面有哪些启示？

一、企业的精神旗帜：雇主意识与担当意识

（一）雇主意识是创业精神的一种体现

在创业团队中，领导者即团队领袖的作用尤为重要。创业团队领袖是创业团队的灵魂，是团队力量的协调者和整合者。柳传志曾说："领军人物好比是阿拉伯数字中的 1，有了这个 1，带上一个 0，它就是 10，有了两个 0 就是 100，有了三个 0 就是 1000。"这句话很好地概括了创业团队里领导者的重要性。优秀的创业团队领导者——企业家，

应该具有良好的品质、能力、资历和魅力。

1. 品质

品质是指创业者自身所具备的基本性格、心理素质和道德修养等，包括执着的目标信念、自信心、激情、坚韧的意志力、魄力与决断力，以及冒险精神、创新精神、独立意志、合作精神、道德修养、社会责任、实干精神和心理承受力等。当然，我们并不能要求所有的创业者都必须同时具备所有这些优秀品质，不同的创业者会在涉及品质的不同项目上有强弱之分。不过，但凡成功的创业者往往具有一些共同的基本品质，如百折不挠的进取意志、冒险与实干精神、良好的心理承受力和道德修养等。

2. 能力

能力是指一个创业者需要具备的解决创业过程中各个方面问题的实践能力。它可被大致划分为专业能力、管理能力和沟通能力三类。其中，专业能力主要指专业知识和专业技能。创业者的专业能力除了能够赢得员工的尊重和敬仰，树立个人威信，提高创业者的影响力之外，也有利于创业者深入生产销售第一线，及时进行技术改进和战略方面的正确决策。管理能力主要指管理创业过程中应该具备的各种能力。一个强有力的领导者应当具备计划、组织、领导和控制协调的能力。沟通能力是指创业者与他人的沟通与交际能力，主要包括表达能力、谈判能力、变通能力、自我认识与自我调整能力、感悟力等。

3. 资历

资历是指创业者过去所拥有的资格和经历。资历只能代表过去，一种经历或许能让一个人拥有某个方面的经验，但并不能说明许多未来问题。因为没有哪个人在某个领域不是从零开始的，当然，丰富的资历对现在和未来的事业大有裨益。

4. 魅力

魅力是指品质、学识、能力、资历和个性化语言行为等综合形成的"个人引力（磁）场"。个人魅力是吸引人、影响人的无形而又巨大的力量。创业者的个人魅力在企业管理过程中的作用十分重要，是形成企业文化不可缺少的因素。

（二）担当意识是创业精神的一种呈现

担当意识是一个创业者必备的素质之一，创业者以身体力行而不是说教来领导企业，随着经济环境愈加复杂，每一个成功的创业企业也都各不相同，创业的方式也多种多样，但是，我们仍旧可以看到创业者的普遍共性，这些创业者都会为自己的企业投入金钱、精力和时间，并愿意承担相应的资本及心理压力、社会风险。对于创业者来说，担当意味着责任，创业者在投入金钱与精力之后，需要靠强大的责任意识为企业谋得发展。

1. 担当精神

培育大学生的担当精神，是新时代、新战略、新思想对大学生的精神要求，能使大学生坚定民族使命、提升社会责任感、成就美好人生。大学生在充分开发自身内在创新创业的潜能的同时，应该具有社会责任感和敢于担当的精神，这对大学生成才、就业、服务社会具有重要意义。大学生的这种肩负责任的担当精神主要体现在爱国主义情怀、强烈的社会责任感、正确的自我价值观方面。大学生创新创业的担当精神需要将创新创业和祖国的需要结合起来，把振兴祖国、奉献社会作为目标，持续关注国家的发展。

2. 使命责任

使命感和责任心是驱动创业者勇往直前的力量之源。成功的创业者具有高度的使命感和强烈的责任意识，创业活动是社会性活动，是各种利益相关者协同运作的系统。只有对自己、对家庭、对员工、对投资人、对顾客、对供应商以及对社会拥有高度的使命感和负责精神的创业者，才可能赢得人们的信任、尊重和支持。

扩展阅读 2-1 创业宣言

二、企业的行为标杆：价值创造意识与诚信意识

（一）价值创造意识

1. 人生价值

创业是一个伟大的历程，是一个精彩的大舞台。创业起步可高可低，创业的发展空间无限。通过创业，能有效实现人生价值，把握人生航向。

（1）创业可以主宰自己，充分发挥自己的才干。

许多上班族之所以感到厌倦，积极性不高，重要原因之一是觉得自己在给别人"打工"，个人的创意、想法往往得不到肯定，个人的才能无法充分发挥，愿望得不到实现，工作缺乏成就感，行事有诸多约束。而创业完全可以摆脱种种羁绊，摆脱在行为上受制于人的局面，充分施展自己的才华，发挥最大潜能，使自己的人生价值得到更好的体现。

（2）创业可以帮助个人积累财富，一定程度上满足个人对物质的追求欲望。

工薪阶层的收入有高有低，但都是有限的，没有太多提升的空间。而摆脱这些烦恼的最佳途径，就是开创一份完全属于自己的事业，它提供的利润是没有极限的，可任你想象。根据统计资料，在美国福布斯富人榜前四百名富人中，有 75% 是第一代的创业者。在中国富豪榜中，以创业起家的也不在少数。

（3）创业能够使个人有机会和实力回馈社会，具有极高的成就感。

创业者成立的企业一方面为社会提供了产品或服务，一方面为个人、社会创造了财富。企业融入社会再生产的大循环之中，从多个环节为国家和社会作出贡献。这种贡献使得创业者个人能够从中收获巨大的成就感。

（4）创业能够使个人从事喜欢的事业并从中获得乐趣。

创业者选择创业项目，通常都会从个人感兴趣的领域着手，将其与自己的知识技能、专业特长等结合起来。而且，做自己喜欢做的事本身就是一种享受。

（5）创业使个人从挑战和风险中得到别样的享受。

创业充满挑战和风险，同时也充满克服种种挑战的无穷乐趣。在创业过程中，可以感受到无穷的变化、挑战和机遇，这是一个令人兴奋的过程。创业者可以通过征服创业过程中的重重困难来丰富自己的人生体验。

总之，创业是实现人生理想和价值、获得自身全面发展的有效途径。

2. 社会价值

（1）创业是一个国家或地区经济发展的至关重要的一部分，这也就是国家和地方为什么会鼓励创业，并提供一定的创业扶持的原因。

（2）促进劳动就业。创业给社会带来很多就业机会，可以缓解就业压力，促进劳动转移。

（3）提高国家的自主创新能力。创业的本质是创造新的价值，创业者要善于抓住新的商业机遇，整合各类资源，从而创造更大的价值。

（4）转变国家经济增长方式。经济结构的不合理，有一个重要的原因就是资源配置不均衡，而创业本身就是一个将不同资源组合起来以利用和开发机会并创造新的价值的过程。我国推动大众创业、万众创新就是富民之道、强国之策。

（二）诚信意识

正直诚信是创业者必备的品质，它体现了成功创业者的人格魅力：讲信誉、守诺言、言行一致、身体力行、胸襟广阔，敢于承担责任、勇于自我否定，尊重人才、以人为本，倡导团队合作和学习，帮助团队成员获得成就感，坚持顾客价值、公司价值和社会价值的创造。具有良好口碑的人格魅力可以帮助创业者凝聚人心，鼓舞士气，赢得更多合作者的信任和支持。以诚待人，以信取人，是我们中华民族的优秀传统之一。孔子曰：诚者，乃做人之本。人无信，不知其可。诚信，是做人的基本原则，也是做事的基本原则，更是一个创业者不可缺少的素质。

扩展阅读 2-2　小米手机创业

内诚于心，外信于人，在社会上，一个人的诚信往往比专业能力更重要。专业能力固然重要但是能力不足的人可以通过个人努力，勤能补拙。而对一个没有诚信的人来说，技术再出色也无补于事，必无立足之地。企业如果缺乏诚信，就会有损自己的形象，在可持续经营的道路上举步维艰。创业凭借诚信正直，才可能拥有更多、更好的发展机会，实现创业的可持续发展。在社会中，体现个人的价值也需要别人的配合和信任，诚信是促进企业有效沟通的桥梁。

三、企业的领航灯塔：前瞻意识与风险意识

（一）未雨绸缪——前瞻意识

1. 远见

有预测未知机遇的能力，能预测他人不能预知的事情，是创业者必备的特质之一。

创业者的好奇心会帮助他们辨识出一些被忽略的市场机遇，这种好奇心会使其走在创新和一些新兴领域的前列。创业者能想象出另一个世界，把自己的远见有效地转化为一种切实可行的业务，随之就会吸引到投资人、客户和员工。创业者会碰到许多唱反调的人，为什么？因为创业者看到的未来和他们看到的不一样，在未来还没有呈现之前创业者就已经预见到了。所以，创业者的思维方式必须是前瞻性的，这能保证在对事物进行分析、综合和判断时做到独辟蹊径，从而产生新颖、独特并且有社会价值的思维产品。

2. 判断力

创业者在进行创业时，要抓住机会、把握机会，并将其转化为公司利润。因此，判断力必不可少。一个有准确判断力的人，他的发展机会要比那些犹豫不决、畏首畏尾的人多得多。英国经济学家卡森将企业家定义为："专门就稀缺资源的配置做出判断性决策的人。判断性决策的本质在于，在决策中不可能采用一条明显是正确的，而且只使用公开可获得信息的规则"。判断力就是决策中发现并选择合理方案的能力。

没有主见是创业者的大忌。而主见，即判断力不是建立在臆测的基础上的，而是与运用客观规律，利用信息和工具进行理性分析的过程息息相关。创业者要在学习、生活中，不断提升自己的判断力，培养自己具有独到的眼光。

扩展阅读 2-3 发现创业机会

（二）居安思危——风险意识

1. 创业存在风险

创业不可能一帆风顺，这是创业者必须考虑清楚的问题。创业者必须明白，市场是无情的，它并不会每一次都青睐创业者。如果创业失败了，将会失去什么？怎样面对失败？尤其是小资金创业，是每个创业者所面临的问题。充分的准备和不断的学习，能够在很大程度上帮助创业者成功创业。所以，一次创业失败并不代表什么，持续的努力才是最重要的。

创业盲目性太大，是大学生创业甚至是年轻人创业的"通病"。大学生创业应当有必要的"风险意识"，才能承受住创业过程中的风险和失败。很多大学生创业者只看到表面现象，不顾时间、地点的差异，盲目照搬、照抄别人的经验，而自己的优势没有得到充分发挥。

创业的风险无处不在，优胜劣汰的商界法则是无情的，因此，创业者在创业过程中，需要理性的思考，需要对自身承担风险的能力进行评估，脚踏实地走好每一步。

2. 风险承担倾向

风险承担倾向预示着面对风险情境时，个体如何做出抉择。从某种意义上看，创业与风险等同，创业意味着风险。准确地说，当机会出现的时候，伴随而来的有两样东西：机遇和

扩展阅读 2-4 中国互联网行业引资额最大的案例

实践训练：现在你具备
创业的资质了吗？

风险。只有敢于冒险的人，才能牢牢地抓住机会。风险承担倾向往往在面临抉择的时刻起关键作用，这种抉择将伴随创业活动始终。

比如，在创业前期的准备过程中，有些大学生会花费大量时间思考以下问题：我到底应该从哪个行业入手开始自己的创业活动？这种活动会为我带来多少利润？假设创业过程不像预先想象得顺利怎么办？我辞掉工作进行自主创业值不值得？归根结底，这些行为均是对风险的一种抗拒和排斥，但我们一定要清楚，没有风险的创业是不存在的。

但同样值得强调的是，风险承担倾向并不是越高越好，它的最佳点应该保持在中间水平，适度即最佳。创业者需要个体承担风险，在风险面前不退缩；反之，若这种倾向过高，可能会转化成一种鲁莽，明知不可为而为之，将注定失败。因此，创业者所需要的风险承担倾向适度即可。

第二节　领异标新——训练创业思维

一、舍己为人：需求导向与利他思维

（一）需求导向思维——脚踏实地寻发展

需求导向，亦称"需要导向"，一种以满足顾客需求为导向的营销观念。企业在设计生产产品之前，首先确定目标客户群，并将顾客需求贯穿于产品研发、生产制造、产品定价、销售服务等整个作业流程，从而使提供的产品和服务符合市场的需求，得到顾客的认同。20世纪80年代最畅销的商业书之一——《成功之路》，就谈到了贴近顾客的重要性，将顾客放在首位的理念已经提出了40多年，但在实际中，如何将这一理念运用到实际商业操作中并非易事。在这方面，亚马逊做了许多努力和工作，确保将顾客放在第一位。当顾客开始接触一家初创企业时，总不免担心它什么时候会倒闭。所以，创业者要快速、准确地把握顾客的需求，也就是其他竞争企业的目标。谁先找到，谁就抢先一步成功。从顾客中来，到顾客中去。这是创业者的必修课之一。创业公司的生存离不开顾客真实需求的满足。首先要了解顾客的习惯，发现顾客的高频需求。

需求导向是指企业业务范围确定为满足顾客的某一需求，并运用互不相关的多种技术生产出不同类型的产品去满足这一需求。对照业务范围的4项内容（产品导向、技术导向、需要导向和顾客导向）来看，需要导向指所迎合的需要是既定的，而满足需要的产品和顾客群体却随着技术的发展和市场的变化而变化。不管什么技术、什么产品，只要与此需要的满足有关，就属于企业业务范围之内；不管哪一类顾客群体，只要有此需要，就是企业的服务对象。根据需求导向给业务范围下定义时，应避免过窄或过宽地定义。过窄则市场太小，无利可图；过宽则力不能及。

（二）利他思维——无私奉献取成功

利他行为就是利益他人，对别人有好处，而对自己没有任何明显益处的行为，是出于自觉自愿的一种行为。社会学家和社会心理学家很早就对利他这种行为进行了大量的科学研究，并且进行了全面的综合分析，最终将利他行为定义为"对别人有好处，没有明显自私动机的自觉自愿的行为"。这个定义让我们更加能够认识到利他的重要性，也让我们更深刻地理解利他的本意——以帮助他人为目的、不期望有精神或物质的奖励、自愿并且可能会有所损失。然而，实际生活中人们利他行为的动机很少如此单纯。通常，利他行为既包含利他的因素，也含有利己的因素。当一个慈善家大量捐款帮助穷人的时候，他可能也会期望在社会上获得声誉上的回报，但这样的人是少数。如此说来，利他行为可能有不同的动机，其中有些行为是以利他为手段、以利己为目的，有些行为有微妙的利己动机，有些是纯粹意义上的利他主义，即为他人的幸福而助人，丝毫没有想到自己的得失。

对于创业者来说，一定要学会用利他的心态去面对你的事业，这样的利他行为将会让你得到最自然的回馈，因为你付出而无所求。我们知道，利他是所有成功现象后面的终极规律，是决定性的，是思路正确的必然所在。

利他也是一种营销战略，我们知道商家常用的营销策略、促销手段、盈利模式、成功模式其实就是让利给顾客而产生聚众效应。这样的案例不胜枚举。例如，曾经多次排在世界 500 强首位的沃尔玛，其创始人山姆·沃尔顿最早的创业动机来源于什么呢？他发现美国当时的百货商场毛利为 44%左右，他思量盘算，如果我只要 22%的毛利，肯定会更被市场接纳，果不其然，就因为他发现了利他的机会才成就了他的事业。

后来，利他方式在很多领域得到了淋漓尽致的发挥，尤其互联网行业。这种利他思维与西方一贯的价值最大化思维相比，极具颠覆性，所以利他又被理论界称为颠覆式创新或开放式创新。因此，对于创业者来说，应该秉持一种利他的心态，真正地去领悟利他的精髓。

扩展阅读 2-5 满足客户需求

二、推陈出新：批判思维和跨界思维

（一）批判思维——多角度看问题

1. 求异观念

对学习研究的事物有求异的观念，不要人云亦云。创新不是简单地模仿。要有创新精神和创新成果，必须有求异的观念。批判思维实质上就是换个角度思考、多个角度思考，并将结果进行比较。求异者看问题的角度往往更深刻、更全面。

创新思维在创新活动过程中，尤其在初期阶段，求异性特别明显。它要求关注客观事物的不同性与特殊性，关注现象与本质、形式与内容的不一致性。英国科学家何非认为："科学研究工作就是设法走到某事物的极端而观察它有无特别现象的工作。"

创业也是如此。一般来说，人们对司空见惯的现象和已有的权威结论怀有盲从和迷信的心理，这种心理使人很难有所发现、有所创新。而求异性思维不拘泥于常规，不轻信权威，以怀疑和批判的态度对待一切事物和现象。所谓具有批判思考能力，是指比较善于发现问题，善于发现当前状况中存在的主要问题及其症结所在，并能够积极地去寻找可靠的、合理的改进措施。可以说，无论是科学研究还是各项技术革新活动或是工作方式改进等，都是在发现当前状况存在的问题基础上进行的，不能发现问题，就会安于现状，就不能进行创造和创新。发现问题，就是要对现实状况进行理性的批判，发现其症结所在并寻找改进对策。所以，具有批判性思考能力是创新人才最基本的特征。换言之，不能进行批判性思考的人是不可能成为创新人才的。

2. 逆向思维

逆向思维，又称反向思维，即反过来想一下，变肯定为否定，或变否定为肯定。这种打破常规和固有思维模式的思维方式，往往可以产生新的观点。培养逆向思考问题的能力，有利于提高对传统观念的批判、继承能力，以及善于发表独立见解的能力。

逆向是与正向比较而言的，正向是指常规的、常识的、公认的或习惯的想法与做法；逆向思维则恰恰相反，是对传统、惯例、常识的反叛，是对常规的挑战。它能够克服思维定式，破除由经验和习惯造成的僵化的认识模式。

逆向性思维在各种领域、各种活动中都有适用性，由于对立统一规律是普遍适用的，而对立统一的形式又是多种多样的，只要有一种对立统一的形式，相应地就有一种逆向思维的角度，所以，逆向思维也有无限多种形式。例如，性质上对立、两极的转换，如软与硬、高与低等；结构、位置上的互换、颠倒，如上与下、左与右等；过程上的逆转，如气态变液态或液态变气态、电转为磁或磁转为电等。不论哪种方式，只要从一个方面想到与之对立的另一方面，就是逆向思维。

（二）跨界思维——打破思维定式

所谓跨界思维，就是大世界、大眼光，多角度、多视野地看待问题和提出解决方案的一种思维方式。释义为交叉、跨越。它不仅代表着一种时尚的生活态度，更代表着一种新锐的世界大眼光，思维特质。比如，跨界性地整合资源和创造性地整合各类资源在大学生创业中具有非常广泛的应用。

创业者能否成功地找到机会，进而推动创业活动向前发展，通常取决于他们所掌握和整合的资源，以及他们对资源的利用能力。许多创业者早期所能获取与利用的资源都相当匮乏，而优秀的创业者在创业过程中所体现出的卓越创业技能之一，就是创造性地整合和利用资源，尤其是那种能够创造竞争优势，并带来持续竞争优势的战略资源。创业者的资源，可分为内部资源和外部资源两种。创业者的内部资源主要是创业者个人的能力，其所占有的生产资料及知识技能，也就是人们通常所说的有形资产及无形资产，如现金资金、房产和交通工具、技术专长、信用资源、商业经验等，只不过这种有形资产和无形资产属于个人罢了。拥有一份良好的内部资源，对创业者来说无疑是重要的。创业者的外部资源中最重要的是人脉资源，即创业者构建其人际网络或社会网络的能力，如同学资源、朋友资源等。一个创业者如果不能在短时间内建立广泛的人际网络，那么他的创业就会非常艰难，即使其初期能够依靠领先技术或者自身素质（比如吃苦耐劳或精打细算）获得某种程度上的成功，我们也可以断言他的事业一定做不大。

扩展阅读 2-6　案例分享

可见，跨界思维是最简单、有效的创新思维，甚至是颠覆性、变革性的思维。

三、相辅相成：设计思维与共赢思维

（一）设计思维——创建新思路

创业者如何才能改变旧有思维，挖掘到有价值的创新点子，踏上成功的创新之路，让事业在"蓝海"里畅游？

创业显然不只是一份漂亮的商业计划书，它的核心是要为顾客创造价值。那么，是否有一套有效的方法去帮助创业者推敲出有价值的创新点子呢？答案是有！

设计思维是一套系统性的思维方法，通过集合众人的智慧，跨界与其他团队合作，运用同理心去创造一个多角度的立体思考空间，突破惯性点对点的平面思维定式，自由奔放地深入问题的核心并找出问题的根源，实实在在地帮助创业者找到属于自己的一扇机会之窗。无论做哪个行业、采用哪种商业模式、如何做市场调研并找出客户的潜在需求、如何设计产品或服务、如何做市场定位和品牌，都可以用设计思维快速找到高质量的解决方案。

无论决定做哪个行业、准备运用什么商业模式、如何做市场调研找出客户的潜在需求、分析客户与非客户是谁，还是要决定如何设计产品或服务、如何做市场定位和品牌、如果确立企业的发展战略或变革，都可以用设计思维快速找到高质量的解决方案，而且几乎可以肯定它会带来惊人的良好效果。

实践训练：瑞幸与茅台：现象级联名掀起"酱香"风潮

（二）共赢思维——共建赢长久

共赢思维是指在处理双边和多边关系时，在相互信任的基础上，通过各方相互理解、相互支持、换位思考，使双方或多方的利益分配趋于合理化，使各方基本满意，由开始的买卖关系逐步提升为相互依存的伙伴关系。共赢思维是在一切人际交往活动中不断寻求互利的一种思维模式。共赢是通过协商，获得两全其美的解决方案，并获得互利互惠的效果。以这种思维处理人际关系，可以达到少争议甚至无争议，使个人身心更加

扩展阅读 2-7　以合作换共赢

健康、愉快。

这种行为也是一种无创伤行为。站在共赢思维的高度审视，即在一部分人获得利益、取得成功的同时，也不能给其他各方留下创伤。现实社会中许多本来可以实现共赢的机会，由于其他思维的主导，造成了太多无谓的伤害。这种伤害既有个人方面的，也有社会方面的和环境方面的；既有物质方面的，也有精神方面的。普遍地树立共赢思维，将把人类社会提升到一个新的高度，使社会更加和谐。

只有共赢思维才能走向长久的合作。我们经营产品，供应商要盈利，经销商要盈利，我们要盈利，消费者也要有利可图，只有这样，才能使合作保持长久不衰。任何一方长期亏损都会退出，使产业链断裂。

第三节　绝知躬行——培养创业精神

创业精神是指在创业者的主观世界中，具有开创性的思想、观念、个性、意志、作风等品质的高度凝练，主要表现在积极寻找创新精神、雄心壮志、领导力与执行力、合作与执着等一系列精神特质。

导入案例：伟大的事业与微小的起点

对于创业，我们有着更广泛的理解。需要指出的是，针对创业精神的作用，并不只是代表建立一家企业所需要的精神能力。我们对企业的界定中，创业型公司并不是指那些在创立之初就获得大力发展的企业，这些公司的创业者在创办企业之初，与其他人并没有什么不同。但是，创业者经营公司的时候，会利用他们的知识、技能与管理才能或者天赋，使企业获得良好的发展，使之很快成为一家能够给其他企业甚至是社会带来影响的充满创造力的企业。因此，有创业精神并不是指有单纯的创办企业的精神，尽管有时候创业者没有创建一家企业，但是将企业管理成为一家有活力、充满创造力的企业，或者在工作中创造了一种和谐进取的工作氛围，都是企业精神的体现。

拥有创业精神，建立一家充满活力的企业，仍然是创业指导者希望做的事情。创业精神是什么，如何培养创业精神，一直是大学生创业者关心的问题。针对大学生创业者，我们总结一个创业者应具有的精神，它包括以下几个方面。

一、高歌嘹亮的冲锋号：艰苦奋斗与坚韧不拔

（一）艰苦奋斗是创业的精神支柱

习近平总书记强调，新时代中国特色社会主义是我们党领导人民进行伟大社会革命的成果，也是我们党领导人民进行伟大社会革命的继续，必须一以贯之进行下去。这既是充满哲思的揭示，也是铿锵豪迈的宣言。风华正茂的中国共产党领导生机勃发的当代中国，正站在新的历史起点上，做到一以贯之推进社会革命和自我革命，唯有永葆革命精神和革命斗志，艰苦奋斗再创业。

　　创业是一条漫长且艰辛的道路，在这个过程中，将面对各种各样意想不到的艰难困苦。因此，对于一个创业者来说，必须具备艰苦奋斗的精神，时刻准备好接受挑战，艰苦奋斗。但就目前来说，我国大学生普遍缺乏吃苦耐劳和艰苦奋斗的精神，尤其是独生子女。因此，他们必须培养自身艰苦奋斗的精神，让自己以良好的思想道德和敬业爱岗的奉献精神走向社会。还要培养大学生艰苦奋斗的创业精神，这是大学生创业的一项核心内容。

（二）坚韧不拔是创业的思想灵魂

　　创业者首先是一个从业者，如果没有一种对于事业执着追求的敬业精神，那么又如何能够迎接创业的挑战呢？美国学者西姆巴特认为，创业精神蕴含着一种力量，这种力量是源源不断、蓬勃向上的，这种力量源于对成功的孜孜以求。

　　创新创业是在现有物质和精神的基础上改进或创造新的事物，需要突破固有的旧思维，在这个过程中必然会遇到各种各样的困难与阻碍，如果缺乏坚定的意志，就很容易放弃。所以，勇于创新、坚韧不拔的品质对于创新型人才来说是必须具备的素质，不怕艰苦困难，不畏挫折失败，才能获得最终的成功，实现创业目标。

　　习近平在青年科技创新创业人才座谈会上，殷切希望广大青年科技工作者要坚定理想信念，胸怀祖国、心系人民，自觉把个人的创新创业行动与推进国家的科技发展、经济繁荣、社会进步结合起来，坚定地走既灿烂又充实的人生之路；要不断发奋学习，努力掌握本领域最先进的知识和技术、最前沿的动态和趋势，力争在科技创新、产业发展、技能突破等方面不断取得进步；要恪守科学精神，脚踏实地、埋头苦干，坚韧不拔、不畏挫折，淡泊名利、不浮不躁，始终保持探索真知的坚定意志和创新创业的高昂激情；要勇做创新先锋，善于攻坚克难，努力形成一流的科研成果，创办一流的科技企业，苦练一流的工作技能，成长为一流的创新创业人才，用自己的聪明才智创造无愧于时代和人民的业绩。

　　弘扬坚韧不拔、艰苦创业的精神，意味着在艰难困苦中应有的一种奋发的精神风貌，宣示着主动出击、攻坚克难的战斗品格。我们必须坚定信念，以强韧的意志迎难而上，不抛弃、不放弃，从没有路的地方辟出生路，强力开创经济社会发展的新局面。

　　弘扬坚韧不拔、艰苦创业的精神，意味着平常历练中的坚守和百折不挠的努力，宣示着将远大目标与脚踏实地的奋斗相连接的务实作风。"不积跬步，无以至千里"，一切进步和发展总是孕育在不断开拓创新与勇于前行之中。"千里之行，始于足下"；要志存高远，更须脚踏实地。坚韧不拔、艰苦创业的精神对我们有着重要意义。在最寒冷的季节里，总有最温暖的阳光；在最困难的地方，总有最坚强的脊梁。坚韧不拔、艰苦创业的良好精神状态是中华民族艰苦奋斗、自力更生、直面挑战、勇往直前伟大精神的传承。

二、本固枝荣的奠基石：团队合作与冒险精神

（一）团队合作是创业精神的灵魂源泉

社会发展到今天，行业分工越来越细，没有谁能一个人完成所有创业需要完成的事情。创业者要善于合作，将团结协作精神传递给企业的每个员工，凝聚力量，共同为创业目标而奋斗。

一个人的力量是有限的，但团队则有着更多的可能。创新活动在当今时代越来越多地表现出团队特征，对组织、协调、沟通等能力的要求更高。创新创业型人才必须有强烈的团队意识和合作精神，充分发挥团队在困难面前的作用，解决创新创业过程中遇到的难以攻克的关键性问题。

单枪匹马可以成就一番事业，但是团结任何有利于成功的力量，成功的概率就会更大。在创业精神中，个人英雄主义并不能占到主导地位，反而团队意识、合作精神是其价值核心。这也是米尼斯所认为的个人在创业活动中经常要通过某一团队的资源去实现价值创造的过程。而这种团队合作的过程其实也是我们所说的创业者通过组合不同的要素形成一个新的生产关系，从而达到价值创造的过程。将不同的人组合到一起，开发其各自的优势资源，从而达到利益最大化的合作过程，是创业精神的一个重要体现。

扩展阅读 2-8　飞行的大雁

虽然创业团队中，每一位成员都可以独当一面，但是合作仍然是团队成员首先要学会的东西。成功的创业公司中，团队的成功远远高于个人的成功。

（二）冒险精神是创业精神的动力源泉

1. 冒险是创业精神的天性

在创新的过程中不可避免地要遇到挑战和承担风险，如果没有敢冒风险和承担风险的魄力，就不能成为创业者。创业者遍布世界各地，他们的生长环境、成长背景和创业机缘各不相同，但他们有一个共同点，那就是他们都是敢为人先、勇担风险的实践者。所以，创新精神的内涵中必然包括承担风险和挑战不确定性的冒险精神。不仅奈特在研究中强调了创业者的冒险特征，熊彼特、卡森等学者也对创业者的创新精神中的冒险特征给予了认可。

创业的开创性需要有冒险精神，需要有胆略和胆识。同时，在创业实践中也要有风险意识，要注意冒险精神和风险意识的平衡，保持理性思维，降低风险损失。

2. 胆量是冒险精神的基础

在创业界，往往是风险与机会并存。创业者必须善于发现新生事物，并对新生事物有强烈的探求欲；同时必须有足够的胆量，敢于冒险，该出手时就出手，即使没有十足把握，也应果断地尝试。

　　胆量首先体现在敢冒风险上。创业的价值就在于创造出自己独特的东西，敢于走前人和别人没有走过的路。敢冒风险是理智基础上的大胆决断，是自信前提下的果敢超越，是新目标面前的不断追求。

　　没有超人的胆识，就没有超凡的事业。创业要求有志者具备超人的胆识，勇于承担多数人望而却步的风险。英国 *The Big Issue* 杂志创始人 John Bird 正是通过对风险和机遇的把握而获得成功的。John Bird 说，企业家敢冒风险的勇气从某方面看，来自他们热衷于接受挑战的满足感。有一些企业家更是充满自信，在他们的字典里根本没有"风险"二字。

　　除了敢冒风险以外，还要有胆略，敢于抓住机会，该出手时就出手。生意场上，眼光起决定性作用。很多资金不多的小创业者，都是依靠准确抓住某个不起眼的信息而挖到"第一桶金"的。只有勇敢者才能攀摘到创业的花朵。但胆量当然不是万能的，必须还有力量的支持。

扩展阅读 2-9　冒险与冒进

三、矢志不渝的定盘星：雄心壮志与奉献社会

（一）雄心壮志是企业发展的核心关键

1. 要有从零开始的信心

　　雄心壮志是一个创业者必须具备的精神，创业者的雄心壮志是决定企业未来的关键，也是将企业建设成为一家成长型企业的必备条件。大多数企业都会"低调地开办并长期缓慢发展"，但是创业者的雄心往往会帮助企业很快地度过这段时间并使企业迅速成长。具有这一精神的创业者往往会更多地考虑企业今后的发展，有将事业做大做强的决心。在这样的决心之下，企业的发展动力一般能够得到充分发挥。例如，戴尔在大学期间就已开始了自己的创业活动，当母亲因为担心儿子影响学业来学校劝说他时，他的回答是："您的儿子正在和 IBM 竞争。"对于创业者来说，雄心壮志并不仅仅来自金钱收益，也来自自我价值的实现或者得到更多的社会认同。

　　创业意味着要从零开始、从无到有、从小到大地不断前进，也许要面对更大的困难。但不想做将军的士兵不是好士兵，创业者必须得有超越强敌、要做就做最好、做出行业第一的雄心。

2. 要有远大的梦想

　　创业者必须有梦想，并且梦想越大越好，因为梦想是创业路上的动力源泉，要知道任何创造成功的过程都一定会历经不同的困难和痛苦。一个没有梦想的创业者一旦遇到困难或挫折，首先放弃的往往是梦想。很多创业者都是白手起家，既然选择了创业，就得把梦想变为与自己共存亡的东西，千万不可放弃。

　　哪怕是置身于汪洋之中，只要还能抓住一棵浮草，就得努力地抓住往上爬，只要梦想存在，就总有实现的时候。

（二）社会责任是企业管理的道德要求

创业者的社会责任感首先是将企业作为社会的一个组成部分，因此，企业的发展将会对社会有所贡献。这是因为创业是一个艰难的过程，会遇到诸多问题，而一个怀抱着社会责任感的创业者，在创业过程中，必定会用心地去处理和解决问题，这样一来，他在业界的良好口碑便会逐渐形成，也就树立起了良好的形象。有了良好口碑作为前提，创业者只要再趁着火候加强宣传，一传十，十传百，带动起来的人将会更多。正如马云所说："只有当创业者将社会责任与商业模式和发展战略融为一体，成为企业发展的内在核心基因时，企业未来的发展才具备持久性和可持续性。"

对于创业中社会责任的体现主要有以下几点。

1. 向社会提供优质产品和服务的责任

诚信是市场经济正常运行的基石。企业的不诚信和泛滥的假冒商品是消费者的巨大损失。由于多种原因，目前有些企业已因造假商品的干扰和打假难度的加大而难以为继。为了维护市场秩序，保障人民群众的利益，创业团队必须承担起明礼诚信、确保产品货真价实的社会责任。

2. 促进国家创造和积累财富的责任

企业的主要任务无疑是发展和盈利，并以此为基础担负着增加税收和促进国家发展的使命。因此，企业必须承担起国家发展的责任。要以企业发展为中心，以产品创新为前提，不断扩大企业规模，扩大纳税份额，完成纳税任务，为国家发展作出贡献。当然，这个发展观必须高质量、绿色和可持续。任何企业都不能只顾眼前，不顾长远；也不能只顾局部，不顾全局；更不能只顾自身，不顾友邻。

3. 节约资源保护环境的责任

中国是一个人均资源特别紧缺的国家，企业的发展一定要与节约资源相适应。企业不能顾此失彼，不顾全局。作为创业团队，一定要站在全局立场上，坚持可持续发展，高度节约资源。要下决心改变经济增长方式，发展循环经济、调整产业结构。尤其要响应党中央号召，实施"走出去"战略，用好国内和国外两种资源、两个市场，以保证经济运行安全。随着全球经济发展带来的日益增加的环境压力，大气、水、海洋的污染日益严重，野生动植物的生存面临危机，森林与矿产被过度开采等都给人类的生存和发展带来了严重威胁。为了人类的生存和经济持续发展，创业团队一定要担负起保护环境、维护自然和谐的重任。

4. 提高就业率和就业质量的责任

人力资源是社会的宝贵财富，也是企业发展的支撑力量。保障企业职工的生命和健康，确保职工的工作与收入待遇，这些不仅关系到企业的持续健康发展，也关系到社会的稳定与发展。因此，创业团队必须承担起保护职工生命、健康和确保职工待遇的责任。创业团队要时时绷紧遵纪守法这根弦，爱护员工，搞好劳动保护，不断提高员工的工资水平并保证按时发放工资。创业团队要多与员工沟通，多为员工着想。

5.履行社会公益事业的责任

改革开放以来，我国经济得到了巨大的发展，但是作为一个人口大国还面临着很多困难。农村的困难尤其明显，虽然农村已摆脱贫困，但城乡差距仍在。这些固然需要政府去努力，但也需要企业的积极参与。为了社会的发展，也为了企业自身的发展，有社会责任感的创业者更应重视扶贫济困，更好地承担起"先富带后富、共奔致富路"的责任。

实践训练:寻找创业成功案例中的创业精神

第四节　千磨万击——塑造创业品质

创业品质是决定大学生创业能否取得成功的关键因素之一，是一种以创新为基础的做事方式与思考方式，是创业者在创业实践过程中深刻影响着他们的心理、行为方式的思维、意志与情感的总称，是一种来源于创业者生理动机和心理动机的心理活动，是创业者能动性的具体体现和创业者对创业活动的感觉、知觉进行加工后形成的创业设想，是创业者进行创业活动的内在动力。具体表现为：强烈的事业心、极强的自信心、宽宏的格局、超前的视野、坚定的毅力、乐观的心态。

导入案例:日本茑屋书店印象

在高校创业教育中，创业品质是整个创业教育的核心，是通过培训和教育有目的地将创业意识、创业精神等在潜移默化的教育过程中逐步转化为大学生的创业素质，引导大学生进行创业实践的价值基础和精神动力。创业品质是影响大学生创业能力的内部因素，创业成功与学历水平并不成正相关，它主要取决于创业者是否具备优秀的创业品质。大学生只有通过不断地对自身创业品质进行挖掘和培养，才会在创业征程上走得更稳、更好。

一、肯冲锋的排头兵：激情与信心

（一）创业需要激情

激情是一种强烈的、爆发性的、为时短促的情绪状态。这种情绪状态通常是由对个人有重大意义的事件引起的。马云曾说："创业路上需要激情、执着和谦虚，激情和执着是油门，谦虚是刹车，一个都不能缺少。"的确，没有创业激情就无法激发无限的创业活力，没有创业活力就没有持续性的发展，而没有持续性的发展，创业必败。对创业者来说，心若不死，激情就不能灭，要保持超越常人的创业激情，才能充分发挥激情的作用。

扩展阅读 2-10　激发创业热情

（二）自信是创业的必需品

自信，是指自己相信自己，是一种对自己持积极肯定及认可的心态，是推动创业者走向成功的动力源泉。范德比尔特说过："一个充满自信心的人，事业总是一帆风顺的，而没有自信心的人可能永远不会踏进事业的门槛。"自信心强的人总会不断地鼓励自己，始终保持着乐观的心态，会让自己感受到自己的强大，相信自己能搞定一切阻碍。在团队成员看来，在任何时候，自信的人都是一个靠得住的人，都能让合作伙伴感受到依赖和温暖。这些对于一个创业者来说是不可或缺的东西。

扩展阅读 2-11   培养自信

二、站位高的引航员：格局与视野

（一）大格局成就大事业

格局就是一个人的视野和胸怀。我们常常说一个人有多大的格局就能做多大的事，所谓多大的格局就是一个人有多大的志向、多大的目标、多宽广的心胸。创业的道路上有许多波折和是非恩怨。比如，合作伙伴决裂，团队内部斗争，各种明枪暗箭……马云曾说："男人的胸怀是委屈撑大的。"有些创业者就受不了委屈，所以他们四处解释，见人就诉苦，说自己多惨，结果人人都当他是"祥林嫂"。其实，这就是心胸不够大，格局不够大。凡有大成者，必有大格局！只要格局足够大，一切问题都会显得渺小。

扩展阅读 2-12   如何具备大格局

（二）视野决定高度

视野是指在人的头部和眼球固定不动的情况下，眼睛观看正前方物体时所能看见的空间范围，我们称之为静视野，眼睛转动所看到的称为动视野，视野常用角度来表示。视野也用来寓指思想或知识的领域。对创业者来说，没有比具有开阔视野更重要的东西了，它不仅能成就创业者的成功，更能铸造创业者的品行，所谓"做事先做人"，开阔的视野必然会使创业者的心智得到净化、职业操守得到升华，能在纷繁复杂的商业信息中寻找到属于自己的"创业金矿"，更会让创业者在无形中形成一种创业的魄力和魅力，为创业注入一种神奇的动力。因而，创业者应保持高瞻远瞩和随机应变的视野，唯有如此，创业才能无往不胜！

扩展阅读 2-13   如何追求卓越的创业成效

创业者拥有开阔的视野能使自己的头脑变得更加聪明，更能审时度势，把握创业趋势，充分发挥创业优势，变被动创业为主动创业，从小创业转变成大创业。而且，当今时代更需要创业者具有比以往任何时期更具战略眼光的开阔视野，因为当前国内外的经济形势愈加错综复杂，既有很多不利创业的消极因素需要用智慧去甄别，也有不少有利创业的积极因素需要心智去把握。唯有如此,才能更加增强创业信心和战胜创业困难的勇气、树立正确的创业理念,寻找到适合自身创业特点和优势的机会。

三、抗打击的乐天派:毅力与乐观

(一)毅力是创业的"永动机"

毅力也叫意志力,是人们为达到预定的目标而自觉克服困难、努力实现的一种意志品质;是人的一种心理忍耐力,是一个人完成学习、工作、事业的持久力。当它与人的期望、目标结合起来后,它会发挥巨大的作用。毅力是一个人敢不敢自信、会不会专注、是不是果断、能不能自制和可不可忍受挫折的结晶。不积跬步,无以至千里;不积小流,无以成江海。不管是学业还是事业,持续的进步是最重要的,而这种积少成多的过程就是毅力。"艰难困苦,玉汝于成",对大学生来说,创业并非坦途,要想获得成功就必须有坚韧不拔的毅力。强大的毅力是创业者的"永动机",会让创业者越挫越勇,屡败屡战。

扩展阅读 2-14　创业者如何提高毅力

(二)乐观是创业的"防腐剂"

乐观是遍观世上人、事、物,皆觉快然而自足的持久性心境,是一种向阳的人生态度。创业如同千军万马过独木桥,绝大部分人创业都是失败的。数据显示,新成立的公司三年内会死掉95%以上,能坚持到五年的更是少之又少。创业成功绝对是少数,而创业成功的人往往都是经历了多次失败的人。所以,面对创业失败时,我们对事业是乐观还是悲观,在很大程度上决定了我们的事业能够达到怎样的高度。

扩展阅读 2-15　如何让自己变得乐观

实践训练:不惧失败之刃,摇橹信念之舟

第五节　继往开来——提升创业能力

创业能力是创业素养的核心。观察身边的创业者,他们的成功与失败,都是哪些能力的突显或者欠缺呢?在这里,我们将创业能力划分为三个构成要素:自律学习能力、沟通领导能力和资源整合能力。

一、闻鸡起舞:自律学习能力

可能大家都听过小猫钓鱼的故事,小猫三心二意,一会儿捉蜻蜓,一会儿追蝴蝶,结果什么也没有钓上来。那么,小猫为何钓不到鱼呢?因为它不具有自律性。

自律是一种自我管理、自我约束的能力,是一种不可或缺

导入案例:选择了远方,便只顾风雨兼程

的人格力量，没有它，一切纪律都会变得形同虚设。真正的自律是一种信仰、一种自省、一种自警、一种素质、一种自爱、一种觉悟，它会让人淡定从容、内心强大，永远充满积极向上的力量。自律学习能力是自我管理的核心，是一种需要修行的能力，也是一种生活方式，更是一种可以不断深化的技能。自律可以分为目标上的自律、关系上的自律、情绪上的自律和学习上的自律。

（一）目标上的自律

自律，不仅在于做什么，更在于清楚自己为何要做。所以，自律的修行要诀是：经常扪心自问，什么才是最重要的，每天围着最重要的人生愿景，拟定日程。每晚回顾日程，今日事，今日毕。

（二）关系上的自律

人是社会性动物，更是关系性动物。我们几乎时刻处于关系中，要维持好各种关系，就必须自律。这就要思考每一种关系的性质、边界、责任。做到不越位、不退缩，做好自己应该做的事，反思自己是否有过高的期待。

（三）情绪上的自律

情绪自律是最困难的。因为情绪涌上来的时候，人很可能会丧失理性。我们可以每天在心里给自己的情绪状态评分，比如0～10分，0分代表极其低落，10分代表最为愉悦，久而久之，就可以找到保持心情愉悦的规律了。

（四）学习上的自律

创业者从事创业活动，肯定需要具备足够的专业知识，比如法律知识、财务管理知识、企业管理知识、人力资源管理知识等，而掌握这些知识，就必须拥有自律学习的能力。这种自律学习的能力就是可以随时随地地学习，只要看到对自己创业有用的知识，就要学习。尤其是在这个知识信息爆炸的、竞争极其激烈的环境下，创业者面临的是复杂多变的竞争，创业者必须随时随地了解各方面的信息，把握环境和行业发展的动态。

扩展阅读 2-16　如何成为一个自律的人？

二、运筹帷幄：沟通领导能力

沟通领导能力是指创业者能够建立和维持个人与个人、个人与组织以及组织与组织之间互动关系的能力。沟通领导能力主要包含两个层面：第一个层面指的是建立和维持个人与个人之间的互动关系。创业者应具备和陌生人建立朋友关系的能力，能够通过各种渠道主动结识不同背景和不同类型的朋友，并和新结识的朋友保持友好的关系，同时时常关心已建立关系的老朋友。第二个层面指的是建立和维持个人与组织以及组织与组织之间的互动关系。创业者在创立公司之后，既应该建立和维持好个人与公司之间的关系，又应该建立和维持好本公司与其他公司的互动关系，才能促进本公司的运行和发展。具体包括以下六个方面。

（一）组织协调能力

创业者需要根据工作任务，善于妥善安置、处理与协调各种人际关系，建立和谐的内外部创业环境，同时控制、激励和协调团队各主体的活动过程，使之相互融合，从而实现组织目标。

（二）人际交往能力

创业者在从事经营性经济活动的过程中，需要通过各种社会交往活动，以获取各类资源，扩大初创企业的影响力。因此，创业者也需要扮演一位公共关系人员，其人际交往能力在一定程度上会影响初创企业的资源整合能力。这就要求创业者平时要注意培养自己的良好性格、儒雅风度、学识修养，在社交活动中要热情、自信、注意仪表举止，能够面带微笑，用温和、幽默的语言处理各种公共关系事务。同时，也要求创业者必须懂得各种场合的礼仪、礼节，善于待人接物，善于处理各类复杂的人际关系，能够迅速与他人交往沟通，"打成一片"的能力。只有这样，创业者才能及时地了解公众的心理，知晓初创组织的不足之处，完成双向沟通和形象宣传的任务。

（三）演讲表达能力

演讲表达能力可以分为口头表达能力和书面表达能力。口头表达能力，也就是口才。创业者需要运用最生动、最有效的表达方式，将自己的思想、观点、意见、建议（如演讲、对话、讨论、答辩、谈判、介绍等）、传递给投资者、合伙人和创业团队成员，并对其产生最理想的影响效果。创业者的口头表达能力主要包括：在各种会议、项目路演上的演讲能力，对不同对象的说服能力，以及面对复杂情况、应对各种"对手"的答辩能力。文字表达能力，就是将自己的实践经验和决策思想，运用文字表达方式，使其系统化、科学化、条理化的一种能力，主要是指书面文字的表达能力，对创业者来讲主要是指写作能力。创业者需要运用文字表达能力将创业方案、企业发展规划、战略报告、总结执行等通过创业计划书等方式传递出来。

（四）组织指挥能力

在建立初创企业之后，创业者需要建立有效、快速的指挥机制，使各要素与环节准确无误地高效运转。创业者可以从以下四个方面在初创企业中树立自己的威信：①品德。作为一名初创企业的领导，首先必须具有高尚的个人品德，才能赢得团队成员发自内心的尊敬，以便发挥自身的组织指挥能力。②才学。在组织指挥团队成员开展工作时，创业者理应比其他成员略高一筹，这样才能服众，才能建立威信。③业绩。创业者需要在成功创业中树立威信。任何时候，团队成员都渴望在一个理想的领导的带领下不断地取得事业上的成功，没有人愿意跟着无所作为的领导。④情感。情感是建立人际关系的基础。只有处理好人与人之间、部门与部门之间、领导者与团队成员之间的关系，创业者才能把各项工作顺利地开展下去。尤其是在创业初期，情感是领导者进行团队组织建设的重要工具，初创企业也需要依靠情感来凝聚团队，促使团队成员团结协作、通力配合。

（五）谋略决断能力

一个成功的创业者的价值在于：做正确的决策，并带领团队将事情做正确。市场环境瞬息万变，机遇总是稍纵即逝，创业者瞻前顾后，犹豫不决，将会错失机会。面对不断变化的竞争环境，更需要领导者的应变能力和决断能力。创业团队的领导者需要通过各种渠道认真听取与分析各方面意见，迅速判断市场形势，并不失时机地做出科学、合理的决断。

（六）创新发现能力

生产运作管理方面的科学研究表明，任何产品都有其自身的生命周期。时代在进步，社会在发展，消费者的消费需求也在不断上升。这就要求企业生产的产品需要不断地迭代更新。创业团队的领导者必须有强烈的时代感和责任感，敢于开拓进取、不断创新，并保持活跃的思维，并能够不断吸取新的知识和信息，开发新产品，创造新方法，及时发现市场上新的突破口，感知市场未来的变化趋势，使团队的事业不断充满活力和魅力。

三、包罗万象：资源整合能力

资源整合能力是指创业者将创业组织内外的人、财、物以及技术资源进行整合的能力。创业者在创业初期把握好创业机会之后，能利用各种可以利用的资源，并进行有效的组织，为创业过程服务。资源整合能力主要包括三个层面的含义。

第一个层面是指充分利用各种人力资源。人力资源指的就是人才，人才是最难得的，也是最宝贵的。人才是大学生创业成功的关键。最理想的状态是，创业者自己是创业的关键人才，自己这个关键人力资源就能够得到充分利用。若创业者自己并不是关键人才，只是看准了商机，就需要想方设法引进人才，为创业者的创业事业服务。除此之外，创业者还要善于调配和发挥好公司成员的能力，通过行之有效的机制激励员工主动完成公司的各项战略规划。

第二个层面是指财力和物力资源的有效利用。创业者要充分了解可利用的各种资源及资源的分配情况，以便及时、有效地利用好现有资源，能够将分散资源快速地进行调配、整合，以完成一项任务。

第三个层面是指充分利用技术资源。创业者除了善于调动各项资源之外，还应该善于发掘资源的潜在价值，尤其是技术与人才的潜在价值。先进的技术往往是创业成功的关键，创业者应知道并加强对技术和人才方面的投入，留意技术的新动向，鼓励和支持员工学习新的技术和知识。

实践训练：实训目的与活动

思考题

1. 创业者应具备哪几种创业意识，你认为哪种创业意识较为重要？为什么？

2. 在创业过程中，大学生应具备的创业精神有哪些，应该怎么培养？

3. 你认为在大学生创业过程中什么精神最为重要，最能够支撑一个创业人的成功？

4. 在创业过程中，你认为创业者的眼界与格局能起到什么作用？请简单表述你的想法。

5. 基于管理学中的资源依赖理论，作为创业者的你如何看待资源整合的重要性？

扩展阅读 2-17　善用资源，成就创业梦想

第三章

创业者与创业团队

【知识目标】

1. 了解医药卫生类专业学生如何投身创新创业。
2. 了解医药卫生类专业学生创新创业时应遵循的伦理与法规。

【能力目标】

1. 掌握选择适合自身创新创业类型的方法。
2. 了解在创新创业过程中应采取何种措施，具备何种心态。
3. 了解专业学习与创新创业之间的结合点，从学习中发现创新创业机会。
4. 学会从专业学习中找到创新创业机遇，利用专业门槛和专业优势创新创业。

【素质目标】

学会处理专业学习与创新创业的关系，学会整合利用自身及周边可获取的潜在资源，在实现自我价值与梦想的同时，为祖国、为人类、为医学事业作出自己的贡献。

大学生在创新创业过程中必须利用自己的优势，而医药卫生类专业学生有别于其他专业学生的优势之一就在于其所属的医学专业。医学专业的特殊性在于专业性强，涉及人的健康问题，关乎生命，因此比其他专业的创新创业门槛更高。这恰恰体现了医药卫生类专业学生创新创业的专业性。所以，包括谷歌、百度等在内的互联网大公司都在大量招募具有医学背景的专业人才，关注医学健康领域的发展。医药卫生类专业学生创新创业时不我待，要把握机会。

第一节　披荆斩棘——创业者

导入案例

带真空试管的抽血专用注射器

过去乃至今天还有部分医院在某些时候，抽血还是采用传统注射器。用传统注射器抽血时，医护人员将注射器针头扎进血管后，要使劲往外抽血，否则血液不会自己流出来。血量的多少由医护人员自行掌控。长期以来，这一技术一直在临床使用，大家已经习以为常。

但对于这个习以为常的问题，有人认为必须改正，应该根据不同的检验要求抽取不同的血量，并减少医护人员的工作压力。于是，一种带真空试管的抽血专用注射器应运而生（图3-1）。这种注射器就是在注射器的一端接上一个真空试管，这个真空试管事先预设好采血量，针扎进血管后可以通过真空负压的作用自动抽取一定量的血液到试管内，既减轻了医护人员的负担，也使采血更为科学和便捷。

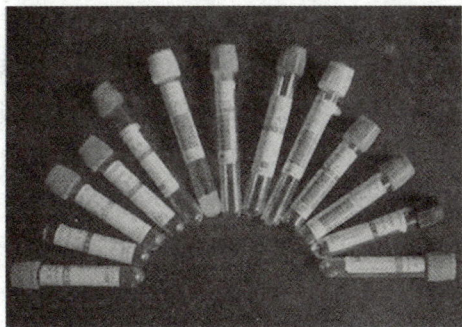
图 3-1　新型真空抽血专用注射器

案例分析

1. 请思考：如何找到专业学习与创新创业之间的结合点？

2. 请评价：新型真空抽血专用器的发明对医药卫生类专业学生创新创业有哪些启示？

一、百卉千葩：医药卫生类专业学生创新创业类型选择

（一）技术型创新创业

医药学创新创业者应该凭借自己掌握的技术优势来满足患者以及亚健康人群的需求，所以医药卫生类专业学生首先应想到的是技术型创新创业。

技术型创新创业是指这一类创新创业主要体现在技术的革新上，是利用技术上的小发明、微创新来进行创新创业。

医学技术型创新创业主要依托学校专业教师的各种科研活动及成果，吸纳部分对医学科研感兴趣且愿意参与科研的学生参与，在科研实践的基础上，对专业活动中的某些因素进行观察，并发现其中的问题，进而进行相关的思考和研究，从而发现其中的创新创业点。

大型的医疗设备、成熟的医疗技术、高昂的药品研发费用好像都是医药卫生类专业学生遥不可及的。正是这种思维遮蔽了我们的双眼，让我们与众多的机会失之交臂，"捧着金饭碗讨饭吃"。而如果换一种思维，作为医药卫生类专业学生应该知道医药学的专业知识和技术，不仅是我们就业的技能，也是我们进行创新创业的优势。比如，护理技术、诊疗技术、口腔材料制作、医学宣讲教育、疾病预防……有兴趣的学生，可以根据自己所学的医药学某一专业优势，选取一个小的切入点，去观察和发现问题并不断钻研，实现自己的技术创新创业梦想。

技术型创新创业发明点较多，一方面临床上存在的问题多，需要更新的技术多，随着经济发展与社会进步，人们对于医疗卫生服务的需求日益增加，要求也逐步提高；另一方面，世界范围内科学技术发展速度不断加快，新技术层出不穷，医疗卫生产品

迭代更新周期缩短，为技术型创新创业带来了无限生机。

（二）小微型创新创业

小微型创新创业曾经的定义是以家庭为单位的一种创新创业活动，人员以家庭富余劳动力为主。小微型创新创业往往具有启动资金少（一般在数万元之内）、企业规模小（一般在15人以内）、产品或服务内容单一等特征，其突出特征是灵活性和低成本，包括低组织成本、低人力资本及低管理成本。

小微型创新创业应该是大多数学生创业的首选，尤其是医药卫生类专业学生的创新创业。作为刚刚步入社会的创业大学生，经验与资金欠缺是普遍存在的弱点，应该根据自己的情况，在选择创新创业类型上，先选择投资小、资金需求小的项目"练兵"，逐渐积累经验、积累资金，然后再伺机将产品或服务提升上去，创办更大的企业，这样可以化解由于资金问题而带来的创新创业难题，同时也可以避免投资风险。

（三）公益型创新创业

公益型创新创业是近年来国内外兴起的一种新兴产业模式。与传统创新创业形态相比，公益型创新创业强调的是创新创业理念的公益性。它不以追求经济效益为目的，而是着眼于帮助政府和社会解决一部分亟待解决的问题。正因为它的公益性，使得公益型创新创业更容易获得全社会的支持，并且在一定程度上不直接面向传统市场的激烈竞争。国外在公益创业方面已经有丰富的经验积累，从统计数据看，公益创业的成功率远高于传统商业企业的创业成功率。

在大学生尤其是医药卫生类专业学生群体中大力提倡公益创新创业的理念，有助于发扬光大医学公益形象，助力社会性公益创新创业的良好氛围形成，激励大学生用创新的理念来承担社会责任，在成功创新创业的过程中兼顾社会效益和自身价值的实现，对改变现实社会中"拜金主义"现象有积极的意义。

目前，国内有不少组织和大学生已经开始了公益型创新创业的尝试。比如，面向残疾人的公益型创新创业，面向绿色环保的公益型创新创业，从事低碳排放的公益型创新创业，面向青少年青春期健康教育的公益型创新创业，等等。

公益型创新创业充满爱心、富有创意、符合社会主流价值观，容易引起大学生的共鸣。这是新时代的一种新的创业形态，互联网时代赋予了它更大的活力，值得关注。

扩展阅读 3-1　就在身边：医学急救包

关于公益性创新创业，目前法律领域没有对其专门的定义，民政部将公益型创新创业等性质的单位统称为"民办非企业单位"。2014年以来，公益型创新创业门槛逐渐降低，为大学生进行公益型创新创业创造了条件。

扩展阅读 3-2　孤独症患儿的治疗和帮扶系统

（四）跨学科融合创新创业

学科交叉是学科际或跨学科研究活动，其结果导致的知识体系构成了交叉科学，自然界的各种现象之间本来就是一个相

扩展阅读 3-3　弱视筛查

互联系的有机整体，人类社会也是自然界的一部分，因而人类对于自然界的认识所形成的科学知识体系也必然具有整体化的特征。学科交叉点往往是科学新的生长点、新的科学前沿，这里最有可能产生重大的科学突破，使科学发生革命性的变化，同时交叉科学是综合性跨学科的产物，因而有利于解决人类面临的重大复杂科学问题、社会问题和全球性问题。

例如，打车 App，冲击了传统的出租车行业，改变了人们的出行习惯；支付宝和微信支付，冲击了传统的银行业，改变了人们的支付习惯；美团、饿了么等外卖网站，冲击了传统的饮食业，改变了人们的用餐习惯；慕课和微课等新型教育方式，冲击了传统的教育业，改变了人们的学习习惯……

不同的行业、不同的方式、不同的速度，相同的却是双向的渗透和改变。传统行业与互联网行业的企业家来到界线两边，焦急而谨慎地"伸出脚"去试探，跨界势不可挡。

医药卫生类专业学生的创新创业也必须"跨界"，必须在自己专业优势的基础上，结合其他学科的成果尤其是最新的科技成果，进行融合创新。比如，新材料的医学技术创新、音乐与健康治疗的创新、色彩与疾病治疗的创新、环境改善与疾病治疗方法创新等。从前文的案例中也可以看到跨界的必要性，不管是新型真空抽血专用注射器，还是卧床患者专用的护理床，都是医学与物理、机械设计、机械制造等结合的结果。一次性口腔喷雾器的创新点也是医学与材料学、新一代制造技术结合的结果。

因此，医药卫生类专业学生要创新创业，跨学科交叉融合非常重要，这里有以下两个问题要注意。

扩展阅读 3-4　虚拟现实技术让年轻医生学习顶尖专家主刀手术

一是，在紧张的学习之余，医药卫生类专业学生还要广泛涉猎其他学科知识，为创新创业做好准备。

二是，医药卫生类专业学生必须广泛接触各类人才，为组建跨学科的创新创业队伍筹备力量。

（五）"互联网＋"医学创新创业

互联网尤其是移动互联网的迅猛发展给各行各业带来了强烈的冲击，也产生了大量的机会。有人说，互联网将颠覆所有的传统行业，这是一个大的机会；也有人视互联网为洪水猛兽。其实，互联网就是一种新技术、新手段，它大大扩展了我们的能力，改变了我们的思维，颠覆了工作和生活方式。移动互联网不断冲击传统行业的边界，跨界融合，正创造出全新的经济和生活世界。"互联网＋医学"创新创业是一种特殊形式的跨界创新创业。

2018 年 4 月，国务院常务会议决定，大力发展"互联网＋"医疗服务，给医药卫生类专业学生指明了方向。

有人反复追问什么是"互联网＋"，什么是"＋互联网"。所谓"互联网＋"和"＋互联网"从一定意义上讲是相通的，核心都是运用各种方式把众创、众包、众扶、众筹等带动起来，推动企业生产模式和组织方式变革，增强企业创新能力和创造活力。可以说，"互联网＋"医学创新创业本质上就是一个典型的跨界融合。

当前，"互联网＋医疗"的发展还处于起步阶段，无论是类似于丁香园的网站，还是医院网约挂号，都仅仅是利用互联网搭建医患沟通平台。事实上，"互联网＋医疗"的发展空间很大，市场前景十分广阔。

在第一章中，我们提到了大健康产业下的智慧医疗、大数据、精准医疗等理念的发展与应用，都需要借助互联网、移动互联网及云计算等科技手段来实现。"互联网＋医疗"的起步与发展，可能极大冲击传统的医疗行业，同时也将产生机会。因此，医药卫生类专业学生可以充分把握这一机会，发挥自己的医学专业优势，借助"互联网＋"进行创新创业。

扩展阅读 3-5　云病理

（六）商业运营型创新创业

商业运营型创新创业，是指以商业规划、经营管理、利益追求为核心，以商业开发项目为主体的创新创业方式。在医学领域内的创新创业就是以提供更高端的服务和技术为患者提供更优质的服务，满足人们的需求。比如，月子护理中心和月嫂就是为了满足高端人群生育护理的需求。这种创新创业类型相对简单，所以应该是创新创业中占比最高的一种形态。当然，申办医药咨询服务公司、售卖医学保健品、开办诊所等也属于这一类创新创业。

扩展阅读 3-6　医学女博士为阻止家道败落积极创业

二、谋定后动：医药卫生类专业学生如何创新创业

本节将重点介绍医药卫生类专业学生创新创业应该做的准备。之所以用"应该"两个字，是因为除本节讲述的领域外，医药卫生类专业学生也可以在自己喜欢并具备优势的其他领域创新创业，这里特此说明。

（一）主动参与医药学与健康领域内的创新创业

如前文所述，医药卫生类专业学生的优势之一即专业知识。医药卫生类专业与其他专业相比学习难度大，专业壁垒强，我国现行高等教育体制下非医学专业学生进入医学领域从事相关工作可能性极低，尤其是从事临床医学工作。

医药卫生类专业学生创业的领域是比较多的，主要有以下八大类别。

第一，医药学各科的创新创业。

第二，改变现有医学诊疗流程的创新创业。

第三，结合语言优势、国家"一带一路"倡议进行的创新创业。

第四，结合生育政策调整进行的创新创业。

第五，结合老龄社会的到来进行的创新创业。

第六，结合"健康中国 2030"进行的创新创业。

第七，结合可穿戴设备、机器人、物联网等新一代信息技术进行的创新创业。

第八，其他与医药健康相关的创新创业。

（二）善于从学校和教师的医学科研项目中挖掘可转化的创业机会

站在巨人的肩膀上才能看得更远。医药卫生类专业学生创新创业除了发挥自己的优势之外，还要善于利用学校和教师的优势。学校拥有很好的科研设备和实验室，拥有众多的专家学者，拥有更多的社会资源，同时还有"品牌"优势。从专业水平来说，高校教师往往拥有一定量的科技成果及专利。

医药卫生类专业学生的优势在于可以参与教师的科研，可以将学校和教师的科研成果结合现代社会的特点和新技术的发展进行再次创新，这样既有教师的科研做基础，也发挥了自身的优势，这种创新创业更有科技含量，也相对容易成功。

（三）注意科研创新思维与创新创业思维的区别和联系

医药卫生类专业学生在与教师和学校的科研项目结合时，一定要注意教师的科研创新思维与本节所讲授的创业创新思维的不同点。

科研创新思维和创业创新思维相同的地方是都在"创新"，但二者的落脚点不一样。科研创新思维重在关注本科研项目在学科领域的创新度，关注的是它的学术含量。创业创新思维是针对市场需求的创新思维，用来直接提升产品质量或用户服务质量和用户满意度，或者帮助用户解决需求，进而增加企业收益的创新思维。前者偏重基础研究，后者更侧重实用性创新。

我国高校的现存科研成果中，不乏好项目，这些科研成果的境况如下。

第一种境况：一些成果得到了转化，技术也在更新，但推广还不够。

第二种境况：一些优秀成果束之高阁，没能落地，因为教师的市场意识不强，导致无法将好的项目转化为生产力。

第三种境况：一些成果基于教师的学术优势，但未能与现代技术结合，不能满足社会发展的需要。

第四种境况：一些成果基于教学或其他需求，有些创意不错，但不符合市场要求。

针对这些情况，医药卫生类专业学生可以充分发挥自己的优势，结合这些项目成果进行创新创业。针对第一种境况，可以把参与推广宣传作为自己的创业点，也可以进行新技术的更新迭代。针对第二种境况，可以考虑如何直接将成果进行落地转化，比如，南昌大学的"卵巢癌检验试剂盒"，完全可以产品化和市场化，在让更多人受益的同时，也可以实现自身价值。针对第三种境况，可以在教师成果的基础上，加入现代元素，用新技术升级项目的成果，进行商业化改造。针对第四种境况，可以吸纳老师的创意，进行商业化的改造。有时候，一个创意是很重要的，有了创意，才可以帮助自己打开思路。

总之，充分利用学校和教师的科研成果，加速自身的创造性改变，将会使医药卫生类专业学生的创新创业之路走得更好。

（四）注意申请知识产权保护

医药卫生类专业学生的优势是有知识、有技术、有想法、能创新，将这些优势发挥好，申请专利、著作权和软件著作权，申请商标权、域名，申请医药行业的各种许可证，这些就是学生的资本。要知道，这些都属于无形资产。根据《公司法》的规定，无形资产是可以直接入股的。

（五）注意行业相关法规

医学行业有许多法规，这也是非专业人士无法迈过的专业门槛。如果医药卫生类专业学生在创新创业前了解并掌握这些法规，优势会更加明显。

（1）行医资格。在医学领域，要想从事相关工作，需要有执业医师证、执业护士证、执业药师证等相关资质，这些资格证基本上都是在毕业后才能通过考试获得的。医药卫生类专业学生在校期间没有资格参加考试，所以也无法获取这些证书。因此，严格地说，需要这些证书的岗位对于相关创业在校生来说是不能去做的，甚至做公益性质的医疗服务也不行，这也正是许多医学院校觉得医药卫生类专业学生创业门槛高的原因。

除此之外，学习去做一些卫生宣教、大健康服务，做一些相关产品的开发是完全可以的。不要把自己或他人局限在需要从业资格的创新创业之中。

（2）医药产品批文批号。医药界的创新创业和其他行业一样，也需要开发产品。而医药产品开发中，特别需要了解相关的批文批号。在产品研发之前，要按相关标准进行产品的设计和构思；在开发中，要严格参考相关标准执行；在开发后，要申请相关的批文批号。详见相关章节内容。

三、秉要执本：医药卫生类专业学生创新创业应注意的关键问题

医药卫生类专业学生创新创业往往更易受到教师、家长和同学、朋友们的关注，出于自身对成功的渴望以及别人的关注等原因，这些创新创业者承受着巨大的压力。因此，想投身创新创业的人应该注意以下几个关键问题。

（一）正确看待创新创业的失败和成功

1. 创新创业项目失败不等于创新创业失败

这里要明确的一点是，所谓的创新创业失败，实际上更多是创新创业项目暂时受挫，而这种暂时的挫折，不等于项目失败或创新创业失败。

创新创业活动包括资金的利用、团队的组建与合作、资源的整合、政策的解读、场地的建设、项目的选择等多个方面。项目之所以失败有可能是项目在市场检测过程中出现了一些不符合消费者要求的问题，也有可能只是暂时受到质疑。对于项目的失败要具体分析原因，并针对性地进行调整或者舍弃，提升自己的能力和团队的默契度。所以说，项目失败并不等于整个创新创业活动的失败，或许换一个方向就能成功。

2. 融资成功不等于创新创业成功

不少人把融资成功等同于创新创业成功，这种现象在互联网领域的创新创业中更

为普遍。这里要提醒学生的是，融资成功可能可以算阶段性的成功，但不等于创新创业成功。

应该强调的是，融资成功只代表了一部分的成功，还需要看产品的市场可持续性和团队管理等因素的发展。资金只是企业发展的一个方面，任何其他方面出现问题也可能导致企业的失败。

所以，对一个初创企业来说，创新创业的成功不在于是否能拿到融资，而在于是否能存活。创新创业者首先要学会生存，生存是第一位的，这是一条创新创业者必须懂得的法则。

（二）了解创新创业能给自己带来哪些收获

在创新创业初期，创新创业者的付出要比上班族多得多；在创新创业过程中，创新创业者经历的磨难也比上班族多得多。而在收入方面，创新创业者并不一定比上班族高。这种付出和收入的不一致性，有时使创业者产生自我怀疑，进而中途放弃创业。

医药卫生类专业学生有崇高的医德，有大爱之心，要为了实现自己的抱负创新创业。当然，创新创业最终还是要获得更高的回报，但那是在付出自己辛勤的劳动之后，在满足了人们对医疗、健康的需求之后，应得的合理报酬。

创新创业，尤其是医学专业领域内的创新创业或跨界的创新创业，带来的不只是在经济上的收获。除此之外，创新创业者还可以得到如下收获。

一是，巩固和加深了对自己所学医药学专业知识的理解，提升了自己的专业水平（包括知识水平和知识应用水平）。

二是，扩大了自己的视野，对本专业所学知识的运用领域有更清晰的认识。

三是，创新创业的过程是一个充满挑战的过程，涉及知识运用、技术更新、企业管理、商业模式选择、营销、人际沟通、谈判技巧、商务礼仪、财务管理、风险管控、相关法规等方方面面。

因此。创新创业者最大的收获应该是心智的历练。这种收获是在课堂上永远都学不到的。

四、居安思危：医药卫生类专业学生创新创业的风险防范

医药卫生类专业学生常见的创新创业风险主要是资金风险、时间风险、道德风险和法律风险。面对这些风险，我们可以早做防范。

（一）资金风险防范

资金风险是创新创业者面临的最大风险之一。家庭的帮助往往有限，融资具有一定风险，有时甚至是付出股权乃至话语权的代价。作为医学大学生的创新创业者，在选择创新创业项目时，尽量选不需投资或投资不多的项目，如（科研型）技术型创新创业、小微创新创业，或者用无形资产创新创业。这种创业的风险是最低的。

（二）时间风险防范

大学生的主要任务是学习，尤其是医药卫生类专业学生，课业任务较重，所以创

新创业要尽量与自己的专业学习相关，合理安排学习和创新创业的时间。这样，在运用知识的同时，一方面巩固了知识，另一方面也做了创新创业尝试。此外，创新创业产品的周期也是医学创新创业需要考虑的时间问题。产品周期长，可替代性大，就容易被其他企业抢占先机，削弱自身在市场中的地位。因此，医药卫生类专业学生创新创业，要考虑自己的产品或服务进入市场的时间问题，尽量抢占机会。

（三）道德风险防范

对医药卫生类专业学生来说，特别要遵守公民道德和医德。因为，医药卫生类专业学生有自己的特殊专业背景和朋友圈，有自己区别于其他专业的技术能力，如果不考虑这些，就很容易触碰道德底线，给自己造成不好的影响。人工繁殖、器官移植等相关医学领域的创新创业活动涉及的道德规范都需要医药卫生类专业学生关注，另外还包括患者的隐私保护，也是我们需要注意的道德规范问题。

1. 现代医疗技术对社会伦理道德的影响

回首人类发展的整个文明历程，科学与伦理一直以螺旋式的发展，贯穿整个社会发展的主题。医疗技术的进步直接或间接地推动着人类伦理道德的进步，而伦理道德的存在也不断规范着医疗技术的发展。二者看似对立，但又必然是统一的，医疗技术可以扩展到医疗伦理道德领域，促进道德进步，而道德的进步也必将有助于医疗技术的发展。

作为科学技术的重要组成部分，现代医疗技术也必须受到社会伦理道德的约束，医疗技术一旦偏离了正确的道德轨道，可能带来灾难性的后果。基于此，任何有悖于伦理道德的医疗行为不仅要受到广大人民群众的抵制，而且要受到法律的制裁。

要想发挥医疗技术的真正作用，实现其为人类造福的初衷，就必须使其受到伦理道德的约束。

2. 正确处理医疗技术与伦理道德的关系

如何正确处理医疗技术与伦理道德的关系呢？我们应该辩证地看待这一问题。首先，一项新的医疗技术的出现，都是为了治疗疾病、拯救生命。通过发展现代医疗技术，人们可以达到减轻痛苦、延长寿命、提高生活质量的目的，进而战胜各种顽疾、绝症，获得自由。其次，我们也应认识先进医疗技术自身的规范和操作特性。自由从来就是相对的，人类能够从大自然中获得所谓的自由，是因为对各种自然规律的认识、对自然现象的遵从。现代医疗技术对人只有一定程度的约束，我们能做的就是加强对伦理道德的认识程度。

比如，人工授精中的技术和伦理问题。大家可以讨论一下其中涉及什么伦理道德问题。

（四）法律风险防范

医药卫生类专业学生创新创业必须了解相关法律法规，不能越过法律底线。特别是与医学产品准入相关的法律法规，比如《药品法》《保健食品法》《食品法》《执业医生法》《执业护士法》等，在守法的前提下创新创业才能行稳致远，最终取得成功。

五、医药卫生类专业学生创新创业的必备心态

C8 的发明人龙平设计了一个成才公式，基本内容如下。

人才 =（知识 + 技能 + 心态）× 天赋 =（15% + 35% + 50%）×（0.1～1.2）

（1）知识：包括学习时间、知识实用度、知识时效性、知识掌握度；

（2）技能：包括实际工作时间、经验累积、技能熟练度；

（3）心态：包括领导关系、被期望值、表扬和鼓励、正面思维、团队匹配；

（4）天赋：包括性格特征的优势部分与明星标杆的吻合程度，为 0.1～1.2 倍。

应当注意的是，在这个人才公式中，心态是人才公式中的重要指标。这也提示创新创业者要具备良好的心态，包括刻苦、坚韧、激情、干劲、团结合作、包容、上进。而作为医药卫生类专业学生创新创业者，除应具备普通创新创业者应该具备的心态之外，更应该拥有属于自己、属于这个行业的特殊良好心态。

（一）强烈的公益心与责任感

医药卫生类专业学生区别于普通人群，或者说医学创新创业者区别于其他专业创新创业者的一个最重要的心态就是公益心态。

医学是一个专业性很强的学科，医生是一个具备高度责任感的职业。医药卫生类专业学生创新创业者或者在医学领域内的创新创业者必须遵守职业道德，要有强烈的公益心和责任感。这种心态要扎根于我们的心中，要融进我们的价值观，这样，我们才不会在创新创业路上被利益蒙蔽双眼，才能坚持行进在正确的道路上。

（二）希望改变人类健康水平的远大抱负

医药卫生类专业学生创新创业者的目的与自己选择医学专业学习的目的一样，都是为人类健康作出贡献，这一目的不会因为选择了创新创业而改变。人类对健康的追求是永恒的，是无止境的，是不会随着时代及科学发展而改变的。因此，医药卫生类专业的创新创业者应该始终着眼于为人类的健康服务，解决医学健康领域中存在的各种问题，实现自己的远大抱负。

（三）善于在医学成就表象中寻找机会的专业能力和韧劲

近几十年来，伴随着科学的进步，医学得到了迅猛发展，在保障和维护人民健康水平方面取得了突出的成绩。但是，这并不代表医学发展已经很完善了，它还是存在很多问题。这些问题，需要医药卫生类专业学生利用自己的专业能力去解决。

在医学健康领域，医药卫生类专业学生要善于寻找创新创业机会。比如，人们熟悉的临床诊疗流程有没有什么值得改变的地方，人们熟悉的诊治手段是不是有值得改进的地方，医学院校的专业课程和教学手段是不是也应该做些改变，常规的医学科普内容是不是有许多需要改进的方面……这些问题不仅需要我们不断提升自己的专业能力，也需要我们花费较长时间去调研和琢磨，这就需要韧劲，是创新创业者需

扩展阅读 3-7 医疗服务可以有更好的体验

要具备的。

（四）处理专业学习与创新创业的关系

当代大学生无论是知识、智力，都处在一个较高的水平。大学生在开始准备创新创业之前，从小学到大学就已经接受了十几年的正规、系统的教育，形成了较为全面完善的理论知识体系，并且在接受新知识和新技术方面有很强的学习能力，这对于医药卫生类专业大学生创新创业是明显的先天优势。同时，医药卫生类专业大学生在进行创新创业项目选择时，往往在现代科学技术（如互联网）的基础上进行创业，或者在自己的专业知识领域进行大范围的延伸，这也充分运用了在校医药卫生类专业学生较好的专业理论基础和技术基础，使其在创新创业方面很好地发挥自己的优势。

医药卫生类专业大学生的专业学习与创新创业并不矛盾，专业学习为创新创业打下基础，创新创业过程中也能提升学生的学习能力。学习创新创业知识是为了掌握专业技能，更好地将专业知识应用于工作和生活中，学以致用。

医药卫生类专业学生的创新创业更侧重于创新性和知识性，专业知识的学习积累为大学生创新创业提供了理论和技术支持，让大学生有能力在专业领域发现创新创业机会。同时，在创新创业过程中遇到的技术性问题又能促使大学生积极主动地深入探索更多专业领域的知识，做到"学以致用，活学活用"，将知识有效转化成实用性的成果。所以对于医药卫生类专业学生来说，专业学习激发创新创业动能，创新创业活动促进专业学习。

我们提倡医药卫生类专业学生在自己的专业领域内发挥专业优势，进行创新创业。同时，大学生还是要以学习为主要任务，要在保证不耽误学习的情况下进行创新创业，切不可因为创新创业而影响学业。

第二节 和衷共济——创业者与创业团队组建

一、并肩作战：相信团队的力量

（一）创业团队的定义

创业团队，是一个优势互补、责任共担、目标一致、能做到利益让渡最大化的特殊群体，需要充分发挥个人的能力和经验优势。

（二）创业团队的力量

共同创业有助于分散创业失败的风险。团队成员之间的技能互补可以提高对创业环境的控制能力，从而降低新企业经营失败的风险；更为重要的是，共同创业可以有效整合资源，巩固和拓宽创业资金筹资渠道，增强协同效应，提高创业成功的概率。研究表明，团队创业成功的概率远高于个人独自创业。

1. 团队汇集了超越个人效率的互补技能和经验

随着团队的运作，团队组建时在人员匹配、制度设计、职权划分等方面的不合理之处会逐渐暴露出来，就需要个人技能和技术的广泛组合使团队能够应对创业过程中的挑战，例如质量、创新和客户服务，并形成一种协同作战的整体化优势。

2. 团队对待变化是灵活而敏感的

在共同制定明确的目标和方法的过程中，团队可以发展支持及时解决问题和倡导的沟通方式。因此，团队可以比个人更为快速、准确、有效地融入相关资源网络，并根据新的信息来调整自己，使团队成员看到随着创业目标的实现，其自身利益将会得到怎样的改变，从而达到充分调动成员的积极性、最大限度发挥团队成员作用的目的。

3. 团队可以加强组织发展和管理，实现价值深化

团队成员希望在共同努力解决问题的过程中，通过加强沟通、相互鼓励、共同追求超越个人和职能工作的团队绩效来获得相互信任，并加强共同追求高于和超越个人以及职能方面的团队业绩愿望。工作的意义和成员的努力进一步增强了团队成员之间的价值观趋同，使团队绩效最终成为对团队自身的激励。随着时间的推移和企业的发展，创业价值观也会逐步改进和调整，但是凝聚团队力量的关键仍然是相同的价值观主导下的企业文化。

4. 团队帮助营造更轻松愉快的心理环境

团队氛围与团队业绩相辅相成，让团队成员为实现目标承担责任，充分信任彼此，良好平等交流、沟通，更好地进行信息交流与反馈，为创业者谋福利。良好的氛围和愉快的心情可以帮助团队成员保持积极的态度，提高团队绩效。

没有团队的创业公司往往失败，虽然也有个人创业的成功案例，但是没有团队的情况下，要打造一家具有高增长潜力的企业是非常困难的。一般来说，个人创业的资源和能力有限，新企业发展缓慢。当风险投资者投资一家新企业时，都会将团队作为一项重要的评估指标。

二、砥砺前行：逐步构建 5P 元素

一个创业团队的形成需要从以下5个方面逐步构建，如图3-2所示。

（一）目标（Purpose）

创业团队需要有一个共同的目标，引导创业路径，凝聚创业精神。总目标确定之后，为了推动创业团队实现最终的愿景，再将总目标进行分解，设定若干可行的子目标。明确目标，特别是明确每个阶段的目标，是组建创业团队的基础。

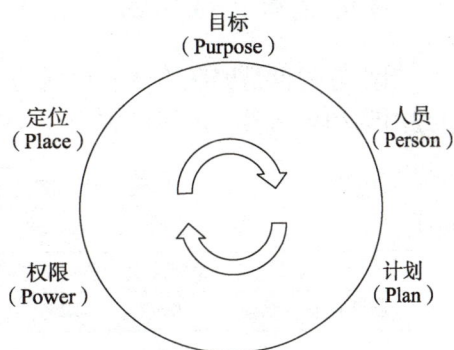

图 3-2　团队形成的 5P 元素

（二）人员（Person）

人力资源是创业团队最核心的力量。招募到合适的团队成员是创业项目得以顺利

推进的基础。在构建创业团队时，至少应包括技术、营销、管理三个方面的人才，既要考虑这些人才技能的互补性，又要适度精减人员数量。充分利用团队人员的各种资源和能力，形成高效稳定的组织架构，保证创业团队高效运转。

（三）定位（Place）

创业团队的定位包含以下两层含义。

（1）创业团队的定位。创业团队在创业项目发展中处于什么位置？创业团队最终由谁负责组建和调整？创业团队组建和调整的标准是什么？

（2）团队成员的定位。团队成员在创业团队中处于什么位置？团队成员在创业团队中扮演什么样的角色？团队成员的角色划分和调整标准是什么？

（四）权限（Power）

权限的划分方式决定创业团队的组织架构类型。根据权限的划分层次及幅度，可以将企业组织结构分为高长型和扁平型，对于创业型企业，权限相对集中在中心成员手里。

（五）计划（Plan）

创业团队的计划包含以下两个层次。

（1）为了最终实现目标，需要实施一系列的行动方案。这个计划可以看作是实现目标的具体工作过程。

（2）按计划有序进行，可以保证创业团队的顺利运作。只有计划得到有效实施，创业团队才能实现最终目标。

团队计划包含了整个创业团队管理活动的目标、原则和方法，是创业团队管理活动的行动指南。创业团队计划的可靠性直接关系着创业团队管理工作的整体成效。

三、量体裁衣：选择合适的团队类型

创业过程也是团队组建和更新迭代的过程，创业领导者可以通过表3-1、表3-2来组建团队和评估自己的团队类型。

表 3-1   团队角色分工

项目：   部门：   填表人：   填表日期：

团队成员角色分工拟定（讨论之前由团队中心成员拟定）		
团队成员姓名	职务	工作职责
角色分工模糊部分		
本人角色分工中的模糊内容		
他人角色分工中的模糊内容		

表 3-2　团队目标评价

评估人:		部门:		职务:	
评估指标	分数	达成度			得分
		30%	60%	100%	
（1）团队目标与公司目标匹配，并能促进公司战略目标的实现					
（2）团队目标由团队成员共同建立且一致认同					
（3）团队目标清晰、简明					
（4）团队目标分为长期的远大目标和近期的可实现目标					
（5）团队目标已经转化为具体的、可衡量的绩效目标					
（6）团队目标已经按时间进度、人员分工进行了目标分解，大家一致认同					
（7）团队目标按照轻重缓急排列，且大家认同					
（8）分解目标或者关键指标反映团队目标实现过程的关键点					
（9）团队目标需要每一位成员都做出努力，且能够充分发挥各成员的能力优势					
（10）每位成员能够正确地理解团队共同目标以及个人的分解目标					
合计					
评估意见					
改进方案					

陈忠卫和杜运周（2007）以网络密度和团队异质性两个维度的高低将创业团队分成研讨会型团队（Ⅰ）、家族型团队（Ⅱ）、理想型团队（Ⅲ）、交响乐型团队（Ⅳ）四种类型，如图 3-3 所示。

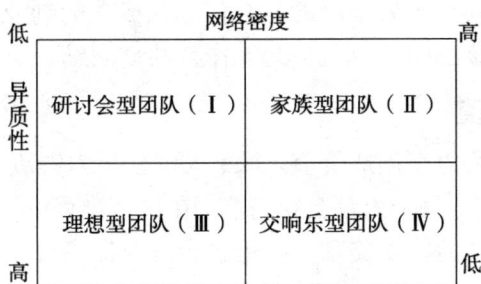

图 3-3　创业团队类型

在团队基本架构中，核心领导者的角色类型，可以将创业团队分为技术型创业团队、管理型创业团队、营销型创业团队三种类型，如图 3-4 所示。

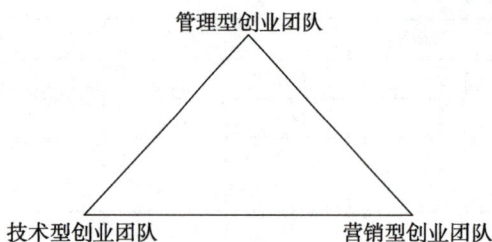

图 3-4　创业团队基本架构

根据创业团队的决策模式，可以将创业团队划分为星状型创业团队、网状型创业团队、虚拟星状型创业团队。

星状型创业团队：团队中一般有一个处于核心领导位置的人物，根据自己的设想创建和组织团队。在这种团队类型中，主导型人物对团队其他成员的影响巨大，决策权力集中，这也是创业初期常见的团队类型。

网状型创业团队：一般是有几个初始创始人，这些创业者在创业之前往往相互认识，并对某一创业想法达成共识，然后开始共同创业。在这种团队类型中，没有明确的核心人物，各成员都是扮演着伙伴或合作者的角色，决策权相对分散，一般采取集体决策的形式。

虚拟星状型创业团队：这种创业团队是上述两种创业团队的结合。在这种团队类型中，一般也有一个核心领导人物，但是核心人物并非完全占据主导权，更像一个代言人，其在团队中的决策必须充分考虑其他成员。

组建创业团队一般应注意创业团队人数合理、技能互补、目标统一。同时，为了满足产品更新迭代及市场变化，也需要综合统筹人员变化。

四、群策群力：如何管理创业团队

创业者可以从以下几个方面来管理自己的创业团队。

（一）注意团队的团结

在创业过程中，团队所有成员一致认为，团队内部有千丝万缕的联系，整个团队是一股不可分割的力量。一个团队的利益高于团队所有成员的利益，如果团队成员能够为了团队的利益牺牲自己的利益，团队凝聚力就会最大化。创业团队的每个成员都可以独立发挥作用，但其首先要学会的是合作。在成功的创业中，团队的成功远高于个人的成功。企业家和核心团队成员一起工作，共享激励。

（二）努力创造价值

团队的所有成员都致力于创造价值。每个人都会尽力解决问题。当提出决策计划时，每个人都会执行它。在这个过程中，既有精神奖励，也有丰富的物质奖励，技能也会有所提高。

扩展阅读 3-8　趣谈唐僧团队管理模式

（三）分享结果

初创企业通常会将公司 10%～20% 的股权作为股权激励并吸引新的团队成员。团队不仅包括分享资金，还包括分享想法、意见和解决方案。

（四）注重绩效考核

绩效是指为评估者和被评估者提供必要的指标，以客观地讨论、监控和衡量绩效。绩效管理允许团队成员明确他们的义务、责任、权利、团队目标和计划、他们的角色和任务，并根据他们的价值期望确定他们的薪水。

实践训练：打造最好的团队

（五）充分发挥决策者作用

决策者角色通常是公司的所有者。他们不仅对问题作出决定，还要承担决定的后果。因此，当公司做出所有重要决策时，决策者通常会召集和讨论团队成员。针对解决方案，如果大家的意见与团队决策者发生冲突，就需要重新分析方案的可行性，修改方案。决策的主要内容是公司发展的长期目标和具体阶段的规划，其中一些是关系到公司发展的重要决策。

思考题

1. 请结合自己的专业，试着谈谈你觉得不便利而需要改进的方面，并试着提出相关的改进设想。

2. 公益性创新创业能否盈利？你认为盈利与承担社会责任是否矛盾？你对此有何认识？

3. 关于大学生专业学习与创新创业之间的关系，你有何看法？请同学们分组讨论，也可以通过辩论会的形式进行阐述。

4. 医药卫生类专业学生应该如何理解和掌握创新创业过程中可能存在的道德规范和法律规范？

第四章

创业机会发掘

　　创业者在创业过程中，发掘机会是非常重要的一步。整个创业过程是通过创业机会来展开的，没有创业机会的发现和识别，整个创业就无从展开，没有把握创业机会的创业，失败是不可避免的。所以，一定要先对市场进行调查、研究，从征兆中进行把握和识别，有机会才去创业。如果没有发现机会，随创业潮流跟风创业，或者只是听别人说哪个业务能赚钱就去做，没有对机会的识别，是很难获得成功的。

　　创业机会发掘可以大大降低创业成本。创业成功者往往是在创业之前进行机会识别的，可以根据对机会的认知进行深入的调查研究和规划，有了深入的研究之后就可以在创业之初避免很多的错误行为。这样可以大大降低成本，提高存活率。

　　机会发掘中需要创业者的判断力，因为有些机会可能是转瞬即逝的，有些则是一开始是很难识别的，但可能代表了一个长远的发展趋势。能否正确识别这一点是考验创业者的重要因素。

第一节 一见如故——认识创业机会

导入案例

不懂政策，怎能吃"螃蟹"

刚从学校毕业的小吴，是第一位从当地市场监督管理局副局长手中接过"个人独资企业营业执照"的小老板。就在他迈出第一步时，他几乎对国家大幅度放宽私营企业投资条件，降低投资门槛等鼓励政策一无所知，这无疑对跃跃欲试的小吴来说，预示着一系列的创业风险。

充分了解国家的有关政策和法规，是对每一个创业者必不可少的要求。不懂规则，怎能行动，盲目出击，又哪里有希望！

资料来源：经管之家. 八个典型创业案例分析[EB/OL]. https://bbs.pinggu.org/thread-792244-1-1.html.

案例分析

请思考：小吴该如何开启自己的创业之路？

一、创业机会的内涵

（一）创业机会的概念

机会，是恰好的时候和时机。那么，创业机会就是创业恰好的时候和时机，它是创业活动的核心要素。对于创业者来说，创业首先需要寻找创业机会，没有机会就没有创业条件。创业机会又称为商机，可以直观地理解为开展创业活动的一系列有利条件和时机。

纽约大学教授伊斯雷尔·柯兹纳（Kirzner）首次指出：创业是一个机会发现活动，创业者往往对机会保持高度的警觉性，机会发现是创业中重要的一个环节。

Shaver 认为，创业机会是创业者个体有意识地系统搜集、处理并识别外界商务信息的过程，这个过程体现了创业者对其所感知的商业信息卓越的处理能力。

享誉世界创业研究领域的著名学者、美国凯思西储大学教授斯考特·谢恩（Scott Shane）提出：创业机会本质上是一种能带来新价值创造的"目的—手段"关系。所谓"目的"是指创业者计划服务的市场或要满足的需求，表现为最终产品或服务；所谓"手段"是指服务市场或满足需求的方式，表现为用于供给市场最终产品或服务的价值创造活动要素、流程和系统。

综上所述，创业机会是指具有商业价值的创意，表现为特定的组合关系。

（二）创业机会的特征

创业机会有四个特征，如图 4-1 所示。

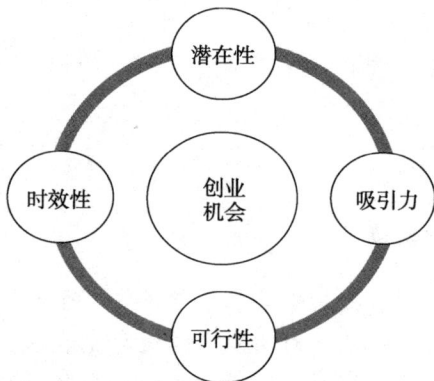

图 4-1　创业机会的特征

1. 潜在性

创业机会一般不会被轻易地发现。它需要创业者具有一定的知识、技能、信息获取能力以及相关领域的实际经验和敏感的觉察力。创业机会的最初形态很可能是潜在市场环境表面下的一些散乱的信息组合，创业机会的识别往往需要对环境中的商业信息进行系统的扫描、收集和利用。只有创业者以及创业过程中的各利益相关者积极地参与信息处理工作，识别出机会的潜在盈利性，创业机会的基本盈利模型才能够显现出来，而且创业机会的价值才能够通过不断开发得到提升。因此，创业机会是潜在的，不是一目了然的，它要求创业者具备一定的信息加工处理能力。

2. 时效性

机会不会一直眷恋于一个发现者。一个创业者发现了良好的商机后，经过充分的、长时间的准备，若此时商机已经被其他人先行一步开发，市场中已有类似商品、服务或商业模式，再进入就相当困难了。对这个创业者来说，该创业机会已经不再是一个最好的机会。因此，创业机会是有时效性的，很多时候创业机会转瞬即逝，错过了进入的最佳时机，创业机会便不再是机会了。

市场机会是一个动态移动的目标。Timmons 提出了"机会窗口"（window of opportunity）的概念，很好地解释了创业机会的实时性。所谓"机会窗口"，是企业实际进入新市场的时间期限，如图 4-2 所示。新产品市场建立，机会窗口就打开；随着市场成长，企业进入市场并设法建立有利可图的地位；在某个时点，市场成熟，机会窗口会关闭。机会的时间跨度越大，市场规模也就越大；机会窗口越大，创业者越有可能抓住这个机会，从而有望获得相应的投资回报。

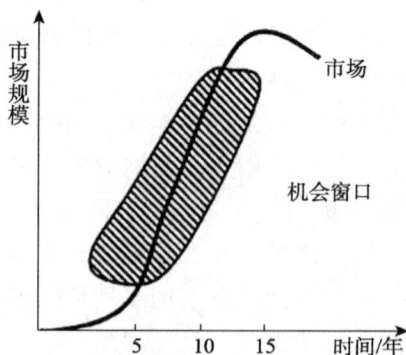

图 4-2　创业的"机会窗口"

资料来源：杰弗里·蒂蒙斯，小斯蒂芬·斯皮内利. 创业学[M]. 6 版. 周伟民，吕长春，译. 北京：人民邮电出版社，2005：56.

3. 吸引力

吸引力是创业者进行创业活动并能够盈利的前提。一个好的创业机会必须具有盈利性，这是创业机会存在的基础。创业者通过对这种创业机会的开发，吸引潜在顾客，不断扩大客户群，创造价值财富。如果一个创业机会不具备吸引客户群体的能力，那么对创业者来说这个创业机会可能是"镜中花，水中月"。

4. 可行性

可行性是创业机会能否成功转化的最终评价。每一个创业机会都不是独立存在的，它们是在不断变化的外部环境中产生的，创业者是在与其他企业、消费者和社会公众的相互关联中开展活动的。各种外部力量构成了影响创业活动的市场环境，既可以带来市场机会，也可以构成某种环境威胁。环境的这种动态性和复杂性使得创业机会产生和演化，同时也会对创业机会的进一步开发造成威胁。

（三）创业机会的类型

1. 根据环境变化等划分创业类型

根据环境变化、顾客需求、创新变革、市场竞争等各类创业机会来源，可以将创业机会分为以下三种类型。

（1）问题型机会，是指由现实中存在的未被解决的问题所产生的机会。此类问题在人们的日常生活中大量存在。比如，工作生活中存在的各种不便、顾客未被满足的需求、无法买到称心如意的商品、服务质量差等。这些问题的解决方法，会产生价值或大或小的创业机会。联邦快递的创始人史密斯，是因为在工作中感觉采购的物品经常不能在需要的时间内到达而产生了创办联邦快递公司的想法。

（2）趋势型机会，是指在变化中预测到未来的发展方向，从而获知将来的潜在机会。这种机会一般产生在时代变迁或重要领域的改革时期。在这种环境下，各种新的趋势开始产生，但往往不被多数人认可和接受，一般处于萌芽阶段。如果能够及早发现并把握，就有可能成为未来趋势的先行者和领导者。趋势性机会一般出现在经济变革、政治变革、人口变化、社会制度变革、文化习俗变革等各个方面。一旦被人们认可，它产生的影响将是持久的，带来的利益也是巨大的。

（3）政策型机会，是指政府政策变化带来的商机。为适应经济社会发展，政府需要不断调整政策，而政策的变化通常会带来新的商业机会。事实上，随着社会分工的不断细化和专业化，从政策中寻找商机，也意味着创业者可以通过对特定产业链的分析，在商机催生的产品或服务的上下游延伸中寻找商机。

2. 根据目的—手段关系划分创业类型

根据目的—手段关系的明确程度，可以将创业机会分为以下三种类型。

（1）识别型机会，是指市场中存在十分明显的目的与手段关系，创业者可以通过目的—手段关系的连接来辨别的机会。例如，当供求之间出现矛盾或冲突时，不能有效满足需求或者根本无法实现这一需求时，辨别出新的机会。常见的问题型机会多属于这一类型。

（2）发现型机会，是指目的或手段的任意一方处于未知状况，等待创业者从中去发掘机会。比如，开发出来一项新技术，但其具体的商业化产品尚未出现，需要通过不断尝试来发掘潜在的市场机会，如激光技术在出现后数十年才真正发展为民用。

（3）创造型机会，是指目的和手段皆不明朗，创业者要比其他人更具先见之明，才能创造出有价值的市场机会。这种机会通常可以创造出新的目的—手段关系，将为创业者带来巨大的利润。常见的趋势型机会往往属于这一类型。

二、创业机会的来源

蒂蒙斯认为，创业机会主要是来自改变、混乱或不连续的状况。

德鲁克提出机会的七种来源：意外之事，不协调，程序需要，产业和市场结构，人口变化，认知、意义和情绪上的变化，新知识。

凯斯西储大学创业学教授斯考特·谢恩的观点比较有代表性，他提出产生创业机会的四种变革：政治和制度变革、社会和人口结构变革、技术变革、产业结构变革。

创业机会主要来自一定的市场需求和变化。

（一）需求问题

顾客需求在满足前就是客观存在的问题，创业的根本目的是满足顾客需求。

寻找创业机会的一个简单而重要的途径就是善于发现自己和其他人工作生活中的难处以及由此产生的解决问题的需求。新需求的出现、需求方式的改变都会产生新的问题，有经验的创业者能够从中找到富有价值的创业机会。

（二）变化

创业机会多源自不断变化的市场环境，市场结构、市场需求必然随着环境变化而变化，这样会给各行各业带来良机。变化是创业机会的重要来源，没有变化就没有创业机会，人们透过这些变化，常常会发现新的创业良机。

彼得·德鲁克更是将创业者定义为能"寻找变化，并积极反应，把它当作机会充分利用起来的人"。

（三）创造发明

创造发明提供了新产品、新技术，在更好地满足社会需求的同时，也带来了新的创业机会。在人类社会发展史上，每次重大发明创造都会引起产业结构的重大变革，产生无数的创业机会。即使只是跟上时代的步伐，成为推广销售新产品、新技术的人，也会获取无限商机。

（四）模式创新

商业模式的创新也是创业机会的重要来源。以互联网为例，最初只是为了沟通的方便，现在已经变为新产品不断产生的平台，它提供了分销渠道、产生了新的资源供给，同时使新组织形式（虚拟组织）的出现成为可能；淘宝、天猫、京东等一批购物网站的蓬勃发展，催生了一大批网购习惯者，满足了消费者方便、快捷、省事、省力、不出门就能购买商品的需求，更加证明谁拥有更好的商业模式，谁就拥有更多的市场机会和资源。

（五）新技术应用

新技术能够促进企业逐渐采取新的生产过程，生产新产品，开发新的市场，这些改变为企业带来了市场机会。例如，在中国市场，随着虚拟现实（virtual reality，VR）

技术的发展，相关产品逐渐走入消费者的视野。作为一项代表未来的新技术，VR 虽然商业化进程缓慢，但不容忽视的是，它将互联网科技产业和消费者的娱乐需求相结合，给人们的视听体验带来了革新。由于该技术能够在游戏、服装、零售、社交、教育等诸多行业带来变革，很多互联网公司和科技企业，如百度、阿里巴巴、腾讯等，纷纷进入这一领域。

第二节　伯乐相马——发现创业机会

美团联合创始人王慧文在清华大学宣讲会上谈到，真正的核心竞争力只有两个：一是发现机会的能力，二是持续学习进步的能力。

导入案例："不安分者"眼中的商机

一、问题与困惑

不同于其他行业存在着潮起潮落般的发展周期，医学行业"一枝独秀"，产值越来越高。医学领域新的科技进展令人惊叹，先进设备不断投入，新药也不断涌现。但是，医院依旧人满为患，摩肩接踵。医学在科技发展时代，在智慧制造、人工智能、数字化时代，在互联网、物联网时代到底有没有新的改变机会？值得医药卫生类专业学生深思。

改革开放以来，我国的医疗卫生事业得到了长足发展，取得了举世瞩目的成绩。但是，我国医学发展仍然存在很多问题。"看病难，看病贵"亟待解决，原创的医学成果少之又少，医药卫生类专业学生创新创业氛围不浓……其原因在哪？令人困惑。

1. 为什么医院用的先进设备大多来自国外

为什么大部分医院用的医疗设备要从国外进口？为什么大到 MR、CT、化验设备，小到手术台、心导管、检验试剂、护理床……许多医院用的都是进口产品？这些问题值得医药卫生类专业学生认真思考。

2. 为什么患者越来越多

伴随着我国医疗事业的迅猛发展，医疗水平越来越高，设备越来越"先进"，然而，我国大城市大医院的患者也越来越多了。许多专业人士大声疾呼："为什么患者越看越多？"这是什么原因呢？

在上述的诸多问题中，我们医药卫生类专业学生能够找到机会吗？我们是否可以反向思维，慢性病为什么会"慢"？是不是医学根本就没有认识到问题产生的真正原因呢？

或者说，我们的重心是治病还是"治未病"？我们是不是可以利用数字时代帮助人们真正认识自己、了解自己，为自己的健康服务呢？我们是不是可以减少医源性疾病的出现，减少每年因过度诊断、过度医疗给患者带来的经济负担呢？……这

扩展阅读 4-1　患者为何越治越多？

些都是我们的创新创业机会！

3. 为什么看病越来越贵

（1）医疗资源总体不足，配置不均衡。据统计，我国医疗卫生资源仅占世界的2%，人均占有量排在世界100位之后。医疗资源的80%集中在城市，城市中又有80%的资源集中在大医院。大城市的消费水平高，医疗费用相对较高，而涌进医院的患者很多不能通过医保报销，造成看病贵。

（2）医疗保障体系不健全，很多人靠自费就医。目前，我国已初步建立了全方位的医疗保障体系，但因为人口地域分布广泛、人口基数大、病种多、医保无法完全覆盖等原因，造成很多病种、医疗检查项目无法报销。

（3）公立医疗机构运行机制出现市场化倾向，公益性质淡化。我国90%以上的医疗服务机构是公立的。由于财政投入不足，加之监管不力，相当多的公立医疗机构的运行机制越来越市场化，主要靠向就诊患者收费维持运行和发展。有些医院盲目追求高收入，直接损害了群众利益。近年来，公立医院人均门诊和住院费用每年增长幅度都明显高于居民人均收入增长幅度。

4. 药品和医用器材乱象

有资料显示，全国共有5000多家药品生产企业、1.2万家药品批发企业、12万家药品零售企业。由于这些企业数量多、规模小，加之监管不到位，一些企业违规操作，虚报成本、肆意加价、以次充好、诱导医院选择贵重药品等现象严重。此外，社会资金进入医疗卫生领域存在困难，多渠道办医的格局没有形成，也是造成看病难、看病贵的原因之一。

医药卫生类专业学生该如何看待这些问题？

患者该如何看待这些问题？

有没有可以解决的办法？找到了解决办法，就找到了创新创业点！

目前的诊疗流程是不是合理？怎么做才是合理的诊疗流程？有没有过度诊断和治疗的嫌疑？能不能用一个简易的方式让患者既快捷又更有效地得到医疗服务？怎样做才能更好地"治未病"？创新创业者应该善于从这些问题和困惑中去发现机会。

二、发现机会

我国医疗卫生和健康领域存在的一些问题，是医药卫生类专业学生的创新创业机会，我们要睁开慧眼、好好把握，尤其是要关注国家的战略决策，从中找到利用专业优势进行创新创业的机会。

（一）国家发展战略层面的机会

国家经济社会的发展需要作为社会一分子的每一个人的投入，而经济社会发展，必定会带来一系列的变革，进而产生无穷的机会。

1."一带一路"倡议蕴含的机会

"一带一路"是"丝绸之路经济带"和"21世纪海上丝绸之路"的简称，是习近平主席在2013年9月、10月先后提出共建"丝绸之路经济带""21世纪海上丝绸之路"的重大倡议。"一带一路"不是一个实体和机制，而是合作发展的理念和倡议，是依靠中国与有关国家既有的双、多边机制，借助既有的、行之有效的区域合作平台，借用古代"丝绸之路"的历史符号，高举和平发展的旗帜，主动发展与沿线国家的经济合作伙伴关系，共同打造政治互信、经济融合、文化包容的利益共同体、命运共同体和责任共同体。

在"十三五"期间，中医药参与共建"一带一路"取得积极进展。中医药已传播至196个国家和地区，成为中国与东盟、欧盟、非盟、拉共体以及上海合作组织、金砖国家、中国—中东欧国家合作、中国—葡语国家经贸合作论坛等地区和机制合作的重要领域。中医药已获得世界越来越多国家的认可，中医药医疗、教育、科技、文化、产业等领域国际合作取得了积极进展。2021年12月31日，国家中医药管理局推进"一带一路"建设工作领导小组办公室印发《推进中医药高质量融入共建"一带一路"发展规划（2021—2025年）》的通知，其中蕴含着巨大的创业机会。

扩展阅读 4-2 《推进中医药高质量融入共建"一带一路"发展规划（2021—2025）》（摘要）

2.人口发展战略蕴含的机会

（1）国家放开生育政策带来的机会。

2021年为进一步优化生育政策，实施一对夫妻可以生育三个子女政策及配套支持措施，有利于改善我国人口结构、落实积极应对人口老龄化国家战略、保持我国人力资源禀赋优势。至2022年年末，全国人口为141175万人。

随着生育政策的全面实施，随之而来的孕产妇与婴幼儿的护理与健康问题将会带来大量的发展机遇。

医药卫生类专业学生作为医学健康领域的专业人才，可以从生育政策中找准发展方向，创新创业。除医院妇产科病床数严重不足、产科医生和儿科医生均严重缺乏之外，生育政策的放开，也给我们创业提供了更多平台，如养生、护理、检测、食品、教育等各方面都是很好的切入点。具体来说，针对各年龄段的孕妇，重点关注孕妇检测、辅助生殖服务、孕妇用药；针对新生婴儿，重点关注奶粉、婴儿日常用品、儿童用药及诊疗手段的提升等；针对婴幼儿的成长，重点关注童装、玩具、动漫等。月子中心、育儿师等需求量也十分庞大。因此，针对孕产妇及婴幼儿的相关产品的研发、销售、宣传等都是我们可以抓住的创业机会。

扩展阅读 4-3 王伟林：传递担当与责任，构建医学"一带一路"倡议

扩展阅读 4-4 三孩政策来了，哪些行业迎来新发展机遇？

（2）人口老龄化带来的机会。

据报道，预计到 2025 年，60 岁以上人口将达到 3 亿，我国将成为超老年型国家。预计到 2040 年，我国人口老龄化进程达到顶峰。

人口老龄化不仅是中国面临的巨大问题，也是世界其他各国面临的一个严峻问题。随着我国步入老龄化社会阶段，医疗卫生、健康服务等都面临巨大挑战和压力。社会上出现的"以房养老"等措施，便是一个具体体现。

对医药卫生类专业学生来说，人口老龄化社会的到来，既是我们面临的压力和挑战，也是我们进行创新创业的机遇。老年人的养老、身心健康等领域都可以细分挖掘。例如，老年人的疾病预防与护理，老年专用医疗器械的研发与制作，相关科普网站或期刊，老年人的医疗咨询、养生保健等，都是我们创新创业的领域，想要创新创业的医药专业学生，可以根据自己的优势，综合考虑，找出适合自己的创新创业领域。

扩展阅读 4-5　人口老龄化：是大麻烦还是大商机？

3. "健康中国 2030" 战略蕴含的机会

（1）"大健康"理念的内涵。

2016 年 10 月，《"健康中国 2030"规划纲要》发布，指出"实现国民健康长寿，是国家富强、民族振兴的重要标志，也是全国各族人民的共同愿望"。"共建共享、全民健康"，是建设健康中国的战略主题。核心是以人民健康为中心，坚持以基层为重点，以改革创新为动力，预防为主，中西医并重，把健康融入所有政策，人民共建共享卫生与健康工作方针。

基于"健康中国 2030"战略，大健康理念应运而生。大健康是根据时代发展、社会需求与疾病谱的改变，提出的一种全局的理念，它围绕着人的衣、食、住、行以及人的生、老、病、死，关注各类影响健康的危险因素和误区，提倡自我健康管理，是在对生命全周期、健康全过程呵护的理念指导下提出来的。它追求的不仅是个体身体健康，还包含精神、心理、生理、社会、环境、道德等方面的完全健康，提倡的不仅有科学的健康生活，更有正确的健康消费等。它的范畴涉及各类与健康相关的信息、产品和服务，也涉及各类组织为了满足社会的健康需求所采取的行动。

随着经济发展和人们生活水平的提高，人们在尽情享受现代文明成果的同时，文明病，即生活方式导致的疾病正日益流行，处于亚健康状态的人越来越多。生活条件提高了，可食品安全和环境卫生问题层出不穷，生活质量反而不断下降。如今，人们不重视亚健康状况，一些慢性病问题突出，这已经严重影响人们的身体健康，耗费了大量的社会医疗资源和医疗费用。

大健康理念有助于民众提高健康素养，建立正确的健康消费理念。大健康产业就是紧紧围绕着人们期望的核心，让人们"生得优、活得长、不得病、少得病、病得晚、提高生命质量、走得安"。倡导一种健康的生活方式，实现以"疾病为中心"到以"健康为中心"的转变。

2020 年，我国已建立起覆盖城乡居民的中国特色基本医疗卫生制度。到 2030 年，要实现全民健康的制度体系更加完善，健康领域发展更加协调，健康生活方式得到普及，健康服务质量和健康保障水平不断提高，健康产业繁荣发展，基本实现健康公平，主要健康指标进入高收入国家行列的目标。

具体实现以下目标。

第一，人民健康水平持续提升。人民身体素质明显增强，人均预期寿命可达到 79 岁，人均健康预期寿命显著提高。

第二，主要健康危险因素得到有效控制。全民健康素养大幅提高，健康生活方式得到全面普及，有利于健康的生产生活环境基本形成，食品药品安全得到有效保障，消除一批重大疾病危害。

第三，健康服务能力大幅提升。优质高效的整合型医疗卫生服务体系和完善的全民健身公共服务体系全面建立，健康保障体系进一步完善，健康科技创新整体实力位居世界前列，健康服务质量和水平明显提高。

第四，健康产业规模显著扩大。建立体系完整、结构优化的健康产业体系，形成一批具有较强创新能力和国际竞争力的大型企业，打造国民经济支柱性产业。

第五，促进健康的制度体系更加完善。这有利于健康的政策法律法规体系进一步健全，健康领域治理体系和治理能力基本实现现代化。

到 2050 年，建成与社会主义现代化国家相适应的健康国家。

（2）"大健康"产业的发展机会。

21 世纪将是一个大健康产业获得极大发展的时代。美国著名经济学家保罗·皮尔泽在《财富第五波》（*The New Wellness Revolution*）中曾预言，健康产业将成为继 IT 产业之后的全球"财富第五波"。未来几年美国健康产业年产值将达 1 万亿美元。在中国，健康产业的规模也正在日益扩大。

从健康消费需求和服务提供模式角度出发，健康产业可分为医疗性和非医疗性健康服务两大类，并形成了四大基本产业群体。

第一，以医疗服务机构为主体的医疗产业；

第二，以药品、医疗器械以及其他医疗耗材产销为主体的医药产业；

第三，以保健食品、健康产品产销为主体的传统保健品产业；

第四，以个性化健康检测评估、咨询服务、调理康复和保障促进等为主体的健康管理服务产业。

医疗产业、医药产业对于消费者而言多是被动消费，偏重治疗；健康管理服务产业则是主动消费，偏重预防；保健品产业介于二者之间。

医药卫生类专业学生在大健康产业中如何定位是关系到自己职业目标取向的问题，更是关乎有志于创新创业的医药卫生类专业学生能否在"双创"中找到创业点的大事。医药卫生类专业学生的毕业去向未必只有临床一线一条路，在上述四大领域都有巨大的发展空间。

（二）新技术推动医学发展的机会

1. 精准医疗

这是一种将个人基因、环境与生活习惯差异考虑在内的疾病预防与处置的新兴方法。它是以个体化医疗为基础，随着基因组测序技术快速进步以及生物信息与大数据科学的交叉应用发展起来的新型医学概念与医疗模式。其本质是通过基因组、蛋白质组等组学技术和医学前沿技术，对大样本人群与特定疾病类型进行生物标记物的分析与鉴定、验证与应用，从而精确找到疾病的原因和治疗的靶点，并对一种疾病的不同状态和过程进行精确分类，最终实现对于疾病和特定患者进行个性化精准治疗的目的，从而提高疾病诊治与预防的效果。也就是说，精准医疗的实质包括精准诊断和精准治疗两个方面。

在精准诊断方面，对人的了解需要深入到基因多态性的层面，对疾病的了解则必须深入到体细胞突变，这些都离不开基因测序。然而，在形成精准的诊断后，还需要进行精准的靶向治疗，如分子靶向药物和抗体药物等。所以，精准医疗依赖于很多层面医疗技术的提高，不只是"基因测序"一项技术。

精准医疗作为下一代诊疗技术，较传统诊疗方法有很大的技术优势。相比传统诊疗手段，精准医疗具有精准性和便捷性，一方面通过基因测序可以找出癌症的突变基因，从而迅速确定对症药物，省去患者尝试各种治疗方法的时间，提升治疗效果；另一方面，基因测序只需要患者的血液，甚至只是唾液，无需传统的病理切片，可以减少诊断过程对患者身体的损伤。可以预见，精准医疗技术的出现，将显著改善癌症患者的诊疗体验和诊疗效果，发展潜力大。

相比于传统医疗，精准医疗对科技的要求更高。尤其对于信息的采集、分析、总结和共享等方面，医药卫生类专业学生可以结合"互联网+"等新形态，在发挥自己医学优势的基础上，在本领域进行跨界合作、研发、创新。目前，我国精准医疗还在起步阶段，医药卫生类专业学生可以多了解相关政策与信息，在本领域创新创业。

扩展阅读 4-6　年终盘点：中国精准医疗这一年，资本争夺、泡沫、争议并生

2. 智慧医疗

智慧医疗，简称为 WIT 120，是最近兴起的专有医疗名词，通过打造健康档案区域医疗信息平台，利用最先进的物联网技术，实现患者与医务人员、医疗机构、医疗设备之间的互动，逐步达到信息化。

由于国内公共医疗管理系统的不完善，医疗成本高、渠道少、覆盖面窄等问题困扰着大众民生。尤其以"效率较低的医疗体系、质量欠佳的医疗服务、看病难看病贵的就医现状"为代表的医疗问题成为社会关注的主要焦点。大医院人满为患，社区医院无人问津，患者就诊手续烦琐等问题都是由于医疗信息不畅，医疗资源两极化，医疗监督机制不健全等原因所致，这些问题已经成为影响社会和谐发展的重要因素。

因此，建立一套智慧的医疗信息网络平台体系，使患者能用较短的诊疗时间、便

捷的支付手段，就可以享受安全、便利、优质的诊疗服务，既是百姓的需求，也是我们创新创业的机会，也可以从根本上解决"看病难，看病贵"等问题，真正做到"人人健康，健康人人"。

智慧医疗的兴起给生活在互联网时代的医药卫生类专业学生带来了很好的创新创业机会，不过，这个机会不仅需要医学知识，还需要互联网思维和技术，需要大数据知识的运用，因此，跨界是必须的，医药卫生类专业学生在学习之余，应该尽量多涉猎新一代互联网知识和技术，提升自己的能力，这样才能在智慧医疗领域大展身手。

扩展阅读4-7　2022年智慧医疗行业研究报告（部分）

3. 新一代信息技术

（1）VR技术。

VR是人类对突破自身局限的美好愿望的一种尝试。它最大的价值就是让"眼见为实"变成"眼见为虚"，为人类无穷的想象力插上翅膀。VR技术对人类健康的影响有三个方面：VR与治疗结合；VR与临床辅助结合；VR与医学培训相结合。

①VR与治疗结合。VR技术应用得最多的领域就是心理治疗领域。很多心理治疗师和精神专家常用的方式是通过在治疗过程中引导患者回忆或者想象场景来达到治疗的目的。

VR的缺点是患者的想象和回忆难于把控，所以效果很难评估。

VR的优势在于它能够让这种环境场景变得可视化和标准化。

比如，创伤应急、障碍症、恐惧症、自闭症、恐高症、幽闭症、公开演讲恐惧症、密集恐惧症等都可以通过VR技术的环境再现以达到治疗的目的。

再如，焦虑症、注意力缺陷以及精神分裂症也可以通过VR来虚拟特定的人或是特效来改善相关的一些症状。

VR在治疗眼部的疾病（比如儿童的斜视、近视以及立体视力的缺陷）方面也有很好效果。

VR在处理烧伤后的疼痛管理方面也有一定的作用。

对于烧伤患者而言，疼痛是一个不得不面临的问题，医生希望通过虚拟现实的技术分散患者的注意力，帮助他们减轻疼痛。美国的华盛顿大学推出了一款虚拟现实的游戏，叫作snow awards。这个游戏虚拟了南极洲的冰雪环境，患者可以与企鹅进行互动，也可以听音乐，通过环境来缓解疼痛感，阻碍大脑中的通路，以此减轻治疗过程中的疼痛。

生理治疗是最常见的是康复训练。无论是运动损伤的康复还是脑部中风后的康复，康复的过程是枯燥无聊且不容易被监督和评估的，而虚拟现实可以让康复变得更有趣，也能更好地让医生去评估康复的结果。例如，微软的体感游戏Kinect。

②VR与临床辅助结合。其实VR技术更适合在临床工具中作为医生的助手。医微讯尝试过利用谷歌眼镜做手术转播，包括手术中的教学，甚至通过VR为医生提供术中判断和指导。

南昌大学 VR 医疗康复助手，就是利用 VR 技术辅助治疗偏瘫患者的新尝试。

③VR 与医学培训结合。医学培训比较特殊，是一个重实践的学科，且现今的医患关系非常紧张，不允许我们出任何差错，很多外科新人由于缺乏锻炼机会很难得到进步。而 VR 能够很好地填补这方面的空白。

瑞典一家公司用 VR 技术做了一个专门用于医生培训的模拟人，第一代模拟人只能做心肺复苏，而如今的模拟人已经可以作为模拟患者被预先编程，对复杂病情进行反应，这种新的模拟人可以模拟婴儿、孕妇、脑卒中及骨折患者。这样的产品被用在医学培训中心以及国内的三甲医院，让医生在更为逼真的虚拟环境中学习，改变了传统手术中对于尸体和动物的依赖。利用 VR 技术来做外科手术的培训还有一个重要的特点是，大大节约了成本。在外科领域，医疗知识量每隔 6~8 年就要翻一番，所以外科医生在专业教育上，尤其是在继续教育上需要不断加强对新技术的学习，这种新技术的学习成本是高昂的，方法是复杂的。而 VR 技术可以在一定程度上帮助大家学习或者熟悉这种新技术。

（2）AR 技术。

增强现实（augmented reality，AR）是一种实时计算摄影机影像的位置及角度并加上相应图像、视频、3D 模型的技术，这种技术的目标是在屏幕上把虚拟世界套在现实世界并进行互动。据 "AR in China" 的统计，如今国内从事 AR 应用开发的企业有 200 多家，其中 80% 倾向开发游戏类应用，其余的也多偏向影视、购物等生活类应用。而专注在医疗健康领域的应用，根据公开信息推测目前不超过 10 家，其中面向医疗领域提供 AR 服务的对象主要有三类：医疗机构、实验室和盲人。

其中，针对医疗机构的服务主要是患者虚拟信息、血管照明、手术教学、外科手术导航、外科手术模拟训练。就全球而言，AR 在医疗健康领域的应用还处于蓝海探索期。

在 AR 医疗健康应用这个产业链中，从业公司主要分为终端设备、软件、内容与应用四大类别，针对终端用户提供硬件、PC 应用软件，而大部分是靠直销产品盈利。

综合来看，AR 在医疗健康领域应用还处于初创公司大力创新的早期探索阶段，远未大规模进入竞争白热化格局。

未来的模式一定会越来越多样化，提供的产品也会更丰富。比如，医生可以借助 AR 医疗应用提供的精确图文一步步地完成手术全过程；急救人员可通过 AR 头戴显示器等指挥现场医护人员采取针对性的抢救措施，防止错过最佳急救时间等。

细分领域以手术辅助工具为主，如针对外科手术的导航可视化及教学解剖 PC 应用软件，针对传统药企、医械厂商的营销医药、器械 App 将增多。

医药卫生类专业学生应该在细分领域寻找属于自己的领域，并在这块新领域内创新创业。

（3）大数据。

在大数据被引入到医疗保健系统之前，数据的作用是有限的。医院收集患者的数据，只限于姓名、年龄、疾病描述、糖尿病档案、医疗报告和家庭病史等。这样的数据提供了与患者健康问题相关的信息。例如，对于一个被诊断患有心脏病的患者来说，典型的信息就是家庭病史、饮食、征兆、年龄和其他疾病。虽然这些信息提供了详细的疾病数据却无法从多个角度提供有用信息。

大数据增加了疾病治疗的一个维度。医生现在能够更好地了解疾病，并提供一个精确的、个性化的治疗方案。他们也能够预测疾病的复发，并提出预防措施。

大数据帮助医疗机构采用 360 度健康问题的观点实现了新的发现、新的治疗计划、更加精确的诊断。数据的可用性带来了对未知的影响健康问题的因素的关注。例如，携带某些基因的种族比其他种族更容易患心脏病。现在，当有一个患者患有心脏病时，就应该检查那些怀疑有心脏问题的同一种族的患者的数据。它有助于了解这些患者的饮食习惯、生活方式、遗传结构、家庭基因、蛋白质、代谢产物、细胞、组织、器官、生物和生态系统。

毫无疑问，大数据可以彻底改变医疗保健和个性化药品的营销现状。大数据在全球医疗保健方面有着潜在的、显著的、必不可少的作用。医药卫生类专业学生可以利用自己掌握的知识和技术，从中寻找适合自己的机会。

第三节　激浊扬清——评价创业机会

一、Timmons 的创业机会评价框架

创业机会的好坏可以从多方面进行判定，最好的方法是选取能够全面体现机会情况的指标。有很多学者从不同角度构建评价创业机会的指标，如 Timmons（1999）提出的创新机会评价框架，使用较为广泛。该框架中包含了行业和市场、经济因素、收获条件、竞争优势、管理团队、致命缺陷问题、个人标准和战略差异 8 大类的 53 个详细评价指标（详见表 4-1）。

导入案例：小王创业记

表 4-1　Timmons 创业机会评价指标框架

行业和市场	市场容易识别，可以带来持续收入
	顾客可以接受产品或服务，愿意为此付费
	产品的附加价值高
	产品对市场的影响力大
	将要开发的产品生命长久
	项目所在的产业是新兴产业，竞争不完善
	市场规模大、销售潜力大
	市场增长率为 30%～50%，甚至更高
	现有厂商的生产能力几乎完全饱和
	5 年内能占据市场领导地位，达到 20% 以上
	拥有低成本的供货商，具有成本优势

续表

经济因素	达到盈亏平衡点所需要的时间在 1.5～2 年 盈亏平衡点不会逐渐提高 投资回报率在 25%以上 项目对资金的要求不是很大，能够获得融资 销售额的年增长率高于 15% 有良好的现金流量，能占销售额的 20%～30% 能获得持久的毛利，毛利率要达到 40%以上 能获得持久的税后利润，税后利润率要超过 10% 资产集中程度低 运营资金不多，需求量是逐渐增加的 研究开发工作对资金的要求不高
收获条件	项目带来的附加价值具有较高的战略意义 存在现有的或可预料的退出方式 资本市场环境有利，可以实现资本的流动
竞争优势	固定成本和可变成本低 对成本、价格和销售的控制较高 已经获得或可以获得对专利所有权的保护 竞争对手尚未觉醒，竞争较弱 拥有专利或具有某种独占性 拥有发展良好的网络关系，容易获得合同 拥有杰出的关键人员和管理团队
管理团队	创业者团队是一个优秀管理者的组合 行业和技术经验达到了本行业内的最高水平 管理团队的正直廉洁程度能达到最高水准 管理团队知道自己缺乏哪方面的知识
致命缺陷问题	不存在任何致命缺陷问题
个人标准	个人目标与创业活动相符合 创业者可以做到在有限的风险下实现成功 创业者能接受薪水减少等损失 创业者渴望进行创业这种生活方式，而不只是为了赚大钱 创业者可以承受适当的风险 创业者在压力下状态依然良好
战略差异	理想与现实情况相吻合 管理团队已经是最好的 在客户服务管理方面有很好的服务理念 所创办的事业顺应时代潮流 所采取的技术具有突破性，不存在许多替代品或竞争对手 具备灵活的适应能力，能快速地进行取舍 始终在寻找新的机会 定价与市场领先者几乎持平 能够获得销售渠道，或已经拥有现成的网络 能够允许失败

资料来源：林嵩，谢作渺. 创业学：原理与实践[M]. 北京：清华大学出版社，2008：71-72.

　　Timmons 的创业机会评价指标框架能够较为全面地评价一个机会的好坏，但是它也有明显的缺点：一方面，涵盖的指标很多，且有重叠，创业者很难清晰地厘清各个指标，也很难做到获得所有指标的情况；另一方面，该创业机会评价框架是基于美国商业环境设计的，其中很多指标并不一定适合中国的实际情况。我国台湾省学者刘常勇教授则将创业机会评价指标进行了概括和凝练，具体包括市场评价和回报评价两个方面。

二、创业机会评价

机会评价是创业者对发现的商机进行市场价值和市场风险的预测与评估，评价是一个复杂的过程，涉及创业初期活动的各个方面。需要将创业者、创业机会与创业环境三方面有机地结合，对创业机会进行全面评价。为了简化评价过程，这里对评价指标也进行了简化，只从创业环境、创业项目、创业团队和团队成员三个维度评价。

（一）创业环境评价

根据创业机会的特点和开发、成长需要，对宏观环境和产业环境因素给自身带来的有利或不利情况进行分析，如从国家政策支持、竞争强度、消费者认可度等。

（二）创业项目评价

1. 项目的可行性

初次创新创业者对项目的把控能力较弱，因此，通过初步实践对项目可行性进行分析是必需的。对项目实施后的结果进行评估，可以帮助我们论证项目的可行性。

（1）放弃某个项目。有的项目初听起来不错，但经过实践后发现与设想完全不同，对这种项目应该立即放弃。有的创新创业者同时经营两个或两个以上的创新创业项目，经过创新创业尝试可以帮助他们选择最适合、最有价值的创新创业项目。

（2）对项目进行修改调整。一般情况下，初次实践后都要对项目进行一定程度的调整完善。只有不断完善，创新创业项目才能愈加成熟，才能在市场上占有一席之地。

（3）坚定对项目的决心。有时通过对项目的试运行，可以增加团队成员对项目的信心。这样的试错对创新创业团队来说是非常值得的。

2. 项目市场空间的大小

在初次创新创业实践之后，可以了解市场空间（容量）的大小，这是我们创新创业实践要达到的目的之一。项目市场空间的大小决定了我们的投资预算和发展规划。

（1）传统生意的市场空间较小，大学生的创新创业项目一般局限在校内或校园周边，拓展空间不大。

（2）互联网创新创业的优势在于，空间大，视野开阔，市场大。所以，大学生应尽量采用互联网创新创业的模式。

3. 项目的竞争力

一个创意在经过实际运作尝试之后，可以对项目的市场竞争力进行细致的评估。这样可以使我们在进行正式创新创业时，掌握和了解自己的核心竞争力，有利于创新创业成功。

4. 项目的可延续性

初次创新创业实践后，对创新创业结果的评判可以帮助创新创业者确定该创新创业项目是否有延续的价值。无价值时就放弃，有价值可根据初次实践结果进行完善。

5. 项目的商业模式

商业模式是一个企业运作的核心特征，是一个企业区别于其他企业的关键点。初创项目在初次实践之后，应该评估自己的商业模式是否合适，是否需要调整，这对以后的正式运作有很大影响。

（三）创业团队和团队成员评价

创业团队核心成员是一个创业项目能否成功实现的关键因素。因此，大学生创业者要对创业尝试中的团队成员进行评估。团队成员的评估内容，见表4-2。哪些人可以作为创业的核心成员，哪些人只能是参与者，哪些人必须离开，不同能力的人担任不同岗位。把这些厘清，为后续的创业团队组建奠定基础。团队领导的评估内容，见表4-3。

表4-2　团队成员的评估内容

评估内容	结　果
团队合作协调性	
岗位能力匹配性	
价值观的一致性	
性格能力互补性	
团队责任担当性	

表4-3　团队领导的评估内容

评估内容	结　果
判断领导力	
决策力	
敏锐力	
亲和力	
意志力	

人是创新创业的主体，人的因素是最重要的因素。但人无完人，特别是创新创业初始团队成员，都或多或少地存在问题。我们通过初始创新创业实践，完成对创业领导者和团队初始创业成员的评估，有助于选拔合适的创业团队核心成员，这更有利于创业项目的成功。

案 例

股东的分歧

某高校一名大一学生创办了一家家教中介公司。成立之初，他邀请了4名同学入股，他自己出资 12000 元，占 60%的股份，其他 4 人各出资 2000 元，分别占 10%的股份。但是运营不到两个月，其中有一名女同学就以学习忙等理由不参与公司的经营活动，不关心公司的事情，只坐享分红。这引起了其他股东的不满，最终该女同学断绝了与其他成员的来往，并撤资。

思考题

1. "一带一路"倡议背景下，请结合专业从具体方面谈一谈可以进行创新创业的切入点。

2. 结合生育政策、养老机制等，班级分组进行"头脑风暴"，想一想有哪些具体的可以实现的创业想法。

3. 如何区别科研创新与创新创业的关系？请思考如何结合学校的科研成果，寻找创业的方向。

4. 如何利用互联网等新技术，并结合本专业解决健康相关领域的实际问题？

第五章

整合创业资源

【知识目标】

1. 了解创业所需的资源和内涵。
2. 了解创业资源的多种分类。
3. 能够厘清创业资源整合的逻辑脉络。

【能力目标】

掌握创业资源获取和整合的途径与策略。

【素质目标】

1. 能够自主获取创业资源。
2. 能够积极利用并学会整合创业资源。
3. 能够及时发现并用好关键资源。

在这个瞬息万变的时代，创业者需要掌握如何整合各种资源，以推动业务增长和创新。在本章中，我们将一起探索如何评估和识别资源、如何制定有效的资源整合策略，以及如何管理和优化这些资源以实现最大的效益。我们将深入探讨人力资源、财务资源、技术资源等各种关键资源，并讨论如何根据业务需求和目标来优化这些资源的配置。通过研究一些成功的创业案例，我们将更好地理解成功创业者是如何整合各种资源，从而实现他们的目标的。这些案例将为我们提供宝贵的启示和最佳实践。在课程中，我们还将进行一些实用的练习和讨论，以帮助大家更好地理解和应用这些知识。我们希望通过本章，使大家能够掌握整合创业资源的策略和方法，从而在创业的道路上找到更多的灵感和创新的可能性。

【创业名言】

无论是一个企业，还是一个人，都一定是时势造英雄，千万不要英雄造时势。顺流而上，这是手法。形势好了，大家才有机会成为英雄。只有成为英雄，才有可能去适应时势、改造时势。

——朱骏，第九城市董事长兼首席执行官（CEO）、上海申花俱乐部投资人

未雨绸缪——探索创业资源

导入案例

青年创业说：风起洛阳　精准创业

大家好，我今年 28 岁，2016 年毕业于计算机科学与技术专业，现为洛阳普林斯特智能科技有限公司总经理。

我公司主要从事工业大数据、工业物联网等相关技术项目研发工作。简单地讲，就是通过采集工业企业设备的运行状态数据、能耗数据、故障报警数据等底层基础数据，利用大数据、人工智能算法技术，从海量的数据中挖取价值，解决上层具体的业务问题。比如，动态预警设备故障、维护保证设备健康稳定运行；或者，实现设备节能降耗、提高设备运行能效等。

自公司成立以来，我们通过自主研发的几款核心产品，如"设备远程运维管控平台""智能售后服务管控平台""能效智能管控平台"等，已经在多家企业成功部署运行上线。公司已申请专利 6 件，在申请专利 6 件，今年已备案国家科技型中小企业、已提交申请进入洛阳市高新技术企业培育库。

回顾创业起点，我作为阎教授的学生，从大二开始，一直在他的科研室进行科研项目的学习，毕业后去了北京工作，但是心里一直有创业的想法。刚好有一个机会，跟阎教授探讨一个有关于工业互联网、工业大数据的科研项目，觉得这是一个非常好的方向，符合当前的政策背景以及发展需求，我就毅然决然地选择回到洛阳创业。

总结创业过程，我有一点很深的感悟，就是要学会整合创业资源与创造性利用。首先，我之所以选择回到洛阳创业，除了大学四年生活让我爱上这个城市之外，主要原因还是洛阳是一个以工业为主的城市，我们的客户群体恰好是工矿企业，符合我们的市场定位。而且，传统的工矿企业也非常需要创新的技术，来帮助自身实现全新的技术改革、技术升级。其次，近年来，洛阳正在快速发展，经济、人才、创新、科技等各个方面都取得了惊人的成绩，各县区也多渠道宣传重点招商方向、项目和政策，特别是在吸纳人才、对接市场、资金扶持等方面，制定了一系列创业扶持政策。而且，我们所在的国家大学科技园在创业初期为我们提供孵化场地、政企对接、科技成果转化及产学研转化等，进一步解决了创业实践过程中的实际问题，降低了创新创业成本。最后，就是我的老师阎教授，以及我的技术团队成员，他们在技术资源方面的支持，是我创业起步的关键。

对于未来，我计划继续扩充自己的技术团队，进一步开展融资计划。巩固我们的核心竞争力，同时帮助企业实现智能化运营，低成本，高效率，实现真正意义上的智慧工厂的远景目标。

资料来源：洛阳普林斯特智能科技有限公司[EB/OL]. https://www.lit.edu.cn/kjy/info/1041/2674.htm. 洛阳理工学院国家大学科技园–企业展示.

案例分析

请思考：以小组讨论的形式，分析案例中创业者在创业过程中用到了哪些资源，又是如何利用资源的。

一、未雨绸缪：探索创业资源

（一）创业资源的内涵

资源就是企业作为一个经济实体，在向社会提供产品或服务的过程中，所拥有的或所能控制的，能够实现公司战略目标的各种要素以及要素组合，可以将"资源"理解为"生产过程中所使用的投入"。

创业资源就是在创业情境中，所需要的各种生产要素和支撑条件。创业过程实质上就是识别资源、获取资源、整合资源，以满足客户需要、实现价值创造的过程。党的二十大报告指出，"坚持科技是第一生产力，深入实施科教兴国战略、人才强国战略、创新驱动发展战略，开辟发展新领域新赛道，不断塑造发展新动能新优势"。我们大力弘扬以创新为基础的创业，坚持从创新中获取优质创业资源。

（二）创业资源的分类

为了进一步了解创业资源的特征，需要确定一个适合的资源分类框架。

1. 内部资源和外部资源

根据资源的来源，可以将创业资源分为内部资源和外部资源。

内部资源是创业者及创业企业内部积累的资源，包括可用于创业的资金、技术、营销网络、资源渠道以及通过内部创新积累的组织资源等。某些情况下，创业者所具有的信息优势也可能是其所拥有的重要创业资源。

外部资源是创业者及创业企业外部积累的资源，包括获取创业政策支持，收到的投入资金、原材料、设备或空间等，或者通过外部学习发展的企业核心能力。

创业者在创业初期往往面临资源不足的问题。在企业创立和成长的初期阶段，内部资源起到关键主导作用，这直接决定了企业能否生存下来。当然，获取外部资源的能力也至关重要，尤其是获取关键外部资源的使用权并能影响或决定资源分配方式。内外部资源交换与整合是企业持续发展的基础，创业者在识别到创业机会的时候，应积极从内部和外部获取相应的创业资源，才能抓住创业机会，实现项目启动和运营，促进企业快速成长。

2. 要素资源和环境资源

根据资源对创业活动的作用，可以将创业资源分为要素资源和环境资源。

要素资源是指直接参与日常生产经营活动的资源，包括场地资源、资金资源、人才资源、管理资源、科技资源等。环境资源是指不直接参与日常生产经营活动，但可以提高生产运营效率的资源，包括政策资源、信息资源、文化资源、品牌资源等。要素资源和环境资源的具体分类见表5-1。

表 5-1　创业资源根据资源对创业活动的作用分类

资源分类		资源内容
要素资源	场地资源	创业活动需要的物理空间，包括与之配套的基础设施，如物业管理、生活配套设施等
	资金资源	创业活动需要的资金，包括自有资金及通过股权投入方式或银行贷款方式获得的资金
	人才资源	创业活动需要的人力资源、智力资源等，包括专业技术研发人员、运营管理人员等
	管理资源	创业活动中商务运营管理活动所需要的制度、文化、组织结构等
	科技资源	研发团队的科研能力、科研成果转化能力，获得外部高校科研团队等的帮助
环境资源	政策资源	创业活动中涉及的政府优惠政策、计划支持性政策等
	信息资源	信息获取渠道、信息宣传发展渠道等
	文化资源	团队内部成员之间的交流学习氛围、企业之间的交流学习氛围
	品牌资源	创业团队、创业产品在市场上的认可程度，是一种无形资产

3. 财务资源、人力资源、技术资源、物质资源、组织资源、市场资源

根据资源的异质性和独特性，可以将创业资源分为财务资源、人力资源、技术资源、物质资源、组织资源、市场资源六种类型。具体内容见表 5-2。

表 5-2　创业资源根据资源的异质性和独特性分类

资源分类	资源内容
财务资源	企业创立和成长所需要的资金
人力资源	智力资源、声誉资源、社会网络
技术资源	由工艺、系统或实物转化方式组成
物资资源	企业运行所需要的有形资源，包括生产型物资资源（工具、设备等）和辅助型物资资源（场地）
组织资源	组织关系、机构，规章、文化，组织知识
市场资源	消费者或导向用户所提供的购买订单

二、白手起家：获取创业资源

（一）根据资源类型分析不同资源获取途径

1. 获取技术资源的途径

获取创业活动所需技术的途径主要包括自行研发、外部购买两种，具体方式包括：

（1）创业者自行研发；

（2）招聘组建研发团队自行研发；

（3）外部购买成熟的技术；

（4）外部购买前景型技术，自行进一步研发；

（5）外部购买研发技术及配套研发人员。

大学生获取创业技术资源的途径主要包括：在日常学习积累中潜心钻研；关注高

校实验室、教师的研发成果，加入研究课题小组；参与校外社会实践，留意企业研发成果；养成及时关注科技信息的习惯、利用图书馆各种信息资源；等等。大学生创业者应选择一种方式或多种方式相结合，积极探索研发技术资源。

2. 获取人力资源的途径

人力资源是指企业内部的人员，不包括智力资源、声誉资源和社会网络资源等。大学生可以通过以下方式获取人力资源。

（1）认真学习科学文化。智力资源是企业从生存状态迈向发展状态的核心资源。特别是核心员工的知识积累、知识转化程度是企业扩大资源规模、提高价值创造能力的必要基础。知识就是力量，知识可以促进个人能力的提升，在认真学习科学文化的过程中，创造性地思考，进而为创业能力的形成和提高奠定坚实的基础。

（2）积极参与社会实践。创业能力的形成和提高必须在创业实践中才能实现。大学生应在认真学习科学文化知识的基础上，积极参与各种校内外创业实践活动。完成校内专业内容实践，比如金工实习、电工实习等；积极参加学校举办的各类创新创业大赛，与同学、朋友组成创业团队，参与创业实践情景模拟；关注学校大学科技园、众创空间创业培训资源，系统学习创业活动所必备的商务知识；到校外企业实习，在实际应用场景中，有意识地观察，模仿性地学习。

3. 获取资金资源的途径与策略

大学生创业融资的途径按融资对象可分为私人资本融资、机构融资和政府背景融资。

私人资本融资包括创业者自筹资金、向亲朋好友融资、个人投资资金即天使资金等。

机构融资包括银行贷款（主要有抵押贷款、担保贷款和信用贷款）、创业投资资金、中小企业间的互助机构贷款、通过发行股票公开上市融资、企业间的信用贷款等。

政府背景融资包括政府专项基金、税收优惠、财政补贴、贷款援助等融资渠道。

通常，大学生创业者融资选择会受到创业所处阶段、创新企业特征、资金成本、创业者对控制权的态度等方面的影响。

（1）不同发展阶段企业的融资策略。不同阶段的资金需求量和风险程度存在差异，不同的融资渠道所能提供的资金数量和承担的风险程度也不相同，创业者在融资时必须将不同阶段的融资需求与融资渠道进行匹配，才能高效地开展融资工作，获得创业活动所需的资金，化解融资难题，如表5-3所示。

表5-3　创业企业所处阶段与融资类型匹配

所处阶段	企业特征	适当的融资类型
种子期和启动期	处在高度的不确定中，急需资金注入	自有资金、亲友融资、政府扶持资金、天使投资等
成长期	已有经营基础，发展潜力逐渐显现，资金需求增大	银行贷款、商业信用贷款等
成熟期	经营稳定，需要吸引新的投资者加入	债券、股票等资本市场

（2）不同类型企业的融资策略。创业活动千差万别，所涉足的行业、初始资源禀赋、面临的风险、预期收益都有较大的差异，不同行业面临不同的竞争环境、行业集中度及经营战略等，创业企业的资本结构是不同的，不同的资本结构产生了不同的融资要求，如表 5-4 所示。

表 5-4　创业企业特征与融资类型匹配

创业企业类型	风险收益类型	企业特征	适当的融资类型
制造业型企业	风险较大，预期收益不确定	资金需求量大，资金周转相对较慢，经营活动和资金使用涉及的面也相对较宽	银行贷款、租赁融资等
商业服务业型企业	低风险，预期收益易预测	量小、频率高、借款周期短、借款随机性大	中小型银行贷款
高科技型企业	高风险，高收益	独特的商业创意、专利技术、高成长性	风险投资公司投资、天使投资、科技型企业投资基金等
社区型企业	低风险，收益较稳定	一般为服务性，具备一定公益性	自有资金、亲友融资、政府扶持资金等

（3）具有不同资金需求特点的企业融资策略。创业融资渠道选择策略除充分考虑创业类型、创业阶段外，资金需求特点也是创业者值得综合考虑的重要因素，如表 5-5 所示。

表 5-5　资金需求特点与融资类型匹配

资金需求特点	适当的融资类型	资金需求特点	适当的融资类型
资金需求的规模较小	员工集资、商业信用融资、典当融资等	资金需求的规模较大	吸引权益投资或银行贷款等
资金需求的期限较短	短期拆借、商业信用、民间借贷等	资金需求的期限较长	银行贷款、融资租赁或股权出让等
资金成本承受能力弱	股权出让或银行贷款	资金成本承受能力强	短期拆借、典当、商业信用融资等

除此之外，创业者对控制权的态度也会影响到企业的融资策略选择。在股权融资中，投资者获得企业部分股权，其未来潜在的收益是不受限制的，虽然不需要像利息那样无条件定期支付，但会影响创业者对企业的控制权，许多创业投资公司会要求一系列保护投资方利益的否决权，并且介入企业的经营管理。即使创业者及其团队在初期拥有相对多数的股权比例，但往往在两三轮融资之后，创业者的股权就会被大大稀释，决策效率及控制权也都会受到影响。

（二）大学生获取创业资源的特点

与普通创业者相比，大学生这一创业群体缺乏原始积累资金、社会阅历相对匮乏，在创业初期面临的风险较大，获取创业资源的机会和渠道较少。但是大学生可以利用自己这一特殊身份获取特有的资源支持，如通过高校大学科技园、众创空间等创业孵化平台，大学生可以享受优惠性创业政策支持；通过利用高校实验室、技术研发中心，大学生可以获得仪器设备等研发支持；通过高校创新创业课堂学习，大学生可以获得创业知识；通过参加高校举办的创新创业大赛，参与创业实践模拟，大学生可以获得创业导师帮助等特殊支持；等等。

三、近水楼台：用好创业资源

实践训练：建立个人资源清单

相对于初始资源匮乏的大学生创业者来说，有效地整合资源、开发利用关键资源尤为重要，有限的资源并不能维持企业长久运转，大学生创业者必须快速分析并找到企业生产运营的关键资源，并提高自身资源整合能力，将获取到的内外部资源开发利用起来，使企业能够生存下来并健康发展。

（一）找好关键资源

企业关键资源是指企业拥有的能够使其主要业务持续保持竞争优势的资源，是其竞争优势的源泉。关键资源通常处于企业主要业务方向上的关键业务流程的使用之中，尤其是指一些核心技术和核心能力，在初始形成时期，往往是竞争对手不具备的或者竞争对手需要投入大量的人、财、物才能获得的。简单来讲，就是企业的盈利关键点，也是创业起点的核心资源。

（二）开发利用资源

在企业内部，资源的利用过程也是资源的配置过程，开发利用关键资源的过程也就是开发一般资源、转化核心资源的过程，企业开发利用资源的过程是一个动态的反馈过程，是利用有限资源实现价值最大化的调整过程。

实践训练：资源的选择与排序

开发利用资源主要包括资源合并和资源转换两种方式。资源合并是指将各种分散的资源进行整合，形成系统的资源，对大多数创业企业来说，企业所拥有的资源不是立即形成的，而是通过渐进的过程不断积累，经过一定时间后形成的，因此，在现有资源的基础上进行整合，有利于现有能力的提升和吸收新的资源。资源转化是指将各种分散的资源进行组织和整合的同时，将新的优势资源注入其中，产生独特的竞争优势，在开发、管理原有资源的基础上，形成新的资源基础。

由于内部资源的有限性，整合现有资源，开发利用关键资源，是企业长期竞争优势建立和巩固的基础。

（三）把握创业机会

创业机会又称商业机会，是可以创造价值或增加价值的产品或服务，它具有吸引力、持久性和适时性。创业机会包括技术机会、市场机会、政策机会，可以引入新产品、新服务、新原材料和新组织方式，并依次使创业者自身获益。

创业机会具有普遍性、偶然性、消逝性、价值性的特征。创业机会普遍存在于各种经营活动中，凡是有市场、有经营的地方都存在着创业机会。但是，也要看到创业机会的发现和捕捉具有较大的不确定性，任何创业机会都有"偶然获得"的因素，这种"偶然获得"会随着客观条件的变化而变化，甚至消逝和流失。

创业机会的来源以不同形式出现。一是从"个人兴趣和爱好"中获取，许多成功创业者在"玩"中发现"机会"和"生产力"。二是从"未解决的问题"中获取，创业者善于发现和体会自己和他人在需求方面的问题，从而解决问题满足顾客需要。三是从"外部环境的变化"中获取，如随着新时期产业结构、消费结构、人口结构、城市化结构、乡村振兴、思想观念变化、居民收入提高等的变化，从健康、现代饮食、现代信息、现代时尚生活、老年健康等方面派生出来的创业机会。四是从"政策机会"中获取，政府倡导的技术革新带来的产业结构调整、新产业的布局等，如"大众创业、万众创新"政策红利中对中小微企业的扶持政策，催生出一批高质量的创业机会。五是从"新技术、新知识、新发明"中获取，"互联网＋"行业、5G 等战略性新兴产业等提供的新产品、新服务也带来了满足顾客需要的创业机会。六是从"市场竞争"中获取，发现并弥补竞争对手的缺陷和不足，找到消费者定位差异或产品服务差异，也能成为创业机会。

拓展阅读 5-1 增强防范意识，警惕非法集资

拓展阅读 5-2 一个企业90%的资源都是整合来的

实践训练：寻找创新创业人物

思考题

1. 通过学习，尝试分析你掌握了哪些创业资源，又欠缺哪些创业资源。哪些属于内部资源，哪些属于外部资源？
2. 医学生创业常见的资源优势有哪些？
3. 你的最有优势的创业资源是什么？它具有不可替代性吗？如何最大化利用它？
4. 如果可以，你最想与掌握哪些资源的合伙人共同创业？

第六章

创业计划制订与调整

　　创业计划是创业路上的指南针，它不仅为投资者提供了清晰的蓝图，还为创业者提供了行动的路线图。在创业初期，制订一个高效的创业计划至关重要。有了创业计划，就可以按"计划"逐项进行工作，并努力付诸实践，在实践中调整修订计划以臻完善，使之真正成为整个创业过程中的"行动指南"。制订一份优秀的创新创业计划书需要掌握一定的技巧和策略，以便更好地吸引投资人和实现创业目标。本章主要讲述创业计划的概念、创新创业计划书的作用与基本结构、撰写创新创业计划书的准备工作与关键技巧、写作要点等，以帮助创业者更好地理解和应用这些技巧，提高创业成功率。

【创业名言】

　　不要说没体力，不要说对手肘子硬，不要说球太滑，你只需要做好基本功。

——李宁，李宁体育用品有限公司创始人

第一节 深思熟虑——创业计划知多少

导入案例

一份创业计划书引发的关注

洛阳卓凡科技文化有限公司（简称卓凡公司）是由某学院毕业学生詹某、张某两名"90后"大学生创立的，以航拍、无人机定制为主要业务，并兼顾航模培训。

在一次创业项目征集大赛上，卓凡公司的创业计划书引起了某学院国家大学科技园的关注，国家大学科技园一直密切关注该创业项目的发展，帮助其成立运营公司，免除部分费用，同时通过信息化推广服务平台帮助其发布企业信息、树立形象、宣传品牌。国家大学科技园研究卓凡公司的文化科技类行业特点，为其量身定制了一系列创业辅导计划。例如，提供工作舒适、功能完备的物理空间，并建立了联络员制度，选派一名工作人员专门负责公司的对接，建立网络科创推送平台为卓凡公司提供科技技术与软环境服务。

国家大学科技园根据卓凡公司的发展趋势，为其争取专项扶持资金。2016年，国家大学科技园帮扶卓凡公司争取到洛阳市"玉洛汇"计划10万元资金支持，通过"玉洛汇项目"，卓凡公司购买了后期处理工作站，大大加快了后期制作合成的进度，节约了时间成本；另外，改善拍摄设备，用独创的后期制作流程，在VR全景图和全景视频的内容制作上解决拼缝和清晰度两大难题，处于国内领先水平。与北京微想科技有限公司合作，承担汽车之家VR展厅的拍摄与制作，解决了汽车行业的痛点，打开了卓凡公司的知名度，也为公司创造了百余万元的经济效益。"玉洛汇项目"资金支持下的两个主要项目——VR汽车展厅、VR虚拟数字博物馆，实现销售收入400万元。

卓凡公司先后参与《空中看洛阳》《换个角度看洛阳》《醉美洛阳*音乐喷泉》、驻洛阳某部队无人机合作业务、洛阳市创建小微双创示范城市的文案编辑，与谷歌地图、百度地图开展全景拍摄业务。卓凡公司于2018年被评为河南省科技型中小企业，拥有软件专利近20余项，于2019年被评为国家高新技术企业。

资料来源：河南理工学院国家大学科技园. 大学科技园优质企业巡礼（一）：洛阳卓凡科技文化有限公司[Z/OL]. https://mp.weixin.qq.com/s/iRKdi7dm_7unbwf8M32Sqg.

案例分析

1. 请思考：某学院国家大学科技园在卓凡公司创业过程中提供哪些帮助？
2. 请评价：创业计划书对开启创业之旅的作用？

一、知己知彼：创业计划的概念与作用

"凡事预则立，不预则废。"创业活动是一件很辛苦的工作，需要大量的调查寻访活动，从众多的可能中判断创业机会、选择创业机会。所以，创业首先需要的是规划，

为未来创业活动设定目标，准备相关资源，以及设定实施步骤。因此，创业计划是整个创业过程的灵魂。

（一）创业计划的概念

创业计划又称商业计划，是对构建一个企业的基本思想以及与企业创建有关的各种事项进行总体安排的文件，它从项目概况、产品/服务介绍、市场分析、营销战略、财务预测等各个方面对创业项目的可行性及发展前景进行分析。它是对创业项目发展过程中所涉及的外部及内部要素的全面描述。创业计划就好像一份商业发展指示图。创业计划主要回答三个问题：我们现在在哪儿？我们的目的地在哪儿？有几条规划路径可以到达？这种计划可以是长期的，也可以是短期的；可以是详细具体的，也可以是纲领概括的。虽然市场环境变幻莫测，但是，创业计划时刻提醒创业者在创业实践中，明确最终的方向在哪儿，应该注意哪些风险，是商业发展的指示图。

创业计划的基本目标有以下几个。

（1）分析和确定创业机会与内容。

（2）确定创业者开发新产品或新服务所要采取的方法。

（3）分析和确定影响企业的关键因素。

（4）确定创业所需要的资源以及获得资源的方法。

（二）创业计划的作用

哈罗德·孔茨曾说："虽然计划不能完全准确地预测将来，但如果没有计划，组织的工作往往陷入盲目，或者碰运气。"

创业计划首先是一种吸引投资的工具，撰写创业计划的过程也会对项目发展各方面逐条评估，找出可能存在的问题，因此，创业计划书是解决业务问题的重要工具，是企业发展过程中的行动纲领和行为指南。

严谨的计划是创业项目执行过程中重要的风险规避工具。如果没有预先设定的目标和经过反复推敲的计划，那么整个创业项目的执行过程将会是摸着石头过河。虽然创业计划并不一定能保证成功，但它可以极大地提高创业效率和效能。创业计划的作用主要体现在以下两个方面。

1. 业务发展的路线图

制订创业计划的基础是企业创造价值的内在核心逻辑，它描述了企业在有效搜集和分析信息的基础上发现商业机会、确定创业目标、探索创业路径的过程，主要包括企业定位、关键资源控制、产品/服务内容、盈利模式、财务管理、目标宗旨等要素。创业计划书首先应该是创业者自身的行动计划，通过创业计划书可以让创业者做到心中有数。

（1）确定企业定位。北京小米科技有限责任公司（简称"小米"）创始人雷军说过"站在风口，猪都能飞起来"，其解释为创业成功的本质是找到风口，然后顺势而为。在制订创业计划时，创业者首先需要明确企业定位。简单地讲，就是企业提供哪些产品或服务以解决客户的哪些需求痛点，判断风口在哪儿，也是整个创业行动图的起点。对初创期的企业和团队来说，一个项目的运作或者发展模式可能是模糊的，制订创业计划是梳理创业资源、识别创业风险、确定企业定位的必要手段，让创业者对企业项目有更加清晰的认识。

（2）制定创业战略。创业者在对自己拥有的资源、熟悉的市场情况和初步的盈利点做详尽的分析后，提出一个可能的行动方案。创业计划书是对整个行动方案的整体规划，制定整体规划的内容和执行过程就是制定创业战略的过程，它回答了企业定位、整体业务环节、各合作伙伴扮演的角色，与利益相关者合作的内容和方式，创业战略的调整过程也是逐步培养企业竞争优势，构建特有的资源组合形式的过程。创业战略关系到创业企业的生死存亡、兴衰成败。

2. 沟通交流的重要对象

创业计划是获取合作支持和风险投资的有效工具，将初创企业的发展潜力、市场前景，通过明确的、有效的方式与内外部各利益相关者进行沟通。创业计划作为沟通的工具，其目的是取得共识，获得必要的支持。因此，创业者应根据沟通对象的不同针对性地调整创业计划展示内容。

（1）潜在投资者。在创业初创期、成长期，获取外部资金支持是创业者所面临的一个艰巨任务。通过创业计划书向潜在的投资者充分说明创业项目的商业发展，对其可行性及发展潜力进行分析，从而争取资金支持。在一定程度上，也是项目对外宣传和包装的重要文件。

（2）重要员工。关键岗位业务员工是创业阶段的重要人力资源，员工将其人力资本投资于初创企业，目的不仅是获取固定的薪酬回报，而是希望在企业发展的过程中实现个人发展。因此，创业计划要描绘创业企业的发展前景和成长潜力，让员工对企业价值和个人价值的实现充满信心，并为实现企业目标努力工作。

（3）目标客户。创业计划的沟通功能是让客户充分了解企业解决客户需求痛点的方式，建立客户对企业所提供产品或服务的信任感，从而尝试购买企业提供的相关产品，并试图建立起一个长期、稳定的合作关系。市场上类似产品越多，稳定客户群体的价值就越高。在这一点上，创业计划的质量越高，客户就越有充分理由相信企业提供的产品或服务支持。

（4）关键供应商。对于初创期的企业，关键资源的供应商往往处于强势地位，如何获取这些关键资源供应商的支持，特别是获取较好的供货条件，是降低创业初期经营成本的重要方面。因此，创业者要通过创业计划使供应商对企业的盈利能力和回款质量充满信心，才能获取关键资源供应商的财务支持和信用支付条件。

创业计划的制订和修正过程就是深入了解创业企业发展的过程。创业者在开始阶段，要本着严谨、务实、科学的精神，制订较为详细的创业计划，为创业活动奠定良好的基础。

实践训练：人生规划与具体目标规划

二、分门归类：创新创业计划书的种类

创新创业计划书是指创新创业者为了开展项目、进行项目融资或参加相关创新创业大赛而制作的文书方案。一份好的创新创业计划书的特点：有一个好的项目名称、瞄准了市场痛点或需求；有一个好的产品/服务，有充分的市场调研，有解决痛点的行动方案；有优秀的创新创业团队；有独特的商业模式以及良好的财务预计；有较好的发展预期以及社会效益。这样的创新创业计划书可以使相关人士一目了然地了解创新创业者的创新创业项目，从而产生合作的机会。

创新创业计划书就像个人简历一样，不能够一份计划包打天下，而应该根据其用途进行针对性的撰写，尤其是要根据不同的阶段更改和调整创新创业计划书。

（一）实战用创新创业计划书

用于实战的创新创业计划书是在经过前期项目调研、项目分析、盈利模式设计、搜集与整理有关资料后，整理出来的全面展示公司和项目目前状况、未来发展潜力及投入产出计划的书面材料。

实战用创新创业计划书主要探讨以下问题。

（1）分析和确定创业机遇及内容。

（2）分析和确定企业发展战略及明确策略。

（3）分析确定企业成功的关键因素。

（4）确定企业实现发展目标所需的资源以及获取方式。

据调查，90%以上的创新创业者没有写过详细的计划书。因为写一份详细的计划书是非常复杂和烦琐的，需要花费很多的时间、财力和精力，所以一般情况下，创新创业者不会一开始就写那么详细的计划书。

对大多数创新创业者而言，一份简单的计划书包括市场调研、项目说明、产品特点介绍、成本分析、自我优势分析、投资及盈利预期、竞争预判等方面的内容。

（二）融资用创新创业计划书

企业在发展过程中为了获取更多的支持资金，向风投、银行等机构进行融资，这就需要一份完整、详备的计划书，以此向目标投资人证明企业的发展潜力及投资人能够获得的收益。

与实战用创新创业计划书不同，融资用创新创业计划书的重点在于融资。企业要想获得资金支持，就必须证明自己有更大的盈利空间，这样才能吸引投资人投入资金。

融资用创新创业计划书包括企业商业模式、产品和服务模式、市场分析、融资需求、运作计划、竞争分析、财务分析、风险分析等方面的内容。

要用简练的语言对项目进行描述，即说明准备出让多少股份来融资、融资的目的与用途是什么、项目的盈利能力如何、投资人的回报预期等，以提高项目的可信度。

不同的投资人有不同的项目计划书模板，但基本可以参考下面的范式。

1. 经营状况

（1）企业经营状况介绍。

（2）市场预测。

（3）基础设施介绍。

（4）市场竞争态势与对策。

（5）项目盈利能力预测。

（6）贷款使用与预期效果。

（7）总结与说明。

2. 财务数据分析

（1）资金来源与运用。

（2）设备清单。

（3）资产负债表。

（4）收支平衡分析。

（5）收入计划。

①三年期汇总损益表。

②第一年按月现金流量表。

③损益表说明。

正文部分要注意以下几个问题。

（1）企业要把自己的发展经历概述放在前面，要突出经营业绩，展示各种荣誉、在同行业所处的优势地位、项目的特点及企业今后发展前景。

（2）市场预测。先介绍整个市场状况，然后论述本项目在市场中的地位和发展趋势，做到"三符合"：一要符合国家产业政策，二要符合技术的领先性和发展趋势，三要符合可行性和可操作性。

（3）市场竞争态势与对策。如果是面向全国市场，要把同行业中主要竞争厂家做对比分析，内容包括生产规模产品类别、主要市场分布及市场份额等。

（4）贷款使用与预期效果。这部分主要说明资金投向与资金回笼，即借款是用于购买设备、技术、铺面，还是进行基础设施建设，或者是增加流动资金、扩大经营规模的；投资预期效果如何；如何还贷；等等。

（5）资金来源。项目资金不可能全部通过贷款解决，必须有一定自有资金投入，贷款可申请 1/3～1/2，为保证资金安全，必须有财产抵押或担保。

（6）财务分析。必须由专业人员编写，不可简单应付，且应有相关的附表。

3. 辅助文件

（1）项目建议书或可行性研究报告。

（2）政府有关部门批复文件。

（3）技术或专利应有相关证书等文件。

（4）企业资信证明。

（5）营业执照及纳税证明。

（6）其他，如土地证、环保等文件。

（三）参赛用创新创业计划书

参赛用创新创业计划书虽然最终目的也是实现投资或者创业，但面对的主要对象是大赛的各级评委。因此参赛用创新创业计划书一定要根据大赛的要求和评分规则进行撰写。比如，"互联网＋"创新创业大赛，分为创意组、初创组、成长组、就业型创业组等组别，评分标准有所不同。如果按一个固定的模式去写创新创业计划书则会出现"牛头不对马嘴"的失误。从既往的大赛项目来看，不少好项目惨遭淘汰都是因为这个原因。

有些大赛重视创意，因此一定要强调项目的创新性；有些大赛强调的是市场的落地性，因此要考虑市场容量的问题。大赛中还会对不同的创业团队进行分组，按照成熟度、项目种类等将创业团队划分为不同的组别。这需要参赛者根据自己的项目具体分析，有针对性地准备。对创意组的项目，大赛评委主要关注的是参赛项目的创新性、团队协作性等内容，而对商业性的关注相对较弱。因此，撰写创新创业计划书的时候，我们要强调的是项目的新颖性及提供相关证明材料；关注团队的组建方式和人员的能力互补；注意落地性的描述是否合理，这里不需要分析太多的财务预算和报表；最后就是对就业的拉动情况的分析。很多参赛者用参加其他大赛的项目计划书来参加"互联网＋"大赛，往往不去写这一点，直接丢分，所以要特别注意。

在初创组和成长组的比赛中，评分重点发生改变。评委更多地关注项目的商业性和落地性，甚至是直接规定了项目接受投资的次数，规定营业额的多少、盈利情况和市场占有率，规定了每年的增长率，所以这里的财务报表就要做得更为详细，需要数据来支撑。同样，这类项目也要关注对就业直接拉动或间接带动的情况。

就业型创业组重点关注的是项目对就业的拉动作用，所以，科技含量不是重点。

此外，因为是参赛项目，给参赛者展示的时间有限，因此一定要写好创新创业计划书的摘要部分，吸引评委继续读下去，否则很有可能惨遭淘汰。

第二节　绘制蓝图——撰写创新创业计划书

一份好的创新创业计划书必须呈现竞争优势与让投资者获益的可能性，同时也要提出尽可能多的客观数据来加以佐证。下面介绍如何撰写一份创新创业计划书。

（一）创新创业计划书的基本格式

创新创业计划书通常包括封面、保密要求、目录、摘要、正文、结论、附录等。一份好的创新创业计划书不是长篇累牍，而是详尽地介绍创业计划的内容、时间、地点和具体实施步骤，同时还要将团队、合作伙伴、投资人及诉求等信息进行简要表述，创新创业计划书的基本格式如表6-1所示。

表 6-1　创新创业计划书的基本格式

标　题	内　容	作　用
标题页	标题页明确项目名称，可以配有产品或企业图片，具体内容包括创新创业计划书编号、公司名称或项目名称、地址、电话、邮箱、联系人、公司网址等	介绍项目
保密要求	保密要求主要涉及核心技术、知识产权及不能公开的其他商业秘密	明确商业秘密
目录	目录是正文的索引，要标明各部分内容及其所在页码，注意确认目录页码同内容的一致性	方便读者阅读
摘要	摘要是对整个创业计划书的总纲，目的是用最精准的语言将创新计划书的核心、要点、特色展示出来。摘要一定要简洁，一般篇幅控制在一页。摘要十分重要，它是整个创新创业计划书的提炼，要力求结构严谨、语句清晰、流畅且富有感染力，有助于读者快速捕捉项目关键信息。摘要应从正文中摘录出读者最关心的问题，如公司现状、营销策略、发展前景、财务战略、组织框架、风险预测等	重点内容展示
正文	正文是创新创业计划书的主体部分，是对摘要的具体展开。一般采取章节式、标题式的方式分层描述。具体包括项目基本情况、市场分析、产品/服务介绍、发展前景、营销战略、管理团队、财务预测、风险应对等	让投资者了解他们关注的问题
结论	结论是对整个创新创业计划书的总结，它和摘要首尾呼应，再次强调整个创新创业计划的重点内容	总结项目的卖点
附录	附录是对正文中所列相关数据、资料的补充	以备查证

（二）创新创业计划书的撰写原则

1. 市场导向

利润来自市场的需求，前期没有对市场进行深入调查和分析的创新创业计划书是空泛的。创新创业计划书应该用以市场为导向的观点来写，并充分体现对市场现状的掌控能力和对未来发展趋势的预测能力。

2. 开门见山

创新创业计划书应该避免那些与主题无关的内容，要开门见山，直切主题。投资者没有时间，也不愿意花过多的时间来阅读一些对他们来说毫无意义的东西。这种开门见山的写法比较容易引起投资者的注意和兴趣，进而提高了成功融资的概率。

3. 清晰明了

创新创业计划书应该把观点清晰明了地亮出来。如果投资者读完整份计划书后没有发现明确的观点，那么投资者是不可能投资的。

4. 观点客观

不要过多地使用形容词来吹嘘，创新创业计划书中的所有内容都必须实事求是，即使是财务计划，也不应该是凭空想象出来的，必须事先进行大量的调查和分析。

5. 通俗易懂

创新创业计划书中应该尽量避免技术性很强的专业术语，因为这些专业术语不是谁都可以看明白的。过多的专业术语会让投资者觉得太深奥，降低对项目的兴趣。如果不得已要使用专业术语，则应该在附录中加以解释和说明。

6. 突出优势

要突出项目的优势，就需要在创新创业计划书中呈现出来，如创新创业者强烈的创业之心、非凡的竞争能力、目标一致的管理团队、独一无二的技术优势、对市场的清晰认识等，但同时也应该说明可能遇到的风险，不能只是强调优势和机遇而忽略不足与风险。

7. 循序渐进

创新创业计划书不是一个简单的计划书，它是指导企业运行的管理工具。在创新创业初期，创新创业计划书的主要功能是吸引投资者和客户，但并不是说创新创业计划书只要吸引到投资者和客户就行了，还要确定企业的目标和具体措施，以指导企业未来的工作。创新创业计划书的内容非常多，撰写时应该注意逻辑性，遵循循序渐进的原则。

（三）创新创业计划书的内容与写作要点

1. "摘要"简明生动

摘要是整个创新创业计划书的核心。为了获得潜在投资者和合伙人的关注，需要把创新创业计划书的内容进行概括，即摘要。一般是正文部分撰写结束后再进行摘要的撰写，做到一目了然。摘要应反复推敲，力求精益求精，语句清晰流畅，且富有感染力，特别要突出产品或服务的核心价值及创新点。

2. "企业概述"准确扼要

企业概述这部分应向投资者和合伙人介绍整个项目/企业的基本状况。如果是一个创意或创新项目，应重点介绍创意或创新的形成过程，尤其是以大学生为主的创新创业者，以自身成长经历、求学过程、经验特长为基础，通过掌握最新的技术发展动态，找到一个立意新颖、富有创意的项目，这种项目往往更容易引起投资者的注意。

如果是一个初创企业，应简明扼要地介绍企业发展现状、发展规划，包括企业名称、发展经历、业务状况、产品竞争优势、发展规划、财务预测、团队核心成员等内容。在描述企业发展经历时，要对以往情况作出客观的评述，既不要过分夸大成功，也不要回避失误，实事求是反而更能赢得投资者的信任和认同。

3. "产品或服务介绍"通俗易懂

在进行创新创业项目评估时，投资者最关心的问题就是产品或服务能否有效满足客户的需求，如何解决实际问题，因此，产品或服务的介绍是创新创业计划书的主题内容。

产品或服务介绍一般包括：产品或服务的概念、特性、用途及创新性；产品或服务解决客户需求的方式；产品或服务当前的市场竞争力；产品或服务自身的研究开发过程、后续技术改进、更新换代预测；等等。

创新创业者要对产品或服务做出通俗易懂、精练准确的说明，让投资者在不具备相关专业知识的情况下，依然能够明白产品或服务的内容，可以用图片或视频的方式辅助说明。

4. "市场分析"科学真实

市场分析是产品或服务推出时，所面临的外部环境的分析，主要包括市场环境分析、产品生命周期分析和竞争对手分析。首先是市场环境分析，大的市场背景为企业发展奠定了基调，如果整体市场环境预测不乐观，那么对大多数投资者来说都是不能接受的；其次是产品生命周期分析，通过分析所推出产品或服务在同链条产品的发展程度，可以从一定程度预测其需求发展趋势；最后是竞争对手分析，对产品或服务所面临的竞争格局进行分析，竞争对手对企业市场营销策略的调整也至关重要。

5. "营销策略"可行详细

企业产品或服务最终都要在市场中检验，营销策略直接决定了企业的生存和发展。

营销策略是指为了寻求一定的市场反应，对企业要素进行有效组合，从而满足市场要求，获取最大利润。企业应根据不同目标市场定位选择相应的市场营销策略。

根据营销活动的内容，可将营销活动分为产品价格策略、渠道建设策略、市场营销策略、销售服务策略、市场宣传策略、竞争情报策略、知识管理策略、产权保护策略和品牌建设策略等。

6. "创新创业团队"互补凝聚

高质量的创新创业团队和良好的组织结构是创新创业企业良性发展的重要保障。这部分主要介绍管理团队、技术团队、营销团队的工作简历及取得的业绩，特别是团队成员之前的工作背景，可以重点介绍关键岗位人员所拥有的核心资源。

在撰写过程中，首先对创新创业团队做一个全面的介绍，包括公司的主要股东、董事、监事、高级管理人员等的职权分配和薪金情况，必要时还要详细介绍他们的从业经历。此外，还应对公司组织结构做简要介绍，包括公司的组织结构图、部门职责与目标，部门的负责人及主要成员、薪酬体系，等等。这部分应尽量展示团队成员的优秀素质及团队整体的凝聚力和奋斗精神，让投资者认识到，这支创新创业团队足以支持公司的健康稳定发展。

7. "财务预测"愿景合理

通过对近几年企业自身财务状况的分析，结合市场分析及营销策略，对未来几年的财务状况做出预测，通过财务数据的预测来判断企业未来的经营质量，确定能否满足投资者期望的回报，这是决定能否获得投资者的关键因素之一。

财务预测主要包括资产负债预测、经营损益预测、经营活动现金流量预测，其中现金流是企业的生命线，企业需要对现金量有预先详细的计划和严格的控制。但需要注意的是，财务预测分析的基础是对产品或服务的市场分析。

在创新创业计划书中，财务预测既要为投资者描绘出一幅美好的合作蓝图，又要使这种合作蓝图建立在客观分析之上，否则会让投资者对创业项目的商业价值能否实现产生怀疑。

8. "风险分析"客观科学

这部分主要是诚实、客观地向投资者分析创新创业项目可能存在的各种风险，及相应的风险应对措施，可能存在的风险如表 6-2 所示。

表 6-2　企业可能面临的风险

风险来源	风险名称	风险内容
外部风险	政治风险	限制投资领域
	法律与合规风险	违反法律法规、相关行业准则
	社会文化风险	与民族文化、组织文化的冲突
	技术风险	技术开发、应用、创新等失败
	市场风险	产品价格及供需变化带来的风险
内部风险	战略风险	发展战略实施不到位或有偏颇
	经营风险	企业组织效能、管理现状、重要业务流程中专业人员的知识结构、专业经验存在不足
	财务风险	筹资决策不当，引发资本结构不合理或无效融资，导致企业筹资成本过高或债务危机

对于企业可能面临的各种风险，创新创业者应从风险来源、风险应对措施、可能出现的后果三个方面仔细梳理，将最好和最坏的情况都实事求是地告知投资者。

9. 附件和备查资料

附件主要是对创新创业计划书中涉及的相关问题的细节和有关的图表、证书进行描述或证明，如专业术语说明、专利证书、高新技术企业（项目）证书等，它也是创新创业计划书的重要组成部分，为企业亮点提供科学依据。备查资料只需列出清单，装订在创新创业计划书的最后，以备使用者查询。

（四）创新创业计划书的撰写技巧

一台戏如果情节生动有趣，剧本却拙劣苦涩，那么这台戏也会令人索然无味。创新创业计划书的写作也是如此，只有形象有趣才能吸引投资者。

要使创新创业计划书引人入胜，在写作时可以想象一下剧本所采用的有关手法。剧本为了使读者一开始就进入入迷的状态，常常在开头就制造一个悬念或描述一件使读者感兴趣的事件，一气呵成地调动读者的情绪，并且将这种气氛贯穿全剧。在这种气氛中，随着故事情节的进展，将剧情蕴含的意义及主题传达给读者。在创新创业计划书的写作中同样也可以运用这种技巧。

可信性、可操作性及说服力是创新创业计划书的生命力，也是创新创业计划所追求的目标。因此，在撰写创新创业计划书时应十分注重可信性、可操作性及说服力。

下面介绍在创新创业计划书撰写过程中，常用的一些基本技巧。

1. 合理使用理论依据

要提高创新创业计划书内容的可信性，更好地说服投资者，就要为创新创业计划书的观点寻找理论依据，这是一个事半功倍的有效办法，但要防止纯粹的理论堆砌。

2. 适当举例说明

在创新创业计划书中，加入适当的成功与失败的例子既可以充实内容，又可以增强说服力。在具体使用时，一般以多举成功的例子为宜，选择一些国内外先进的经验与做法，以印证自己的观点，效果非常明显。

3. 充分利用数字说明问题

创新创业计划书是为了指导企业营销实践，必须保证其可靠性。创新创业计划书的内容应有理有据，任何一个论点最好都有依据，而数字就是最好的依据。在创新创业计划书中利用各种绝对数和相对数来进行比较对照是绝对不可少的，而且要使各种数字都有可靠的出处。

4. 运用图表，使内容视觉化

图表具有强烈的直观效果，并且比较美观，有助于投资者理解策划的内容。用图表进行比较分析、概括归纳、辅助说明非常有效。创新创业计划书要形象生动，最好运用图表，使内容视觉化。例如，用各种图表、实物照片来呈现计划书的内容，从而给投资者以直观的印象。投资者可能对整段、整篇的文字没什么印象，却容易理解各种图案、流程图、箭头及图形旁边的简短说明，而且记忆深刻。

5. 突出重点，切勿面面俱到

在计划过程中，过分贪求是不可取的，那样往往使一个创新创业计划书里包含太多的构想，目标过多。

对于一个善于思考的人来说，就某个问题产生多个想法是好事，但如果把这些想法全都纳入计划书，则未必是一件好事。创新创业计划书中的观点和想法太多，容易使人分不清创业策划的焦点和主体。因此，一个优秀的创新创业计划书撰写人员会把构想进行浓缩，即使是一个特别好的方案，但只要与主题无关，就要删除。要记住，适当的舍弃是一个重要的技巧。

6. 准备若干方案，未雨绸缪

当拟订创新创业计划书时，并没有硬性规定一次只能做一个方案。对于同一个主题，同时撰写两份或三份创业计划书也是可以的。当然，有时撰写者会过于自信，认为自己的工作是完美无缺的，但从企业的实践而言，在对创新创业计划书进行审查时，一定会有种种意见出现，所以事先准备替代方案是明智的。

7. 有效利用版面设计，增强感染力

创新创业计划书视觉效果的优劣在一定程度上取决于版面设计，所以有效利用版面也是撰写创新创业计划书的技巧之一。具体包括字体、字号、字间距、行间距，

以及插图和颜色等。优秀的版面设计能使创新创业计划书突出重点、层次分明、严谨而又不失活泼。下面就介绍几个版面设计时常用的技巧。

（1）标题可以分为主标题、副标题、小标题、标题解说等。通过这种简练的文字，可使创新创业计划书的内容与层次一目了然。

（2）用空白突出重点。用空白处将某一部分分开以示强调，这是使创新创业计划书易懂的常用版面设计方法之一。例如，在正文中调整段落的长度，使用列举等方法留出更多的空白处。

（3）限制同一版面出现字体的数目。绝大多数的策划文案只使用 3 种或更少的字体，因为过于纷繁的字体会使版面显得过于花哨、喧宾夺主，且影响阅读速度。通常中文文字使用"宋体""黑体""楷体"等字体，英文文字使用"Times Roman""Palatino""Elite"等字体；字号使用"五号""小四号""11 号"等字号。

（4）使用阴影突出、适度着色和其他点缀方式。色彩可以有效地突出重点，蓝色、绿色、紫色深受年轻读者的喜爱，而 50 岁以上的读者对蓝色的接受程度渐渐减弱。但如果计划书只在普通打印机上输出，就不必着色，因为无法看出效果。另外，着色过多也会适得其反。

（5）若使用识别符号来增加创新创业计划书版面的美感，最好在标题前加上统一的识别符号或图案来作为策划内容的视觉识别，而不致给人以杂乱的感觉。

（6）版面的排列、设计不应该一成不变。为了防止刻板老套，可以多运用图表、图片插图、曲线图以及统计图表等，并辅之以文字说明，增加可读性。

8. 重视细节

完善创新创业计划书细节往往被人忽视，但是对于创新创业计划书来说，这些细节却十分重要。因此，在书写创新创业计划书时还应注意下面几个问题。

（1）创新创业计划书中的错字、漏字会影响投资者对创业者的印象。企业的名称、专业术语更不能出现错误。

（2）一些专门的英文单词，差错率往往是很高的，在检查时要特别予以注意。如果出现差错，阅读者往往会以为是由于撰写人本身的知识水平不高所致，这就影响了对创新创业计划书内容的信任度。

（五）创新创业计划书标准模板

1. 项目的简要介绍

2. 项目的内容

（1）立项依据：根据国内外现状、存在的问题以及发展趋势进行阐述。

（2）项目意义：就其对产业的进步、经济建设和社会发展的推动作用进行论述。

（3）项目的内容及目标：就项目的内容和目标进行阐述。

（4）项目可行性分析：

①对项目进行可行性分析，包括项目已有的单位、实力情况、现有条件和工作基础及优势；

②就存在的问题以及解决办法等进行分析。

（5）需求预测及分析：

①市场定位及市场分析；

②用户分析；

③市场环境及前景。

（6）完成项目采用的方法：就完成项目需要采用的方法进行阐述。

3. 项目发起人、股东方、管理和技术支持

（1）项目发起方的背景：就项目发起方的情况进行说明。

（2）项目发起方的业务：

①项目发起方的业务情况；

②项目发起方近三年的财务报表。

（3）项目发起方的主要股东和管理人员的简历。

4. 市场和销售安排

（1）市场的基本情况：

①该产品的主要用途；

②国内和出口市场目前的容量增长率、价格变化等。

（2）该项目的生产能力、生产成本、单位销售价格、主要销售对象和预计市场份额：

①生产能力及生产成本；

②销售价格、销售对象；

③预计计划份额。

（3）产品的客户情况，销售渠道的安排：

①客户情况，就客户的情况进行说明；

②销售渠道，介绍销售渠道的安排情况。

（4）目前市场竞争情况：

①列举出其他生产厂家的情况，以及最具有威胁性的方面；

②计划新上的类似项目，替代产品的情况，列举出这些厂家的类似项目、替代产品的具体情况，指出其对现有项目的潜在威胁。

（5）类似产品进口的关税和管制情况。

（6）影响产品市场的主要因素：就能够影响产品市场的因素进行详细分析。

5. 技术可行性、人员、原材料供应和环境

（1）项目计划采用的生产工艺。

（2）与其他公司合作的安排。

（3）项目的人员培训和关键技术的保证：

①人员培训，就人员培训进行阐述；

②关键技术的保证，就关键技术的保证方面作出阐述。

（4）当地的劳动力和基础设施状况：就通信、交通、水源、能源和电力供应等方面进行详细说明。

（5）生产成本和费用的分类数据。

（6）原材料供应的来源、价格、质量。

（7）计划生产设施与原材料供应、市场、基础设施的关系。

（8）计划生产设施与规划与现有同类生产设施的比较。

（9）生产设施的环境因素和应对措施。

6. 投资预算、融资计划和效益分析

（1）项目投资和资金安排。

（2）项目的资金结构：就股东的股本投入情况、股东贷款情况以及银行融资数额进行阐述。

（3）希望国际金融公司与银团的参与方式，股本、贷款或二者兼有。

（4）项目财务预测：就生产、销售、资本和负债、利润、资金流动、效益的回报进行预测。

（5）影响效益的主要因素。

7. 政府支持、管理和审批

（1）当地政府的产业政策和投资方向对项目的影响。

（2）当地政府对该项目可以提供的鼓励措施和支持。

（3）该项目对当地经济的贡献。

（4）该项目需经过的审批手续和时间。

8. 项目准备和进展的时间表

（1）项目分解：就项目的实际情况将项目分解成几个比较小的模块。

（2）里程碑事件：列出该项目可能经过的几个里程碑事件。

（3）时间安排：就项目的具体时间安排进行分配。

（4）经费安排：就项目的每个周期以及分解情况进行经费分配。

（5）人员安排：在各个项目模块以及时间段的人员安排情况。

思考题

1. 融资计划书、创新创业计划书和参赛计划书分别有哪些不同的侧重点？

2. 根据自己的项目，尝试按照融资计划书、创新创业计划书及参赛计划书的不同要求，有针对性地准备一份计划书。

扩展阅读 6-1　周鸿祎：教你打造十页完美的创业计划书

第七章

创业风险分析与把控

【知识目标】

1. 掌握创业风险的概念、特征与类别。
2. 了解大学生创业常见风险。

【能力目标】

1. 能够运用识别风险的步骤与方法，正确识别创业面临的风险。
2. 能够分析不同的创业常见风险，并采取针对性防范措施进行有效应对。

【素质目标】

1. 了解创业者时刻保持风险意识的意义。
2. 引导大学生正确树立识别企业风险的态度。

随着经济的发展和国家政策对自主创业的鼓励，使得大学生对自主创业产生了浓厚的兴趣。然而，以目前的经济环境来看，大学生创业除了应具备一些创业者应有的能力和素质，还需要增强识别和防范创业风险的意识，掌握有效的风险识别方法和应对措施，以减轻创业过程中的风险。本章主要讲述创业风险的概念、特征与类别，大学生创业常见的风险，以及创业风险把控的方法与措施等相关知识。

【创业名言】

管控风险，等于创造价值。

——王卫国，中国政法大学教授、博士生导师

第一节　防患未然——创业风险认知

导 入 案 例

盲目创业很危险

　　三个刚毕业的大学生结伴来到广州，希望找到合适的工作的同时，还怀揣着实现梦想的激动心情。刚开始，他们到人才市场去应聘，然而一个月过去了，还是没找到满意的工作，不是他们不喜欢，就是达不到企业的要求。他们的激情被现实无情地击退。又一个月过去了，他们决定进一家能包吃住的外资电子厂工作，解决眼前的困境，可是还不到一个月，机械枯燥的工作，加上心里的落差，让他们备感艰辛。就在这时，他们发现了一个商机，觉得这个工厂是外资厂，工人有800多人且收入也不错，在厂的周围尽是小吃店和小商店，就是没有一处休闲的地方，如果在工厂附近开一个冰吧应该不错。三个人几乎同时赞同了这个设想，他们估算了开冰吧大概需要的资金，然后平均分摊，但他们本身是没有这些钱的，肯定是各自从家里要。很快，他们的钱到位了，地方也看好了。接下来，着手进行装修和购置。

　　他们的经营思路是：经营场地有梦幻的灯光，有音乐，还有他们在学校时的本领——弹吉他，然后以卖冰冻现制饮料、啤酒、点心为利润来源。

　　开业当天，请了不少工厂以前的工友来庆祝，免费的。当时可以说这是工厂周围比较热闹的一件事，然而热闹完后，没过几天，似乎恢复了平静，生意未达到他们的预想，很快一个月过去了，生意似乎更加惨淡。到底是什么原因呢？他们分析了一下，觉得可能是还没到真正的夏天，如果天气一热，就好了。两个月又过去了，迎来了酷热的夏天，但还是没有多少人光顾，这又是怎么回事。他们又分析了，可能是现场氛围不够吸引年轻人。于是他们又增加了一套音响设备和一个投影仪，这回场地是够热闹的了，可是令他们头疼的是生意还是那么冷淡。这回他们没思路了，怎么办，投入了这么大，不可能就这样放弃，他们决定挽救，决定再搏一次。他们觉得这里的年轻人都爱打桌球和玩游戏，决定把场地改为桌球和游戏场所，买了几张球桌和两台游戏机，嘿，真别说，好像有转机，打桌球的人还是有的，至少比以前收入提高了。再坚持两个月，发现桌球不足以维持，有时连电费都赚不回来，正当他们为眼前的困境烦恼时，有一天，市场监管局来查，结果他们没办营业执照，被要求补办，并处罚3000元，这次彻底摧垮他们最后一线希望。

　　接下来，很快就看到这家店关门了，上面写着红红的大字"旺铺转让"。这三个年轻人带着疲惫、失落，还有痛苦关闭了他们的"希望"。

　　资料来源：山西工商就业信息. 大学毕业就创业很危险[Z/OL]. https://mp.weixin.qq.com/s/LV86KcFUIqAivKvgzaYxlQ,2018-10-22.

案例分析

1. 请思考：这三位年轻人的创业为什么会失败？
2. 请评价：这三位年轻人的创业经历对大学生有哪些启示？

任何创业项目都是风险和机遇并存。如何在创业初期规避风险，或者怎么把风险降到最低，是每一个创业者都必须思考的问题。因此，创业者应该时刻持有风险意识。

一、居安思危：认识创业风险

（一）创业风险的概念与特征

风险是指在一定环境、一定时间段内，影响决策目标实现的不确定性，或是某种损失发生的可能性。发生损失的可能性越大，风险就越高。风险可以用不同结果出现的概率来描述：结果可能是好的，也可能是坏的；坏结果出现的概率越大，风险就越高。

创业风险是指在企业创业过程中存在的风险，是由于创业环境的不确定性，创业机会与创业企业的复杂性，创业者、创业团队与创业投资者的能力与实力的有限性而导致创业活动偏离预期目标的可能性及其后果。

创业风险种类繁多，贯穿并交织于整个创业过程，但是这些风险具有一些共同的特征。

1. 客观性

创业本身就是一个识别风险和应对风险的过程。风险的出现是不以创业者的意志为转移的，因此创业风险的存在具有客观性。

2. 不确定性

由于创业所依赖和影响的因素具有不确定性，且这些因素是不断变化和不断发展的，甚至是难以预料的，因此，造成了创业风险的不确定性。

3. 双重性

由于创业有着成功或失败两种可能性，是故创业风险具有盈利或亏损的双重性。

4. 可变性

随着影响创业因素的变化，创业风险的大小、性质和程度也会发生相应的变化。

5. 可识别性

根据创业风险的特征和性质，创业风险是可以被识别和划分的。

6. 相关性

创业风险与创业者的行为紧密相连。同一风险，采取不同的对策，将会出现不同的结果。

（二）创业风险的类别

创业风险的分类有很多种，根据性质可以将其划分为外部风险和内部风险两大类。外部风险主要是指创业者自身以外的风险，即创业者和新创企业本身难以控制的风险，如政治法律环境风险、市场风险等。对于此类外部风险，创业者只能在创业过程中想方设法地去规避。内部风险主要是指创业者自身的风险，即创业者和新创企业在一定程度上可以控制的风险，如团队风险、技术风险、经营管理风险、财务风险等。

创业风险类别及因素如表 7-1 所示。

表 7-1　创业风险类别及因素

风险类别	一级风险因素	二级风险因素
外部风险	环境风险	法律或政府政策的出台有可能超出创业者的预期
		政府许可也具有不确定性
		宏观经济环境的大幅度波动或调整
	商品市场风险	新产品市场多是潜在、待开发、待成长的
		很难确定市场接受新产品的具体时间
		很难预测新产品的市场需求成长速度
		很难预测未来同行市场竞争的实际态势
	要素市场风险	资本市场的资金可得性多是不确定的
		技术市场的技术可得性、实用性是不确定的
		人力资源市场存在"趋存而流"的不确定性
		上游产品市场供应商往往存在机会主义行为
内部风险	技术风险	新产品研发能否成功是不确定的
		相关行业能否提供技术配套是不确定的
	财务风险	新产品研发的资金需求极难判定
		新产品市场开发的资金需求是不确定的
		企业信用风险、资产结构风险、投资风险等
	团队风险	团队成员缺乏共识的利益、目标、规则等
		部分成员的"畏惧心理"和机会主义
		没有形成领袖人物造成的团队风险
	经营管理风险	管理不善、决策失误、权力分配不合理、缺少规划等
		管理制度、经营策略等可能存在漏洞或缺陷

二、思则有备：大学生创业常见风险

（一）意识上的风险

眼高手低、纸上谈兵是大学生最常见的创业风险。部分大学生长期待在校园里，对社会缺乏了解，更缺少创业经验，其创业想法往往是一时兴起，把创业问题简单化、理想化，对创业过于自信和自负，对困难估计不足。还有部分大学生过分夸大创业困难，过高估计创业压力，过低估计自身价值，妄自菲薄，没有信心和勇气面对创业，根本不愿意动手尝试。此外，大学生创业没有经受过挫折的考验，心理承受能力和自我调节能力较差，创业受挫后会产生强烈的挫折感，在创业竞争中信心不足，

拓展阅读 7-1　马云的三次创业

自我设限，将严重影响创业的成功。

（二）项目选择风险

项目选择风险是指在创业初期因选择的创业项目不当，而导致企业无法盈利难以生存的风险。

大学生创业激情高，但容易盲目选择创业项目，多数没有进行前期调查和可行性分析，看到别人干什么自己也跟着模仿，缺乏针对自己特长及条件的调查分析，只是凭自己的兴趣和想象来决定创业方向，甚至仅凭一时兴起做决定，最后以失败而告终。

（三）资金风险

资金风险是指因资金不能适时供应而导致创业失败的可能性。

大学生长期生活在校园里，既无资金来源，也无资金积累，再加上社会关系简单，人际交往单一，从而导致融资渠道有限，资金来源不稳定且数额较小。这些因素在创业初期可能会为企业后期发展埋下隐患。企业创办起来后，若缺少发展资金会造成企业的现金流中断，无法支持企业的正常运作，从而影响企业发展的动力，甚至可能导致企业停滞不前或倒闭，而造成创业失败。此外，企业创建、市场开拓、产品推介等工作都需要调动社会资源，而大学生在这方面可能会感到力不从心。

（四）管理风险

创业失败者，很多是管理方面出了问题。特别是大学生知识单一、经验不足、资金实力和心理素质明显不足，更会增加在管理上的风险。

1. 管理者风险

一些大学生创业者尽管在技术上出类拔萃，但在财务、营销、沟通和管理等方面却普遍能力不足。当创业计划进入实际操作时，他们才发现自己根本不具备解决这些问题的能力，这样的创业无异于纸上谈兵。

2. 决策风险

管理者决策水平的高低对创业企业的成败影响巨大。不进行科学的分析，而仅凭个人经验或运气的决策方式都可能带来惨重的失败。对于大学生创业者而言，绝不可以根据自己的喜怒哀乐或者不切合实际的个人偏好而做出创业决策。

3. 团队风险

现代企业越来越重视团队的力量。团队的力量越大，产生的风险也越大。一旦创业团队的核心成员在某些问题上产生分歧不能达到统一时，就极有可能给企业带来强烈的冲击。事实上，做好团队的协作并非易事，特别是当与股权、利益相关联时，很多初创时要好的伙伴都会闹得不欢而散。

4. 组织和人力资源风险

组织和人力资源风险是指由于创业企业的组织结构不合理、用人不当所带来的风险。创业企业的迅速发展如果不伴随着组织结构、用人机制的相应调整，往往会成为创业企业潜在危机的根源。

（五）法律风险

大学生在创业时，由于社会经验不丰富、市场敏感度不强以及法律意识相对薄弱，在创业初期乃至整个过程中面临诸多法律风险，这些风险甚至会对企业造成致命的打击。例如，个人合伙制要求企业投资者承担无限连带责任。这意味着如果企业对他人的人身造成损害或对财产造成损失，不仅需要企业财产赔偿对方损失，当企业财产不足以赔偿对方损失时，投资合伙人还要以个人财产进行。所以，大学生创业若选择合伙制企业模式，一定要慎重考虑。再有，大学生创业者在与客户签订合同前，不注意审查对方的主体资格，不调查了解对方的信用、履行合同的能力以及还债能力等情况，往往会造成合同无效、对方无力履行合同甚至钱款或货物被骗等情况。在权利受到侵害时，大学生创业者维权意识淡薄，不是通过法律途径解决，更多的是托人情、找关系，私下解决，法律风险极大。

大学生创业过程中所遇到的风险并不止于此，在企业发展过程中，还会出现各种各样的风险。为此，大学生必须始终保持积极的心态，多学习，多汲取优秀经验，并且在此基础上结合自身既有的特长优势，只有这样，创业的步伐才会越走越远，越走越稳。

（六）道德风险

对医药卫生类专业学生来说，特别要遵守公民道德和医德。因为，医药卫生类专业学生有自己的特殊专业背景和朋友圈，有自己区别于其他专业的技术能力，如果不考虑这些，就很容易触碰道德底线，给自己造成不好的影响。人工繁殖、器官移植等相关医学领域的创新创业活动涉及的道德规范都需要医药卫生类专业学生注意。另外，还包括患者的隐私保护，也是需要注意的道德规范问题。

扩展阅读 7-2 大学生创业失败案例——研究生面馆创业失败

回首人类发展的整个文明历程，科学与伦理一直以螺旋式的发展贯穿整个社会发展的主题。医疗技术的进步直接或间接地推动着人类伦理道德的进步，而伦理道德的存在也不断规范着医疗技术的发展。二者看似对立，但又必然是统一的，医疗技术可以扩展到医疗伦理道德领域，促进道德进步，而道德的进步也必将有助于医疗技术的发展。

作为科学技术的重要组成部分，现代医疗技术也必须受到社会伦理道德的约束，一旦医疗技术偏离了正确的道德轨道，可能带来灾难性的后果。基于此，任何有悖于伦理道德的医疗行为不仅要受到广大人民群众的抵制，而且要受到法律的制裁。要想发挥医疗技术的真正作用，实现其为人类造福的初衷，就必须使其受到伦理道德的约束。

实践训练：如何理解风险？

第二节　规避法则——创业风险把控

　　创业一定要在风险和收益之间进行抉择和权衡，既不能为了收益而不顾风险的大小，也不能因害怕风险而错失良机，而是要在争取实现目标的前提下，识别风险，防范风险，这才是创业者对待风险的正确态度，也才能更有效地对创业风险进行把控。

导入案例："青春不散场"
主题休闲吧的失败

一、有备无患：创业风险的识别

　　创业风险识别是创业者依据企业活动，对创业企业面临的现实以及潜在风险运用各种方法加以判断、归类并鉴定风险性质的过程。创业者必须掌握风险识别的能力，并不断提高这种能力。

（一）树立风险识别的基本理念

　　作为创业者，应该正确树立识别企业风险的基本理念，主要具备以下意识。

1. 有备无患的意识

　　创业风险的出现是正常的，带来一些损失也是正常的，既不能怨天尤人，也不能骄兵轻敌。关键的问题是要密切监视风险，减少损失，化解不利，甚至将其转化为盈利的机会。

2. 未雨绸缪的观念

　　创业风险要求创业者通过分析创业活动中的迹象和信息，认别风险产生的原因和条件。这不仅包括识别风险所面临的性质及可能的后果，更重要的是能够识别出创业过程中各种潜在的风险，为采取有效措施提供依据。

3. 持之以恒的思想

　　由于创业风险伴随整个创业过程，同时风险具有可变性和相关性的特点，所以创业者必须有持久的准备。风险的识别工作应该是连续地、系统地进行，并成为企业一项持续性、制度化的工作。

4. 实事求是的精神

　　风险识别虽然是一个主观过程，但也必须遵循客观规律。风险识别是一项复杂且细致的工作，要按特定的程序、步骤，选用适当的方法逐层次地进行分析各种现象，并做出合理评估。

（二）识别风险的方法

　　风险识别，既是风险管控的第一步，也是风险管控的基础。只有在正确识别出自身所面临的风险的基础上，创业者才能够主动选择适当有效的方法进行处理。一般而言，风险识别的方法，可以分为宏观领域中的决策分析和微观领域的具体分析。下面介绍几种主要方法。

1. 业务流程分析法

以业务流程图的方式，将从"入"到"出"的全部业务经营过程划分为若干环节，并为每一环节配以更为详尽的作业流程图。然后，根据这些环节的流程图来确定每一环节可能面临的风险。

2. 风险调查列举法

风险管理人员将企业可能面临的风险逐一列出，并根据不同的标准进行分类。一般的分类标准为：直接或间接，财务或非财务，政治性或经济性，等等。

3. 资产状况分析法

风险管理人员通过对企业资产负债表、损益表和财产目录等财务资料进行实际调查研究，分析企业的财务状况，从而发现其潜在的风险。

4. 分解分析法

将一个复杂的事物分解为多个比较简单的事物，将大系统分解为具体的组成要素，从中分析可能存在的风险。

5. 失误树分析方法

以图解表示的方法来调查损失发生前种种失误事件的情况，或对各种引起事故的原因进行分解分析，具体判断哪些失误最有可能导致损失风险的发生。

风险识别还有其他方法，诸如环境分析、保险调查、事故分析等，有能力的企业也可以自行设计风险识别的方法，如专家调查法、财务报表分析法、SWOT 分析法等。企业在识别风险时，应该交互使用各种方法。

（三）识别风险的步骤

在识别风险前，要特别注意信息收集。在通过调查、问询、现场考察等途径获得信息的同时，也要对各类数据及现象做出处理。信息收集要全面，收集信息可以通过两个途径，一是内部积累或者专人负责；二是借助外部专业机构的力量。后者能够提供更多的信息资料，有助于更全面、更准确地识别潜在风险。

1. 风险识别

根据对信息的分析结果，确定风险或潜在风险的范围。信息分析要全面，根据企业在运营过程中可能遇到的风险，逐步找出一级风险因素，然后再进行细化，延伸到二级风险因素。

2. 风险评估

根据量化结果，运用定量分析、定性分析、假设、模拟等方法，进行风险影响评估，预计可能发生的后果，提出方案选择。

3. 风险应对

提出处理风险的方法和行动方案。

二、险中求胜：创业风险的防范

扩展阅读 7-3　大学生创业的五大误区

作为创业者，要客观科学地进行风险分析，诚实、客观地向投资者分析创业项目可能存在的各种风险，以及相应的风险应对措施。对于企业可能面临的各种风险，创业者应从风险来源、风险应对措施、可能存在的后果三个方面仔细地梳理，将最好和最坏的情况都实事求是地告知投资者。

（一）外部风险的防范

外部风险是由全局性的共同因素引起的。创业者或企业本身控制不了或无法施加影响，并难以采取有效措施予以消除。对于外部风险，创业者或企业可以从以下三个方面做好风险的防范工作。

1. 谨慎分析

创业者应对其所处的创业环境进行深入了解，谨慎分析。目前，我国实施更加积极的就业政策，贯彻鼓励创业的方针，在自主创业税费减免、小额担保贷款、创业地落户及场地、项目、技术、培训等方面，为大学生创业提供了一揽子优惠和鼓励政策，创造了更为宽松的创业环境。创业者首先应对创业环境进行正确的认识和了解，对创业环境进行合理的评估，通过层层细化、逐级分析来熟悉创业的宏观环境和微观环境等，以求准确、深入地评估创业过程中可能遇到的外部风险。

2. 正确预测

在创业风险中，有些是可以预测的，有些是不可预测的。创业者应尽可能地运用所学知识和所掌握的资源，采用科学的方法对那些能够预测的风险进行深入分析，如通过和团队成员探讨、请教外部专家等方法来预测创业环境的可能变化，以及变化会给企业带来的影响，尽量对创业的外部风险做到心中有数，以便制定相应的应对策略。

3. 合理应对

由于外部风险的不可分散性，创业者只能通过谨慎分析和正确预测来制定合理的应对措施，巧妙规避并尽可能地降低外部风险发生对创业者自身或企业带来的不利影响。例如，预测到市场利率上升则尽量筹集长期资金，预测到未来经济低迷则尽可能地持有较多现金等。

（二）内部风险的防范

内部风险是由创业者或创业企业自身因素引起的，只对该创业者或创业企业产生影响。因此，创业者或创业企业可以在某种程度上对其进行控制，并通过一定的手段予以预防和分散。

1. 机会选择风险的防范

机会选择风险是一种潜在风险，是由于选择创业失去其他发展机会所可能带来的最大收益。因此，创业者在创业准备之初就应该对创业的风险和收益进行全面权衡，将创业目标和目前的职业收益进行比较，结合当下的创业环境、自己的生涯规划进行权衡分析。

如果认为创业时机已经成熟，刚好有一个绝佳的商业机会可以转化为创业项目，而且该项目又可以和自己的职业生涯规划相吻合，就要狠下决心，立即着手创业。否则，就不要急于创业，应先就业或者继续从事目前的工作，边工作边认真观察、学习所在公司各管理层的工作方法和技巧，并用心学习所在公司开拓市场的技巧，同时学会利用自己的工作机会建立良好的关系网络，待时机成熟再开始创业。

2. 人力资源风险的防范

人力资源是创业活动中的重要资源，由此产生的风险对创业企业来说往往也是致命的，所以一定要予以充分关注。首先，创业者应不断充实自己，持续提高个人素质，使自己的知识和能力与创业活动相匹配；其次，通过沟通、协调、激励、奖惩、评价、目标设定等多种手段管理团队，并在创业团队发展的不同阶段确定相应的管理内容，科学合理地对成员进行绩效评价；最后，招聘那些具有良好职业道德和团队合作意识、拥有与岗位相匹配的技能的员工，通过在合同中明确权利、义务关系和适当授权，以及通畅的人力资源管理系统，使关键员工的工作管理与非工作管理相结合。

3. 技术风险的防范

技术创新能够给创业者带来丰厚的回报，但掌控不好也可能使创业者"颗粒无收"。因此，创业者一定要注意技术风险的防范：一是，应加强对技术创新方案的可行性论证，减少技术开发与技术选择的盲目性，并通过建立灵敏的信息预警系统，及时预防技术风险；二是，通过组建技术联合开发体或建立创新联盟等方式，减少技术风险发生的可能性；三是，提高创业企业技术系统的活力；四是，高度重视专利申请、技术标准申请等保护性措施的采用，通过法律手段减少损失出现的可能性。

4. 管理风险的防范

通过提高管理者的素质，改变管理和决策方式，可以有效应对创业企业的管理风险。具体来说，可以采取以下措施：一是，努力提高核心创业成员的素质，树立其诚信意识和市场经济观念，并以此为基础搞好领导层的自身建设，建立能够适应企业不同发展阶段变革的组织机构；二是，实行民主决策与集权管理的统一，合理分配企业的执行权，避免不规范的家族式管理影响创业企业的发展；三是，明确决策目标，完善决策机制，减少决策失误。

5. 财务风险的防范

筹资困难和资本结构不合理是很多创业企业明显的财务特征和财务风险的主要来源。有效规避财务风险要求做到：一是，创业者要对创业所需资金进行合理估计，避免筹资不足影响企业的健康成长和后续发展；二是，要学会建立和经营创业者自身及创业企业的信用，提高获得资金的概率；三是，创业者或团队一定要学会在企业的长远发展和目前利益之间进行权衡，设置合理的财务结构，从恰当的渠道获得资金；四是，管理创业企业的现金流，避免现金流断裂带来的财务拮据甚至破产清算的局面。

表 7-2 是针对创业风险的一些常用防范措施。

表 7-2　创业风险的常用防范措施

风 险 因 素	防 范 措 施
人才资源风险	在员工流动、绩效、薪酬福利等方面，制订相应的策略和计划
	加强人力资源管理咨询和支持
	提升企业的人力资源管理水平
技术风险	加大研发投入，缩短研发周期
	采用模仿创新战略
	组建技术研发联合体
	加强知识产权保护
管理风险	建立健全的现代企业制度
	完善企业的内部控制制度
	提高决策者、管理者的自身素质
财务风险	确定合理的债务结构
	做好现金预算，加强财务预算控制
	保持资金流动性

（三）防范风险的常见方法

1. 风险回避

创业企业在既不能有效降低风险发生的概率，又无法降低风险损失，更无法直接承担该风险时，只有采取回避的策略主动放弃、中止或者调整创业方案，如将经营方向从高科技领域转向常规技术领域，或采取迂回的策略等。

2. 风险预防

风险预防即事先采取相应的措施以预防和阻止风险损失的发生，防患于未然，如重视信息收集，减少信息不对称性，实行民主化决策等。

3. 风险转移

风险转移即创业企业将自己不能承担的或不愿承担的，以及超过自身财务能力的风险损失或损失的经济补偿责任以某种方式转移给其他单位或个人。例如，以合同的形式向其他主体转移，如业务外包和工程承包等；以投保的形式把风险全部转移或部分转移给保险公司；利用各种风险交易工具转嫁风险。

扩展阅读 7-4　自主创业典型案例

4. 风险分散

创业主体通过多元化经营，使风险在不同经营活动中分散开来。主要策略如下：一是，多项目投资，这是风险分散通常采用的方法；二是，产品多样化；三是，策略组合，即同时采取多种创业策略，如联合投资、合资合营和兼并扩张等。

5. 风险利用

在风险已经出现、风险损失已经发生的情况下，积极采取措施，抑制风险的进一步扩大，变被动为主动；或者当风险后果较严重时，尽量通过各种手段减少风险所造成的损失。

实践训练：实训目的与活动

企业在创业的过程中，机遇与风险并存。风险控制应采取分类重点控制和阶段性控制相结合，同时要进行风险的整体监控，建立风险监控体系，使风险的控制措施更趋系统化。

思考题

1. 请判断以下风险的类别。

（1）科研成果转化的不确定性；

（2）消费者的消费习惯发生改变；

（3）经济发展进入衰退期；

（4）创业团队成员发生重大的意见分歧。

2. 请根据下列题目，自行进行风险承受态度测试和风险承受能力测试。

（1）风险承受态度测试：

①你能够接受赔钱吗？

②在压力之下，你是否仍然能够表现较好？

③你的性格是否乐观，可以免于过度忧虑吗？

④你对于自己的决定是否从来都很有信心？

⑤在意外损失出现时，你能控制住自己的情绪吗？

⑥你去看魔术表演，魔术师邀请观众上台表演，你会立刻上台吗？

⑦某大公司想邀请你担任部门主管，薪金比现在多 20%，但你对这个行业一无所知，你愿意接受这个职务吗？

（2）风险承受能力测试：

①你父母都是工薪阶层吗？

扩展阅读 7-5　两次创业失败后，79 岁的女医生下海再创业

②你家庭的月收入为中等以上水平吗？

③你购买疾病及养老保险了吗？

④你父母或亲友中有经商的吗？

⑤你有需要偿还的数额较大的借款吗？

⑥一旦你创业失败或者丧失了主要的经济来源，你依然能够较好地生活吗？

第八章

创业筹备与企业管理

【知识目标】

1. 了解新企业筹办的流程及重点。
2. 了解掌握新企业运营应具备的基本能力。
3. 对于初创企业架构有大致的构思与规划。

【能力目标】

具备将创业想法化成实际行动的能力。掌握筹备、开办新企业的基本方法，对于新企业的运营与管理有初步认识。

【素质目标】

1. 能够自主培养大局意识。
2. 能够自觉锻炼掌控企业整体运行的能力。
3. 能够自主学习申办企业所应遵循的相关法律法规。

第一节　整装待发——新企业的筹备

导入案例

大学生网商：成功者的启迪

佟世天，男，25 岁，哈尔滨人，先后就读于浙江大学，南加州（USC）大学电子信息工程专业，浙江青年创业学院技术顾问，杭州喝彩网络科技有限公司执行董事。他从大二开始创业，先后创立过基于浙大艺术团的礼仪机构、婚庆电子化平台及目前的 HTML5 渲染引擎。自 2013 年 12 月杭州喝彩网络科技有限公司成立以来，公司目前已经成为华东地区最大的 HTML5 技术服务商，合作商包括房地产、金融行业、电商企业、社交网站等行业。

创业特色：一是拥有高效的创业团队。喝彩网由最初的 3 个"90 后"创办，陆续发展为有 3 个子部门共计 20 余人的技术创业团队。另外，创始人本身具备高等教育和留学经历，多人在 Facebook、思科、微软等国际知名科技公司中有过工作经历。二是善于运用新技术。公司依托阿里云技术，并通过不断创新实现管理和运营上的高效化、便捷化。

成功经验：一是要不断学习，加强创新意识；二是要善于借助"平台"和利用政府扶持政策。近年来，政府部门针对各类人群创业就业出台了一系列政策措施，在创业过程中要了解政策、懂政策、用政策，通过一些优惠政策减轻企业负担。

面临的问题及解决对策：以喝彩网为例，2014 年参加浙江大学团委举办的创业选拔，喝彩网获得大赛第一名的同时荣获余杭区良渚大学科技园三年不超过 200 平方米的免费场地的使用待遇、余杭区与浙江大学联合发放的 20 万元无偿资助。但 20 万元的无偿资助要分 3 年 3 批发放，第一年仅为 6 万元，这对一个刚刚创立的公司来说虽然能解"燃眉之急"，但是所占比例还是较小。公司需要的更是政府在初创时给予他们的政策及资金支持。

建议：完善政府资金资助模式，优化创业资助政策，加大首次补贴比例和力度。

资料来源：大学生网商：成功者的启迪——大学生网络创业就业案例及解析[J]. 中国就业，2015(9)：12-14.

案例分析

1. 请思考：如何迈出创业的第一步？创业资本从何而来？
2. 请评价：佟世天的创业经历对当代大学生创新创业方面有哪些启示？

一、三思而行：选择新企业的组织形式

创业者在建立企业时，首先要确定企业的组织形式。企业的每种组织形式各有利弊，如果选择不当，就会为将来的运作带来隐患。

企业的组织形式是指企业财产及其社会化大生产的组织状态，它反映了一个企业的财产构成、内部分工协作与外部社会经济联系的方式。目前，最常见的企业组织形式主要有个人独资企业、合伙企业和公司制企业三种。其中，公司制企业包括有限责任公司与股份有限公司。

（一）企业组织形式的优劣势比较

各种企业组织形式并没有绝对的好坏之分，创业者可以根据企业组织形式的比较分析来选择一种有利于企业生存与发展的组织形式，如表 8-1 所示。

表 8-1　企业组织形式的优劣势比较

企业组织形式	优　势	劣　势
个人独资企业	企业的设立、转让、解散等行为手续简便，只需向登记机关登记即可，费用较低。 企业拥有者对企业拥有绝对的控制权。 利润归创业者所有，不需要对其他人负责。 只需缴纳个人所得税，无需双重税收。 在技术与经费方面保密性高	创业者需对企业负无限责任。 企业筹资困难，难以获得企业外部的资金支持。 企业会随着创业者的退出而消亡，企业寿命有限。 企业的生存与发展更多依赖于创业者的个人能力

续表

企业组织形式	优　势	劣　势
合伙企业	企业设立较简单，费用较低。 企业的生产、经营具有高度的灵活性。 企业资金来源广泛，信用度较高。 企业拥有一个整体团队	合伙人承担企业无限责任。 财产转让困难。 企业的规模难以扩充，融资能力有限。 关键合伙人的退出，会使企业消亡或解散。 企业合伙人之间分歧会导致企业决策困难
有限责任公司	股东风险较小。 公司具有独立的寿命，易于存续与发展。 公司的拥有权与经营权分离，符合现代企业制度，适应市场竞争。 以出资额为限承担公司的经营，不会影响拥有者的生活。 聘任职业经理人的做法，有利于科学决策，优化公司的组织结构形式。 可以吸收多人投资，有利于资本优化	公司的设立程序较为烦琐，条件较为复杂。 公司开办费用较高。 有双重税收压力，税收负担较重。 不能公开发售股票，公司发展的规模与途径受到了限制。 公司的产权不能流动，资产运作受限
股份有限公司	股东承担有限责任，风险较小。 公司具有独立的寿命，宜于存续。 公司的产权可以以股权形式流动、变更。公司的拥有权与经营权分离，有利于公司的经营。 公司的筹资能力强，对公司的扩大发展较为有利	公司的创立程序复杂，费用高。 税收负担较大，有双重的税收压力。 政府限制较多，法规要求较高。 公司需要定期报告财务状况。 对财务有着严格的审查制度

（二）选择企业组织形式需要考虑的因素

在决定创业时，创业者不仅需要了解我国现有企业制度中可以选择的各种投资和创业形式，而且需要了解每一种企业组织形式的优劣势，从而选择一种合适的企业组织形式。通常而言，决定企业组织形式时应当考虑以下几个方面的因素。

1. 拟进入的行业

对于法律有明确规定的行业，只能按照法律的要求办理；对于法律没有明确规定的行业，则要根据实务中的通常做法以及创业者的特殊要求来确定企业组织形式。例如，律师事务所只能采用合伙形式，银行、保险等金融机构必须采用公司制。

2. 税务因素

对公司制企业而言，所产生的营业利润在企业环节上缴纳公司所得税，在进行股东分配时，个人投资者还需要缴纳一次个人所得税，而个人独资企业和合伙企业的生产经营所得只计征个人所得税。其中，合伙企业的投资者将全部生产经营所得按照合伙协议约定分配比例，确定各自应纳税所得额，分别征收合伙人分得收益的个人所得税。因此，合伙企业及个人独资企业，一般情况下投资人在分配所得时所需缴纳的税负比公司制企业低。

但由于法律法规等对于高新技术企业、小微企业等制定了较多的税收优惠政策，各地政府部门也为了招商引资制定了不同的税务减免措施。因此，在充分合理利用法律与政策空间的条件下，公司制企业反而可能更加节税。

3. 创业者的风险承担能力

根据《中华人民共和国合伙企业法》及《中华人民共和国个人独资企业法》的规定，对于普通合伙企业、个人独资企业，合伙人或投资人需要以全部个人财产对企业的债务承担无限连带清偿责任，对投资者无法起到风险隔离的作用。但就公司制企业而言，注册资本就是投资人风险及责任的防火墙，对公司的亏损及债务，股东个人除非存在出资不实及抽逃出资的情形，否则概不承担投资额以外的责任。

4. 未来融资需求

由于公司制企业可以使用的融资工具较多，而且融资也不涉及对投资人个人财产的影响，因此，有较大资金需求的企业，建议选择公司制企业甚至是选择股份有限公司，以更好地实现在资本市场融资。

5. 企业控制与管理模式

公司制企业可以实现所有权与管理权的分离，投资人可聘用代理人进行经营管理，投资者只需要利用公司权力机关对公司的控制即可实现企业控制。而个人独资企业及合伙企业一般需由投资者投入日常经营管理。

6. 投资退出机制

公司制企业由于投资权益具有较高的自由流通度，便于进行权利转让，可以较为便捷地实现投资退出；而个人独资企业与合伙企业一般需要进行解散、清算和注销后方可退出，其退出的便捷性远低于公司制企业。

总之，企业组织形式没有最好的，只有最合适的，创业者只有对自己的实际需要有充分的了解，对各项因素进行综合分析、比较，才能选择出最合适的企业组织形式。

二、初试锋芒：申办企业

申办企业是创业者从 0 到 1 的最后一个步骤。这一步的完成标志着创业者以法律形式确定了自己的社会地位。

2014 年，国家工商总局（现国家市场监督管理总局）对公司注册的相关门槛进行了较大的改革，其中最有力度的是企业注册资金从原来的"实缴制"改成了"认缴制"，注册地也允许在居住房屋内注册。2015 年 4 月 21 日，国务院常务会议做出了"一址多注册"的规定，大大减轻了创业者的创业门槛。2015 年年底，原来的营业执照、税务登记、组织机构代码实现了"三证合一"，手续更为简便。

实际上，各地公司的申办具有固定流程，不需要花费太多的时间。创业者可以找中介机构代理，也可以自己去市场监督管理局咨询。目前各地都设有办事大厅，实行一站式服务，手续办理比较简便。但企业的取名、选址、章程起草还是需要创业者亲力亲为的。

1. 企业取名

任何公司都要有一个名字，这个名字怎么取是要创业者决定的。根据《企业名称登记管理规定》，公司名称由四部分构成：

（1）行政区划：你打算在哪个区域办公司，比如，在北京办公司，公司的名称就必须加上"北京"的区划。如果想用中国或中华的区划，则必须到国家市场监督管理总局进行申请。

（2）字号：字号对公司来说是很重要的，既要朗朗上口，又要符合公司的理念，还要符合规定。国家对字号的选用有一定的规定，比如，不能跟别人重名，有些人名、地名不能用于字号等。

（3）行业类别：行业类别也是很重要的。这主要取决于创业者打算在哪个行业发展。

行业类别是由市场监督管理部门规定好的。创业者只需要从中选择符合自己创业企业类别的行业去注册即可。

（4）公司性质：主要是根据《中华人民共和国公司法》的分类，有个人独资企业、合伙企业、有限责任公司、股份有限公司等。

2. 名称核准

在取名和选址完成后，首先要到市场监督管理局（有的地区可以网上办理）进行名称核准。有时某个名称核准不能通过，所以一般要准备 3~5 个名称备选。

核准后的名称有效期为 6 个月。在此期间内，其他人不得使用这个名称。

当前，我国一些行业有准入门槛，达不到门槛的不准登记注册。也就是说，有些行业需要先由行业主管部门进行审批，只有得到前置审批许可，市场监督管理局才可以办理市场主体登记手续，否则不可以创办相关企业。因此，大学生在准备申办企业时，要先行了解哪些行业属于"前置审批"行业（各地市场监督管理局有相关资料，不需特别准备）。比如，印刷业的审批，先要通过公安部门备案，拿到印刷许可才可以申办印刷企业；图书发行企业也需要先到文化部门取得出版物经营许可证才可以申办营业执照，等等。

国务院正在敦促各部委减少前置审批的数量，相信以后这种前置审批行业会越来越少。

国家市场监督管理总局已经开始了"先证后照"的改革。也就是说，即使是前置审批的行业，目前也允许市场监督管理部门先行办理营业执照，再去相关行政部门办理行业许可证。在行业许可证下发之前，不得从事相关经营活动，而可以从事营业执照规定的其他业务。

3. 企业选址

选址是创业者创业初期要做的主要工作之一。不同的地段、不同的地址，租金相差很大，经营成本也不一样，只有根据企业的性质，亲力亲为，才能更好地完成这项工作。

比如，是选在家里创业还是进各地创新创业孵化园。当创业者准备创业时，可以先了解当地的相关政策，判断自己的创业项目是否符合创新创业孵化园的入园条件，若能入园，则可以省去一笔费用，并且还可以享受到园内的各种优惠政策。

4. 企业登记注册

拿到名称核准通知、股东们签署企业章程之后，带着办公场地使用证明（含房屋租赁合同），或自家用房使用许可，就可以到所在地的市场监督管理局去办理登记手续。

"双创"的到来也给企业登记注册带来了巨大的变革。原来的手续烦琐，现在将原来归属于工商的营业执照、归属于税务的税务登记证、归属于质监部门的组织机构代码证 "三证合一"。2016 年 10 月 1 日开始，社会保险证及统计证加入，"五证合一"大大简化了办证程序。"五证合一"于 2017 年在全国普遍实行。

三、遵纪守法：新企业创办中的法律问题

创业者在创建和经营企业的过程中，必须了解和遵守国家有关法律法规。法律不仅约束新企业的行为，而且可以确保企业自身和他人的利益不受到非法侵害，给新企业的运营与发展以法律保护。同时，合规的企业会受到消费者的信赖、供应商的合作、员工的信赖和政府的支持，甚至是竞争对手的尊重。与创业有关的常见法律有：《中华人民共和国专利法》《中华人民共和国商标法》《中华人民共和国知识产权法》《中华人民共和国反不正当竞争法》《中华人民共和国民法典》《中华人民共和国劳动法》等。

1. 与知识产权有关的法律法规

知识产权是人类智力劳动的产物，虽是无形的，但有市场价值的资产，通过专利、商标、著作权（版权）、商业秘密等形式，可以获得保护。知识产权是人们对自己创造性的智力劳动成果所享有的民事权利，知识产权已经逐渐成为企业最具有价值的无形资产。加强知识产权管理，日益成为企业竞争的制胜法宝。

创建新企业常犯的错误有：不能准确识别自己所有的知识产权，没能充分认识到知识产权的价值，没有将知识产权作为整体成功计划的一部分，没有能采取法律手段保护知识产权，等等。

常见的企业知识产权保护范畴如表 8-2 所示。

表 8-2　企业知识产权保护范畴

部　门	典型的知识产权保护对象	常用保护方法
营销部门	名称、标语、标识、广告语、手册、非正式出版物、未完成的广告拷贝、顾客名单、潜在顾客名单及类似信息	商标、版权和商业秘密
人事部门	招聘手册、员工手册、招聘人员和聘用候选人时使用的表格和清单、书面的培训材料和企业的时事通信	版权和商业秘密
财务部门	各类描述企业财务绩效的合同、幻灯片，财务管理的书面材料，员工薪酬记录	版权和商业秘密
信息部门	网站设计、域名、公司特有的 IT 设备和软件手册、计算机源代码、E-mail 名单	版权、商业秘密和注册互联网域名
研发部门	新的发明和商业流程、现有发明和流程的改进、记录发明日期和项目进展计划的实验备忘录	专利和商业秘密

知识产权法是调整知识产权的获取、利用和保护所设计的社会关系的法律规范的总称，其对新创企业的保护作用为：保护新创企业知识产权不受他人侵犯；知识产权可进行产权交易，构成新创企业获取经济利益的源泉；确保新创企业获得相应经济利益和知名度。

扩展阅读 8-1　一人有限责任公司与个人独资企业的区别

2. 与劳动法有关的法律法规

依法规范企业与员工的劳动关系，保护员工合法权益，对于调动员工积极性和热情，确保新创企业创业成功，具有重大意义。新创企业雇用员工，必然涉及劳动关系问题。创业者应熟悉劳动法，正确处理劳动关系，严格签订劳动合同，避免劳资纠纷问题。劳动法规定，员工享有平等就业和选择职业、获取劳动报酬、休息休假、劳动安全保护的基本权利和义务；劳动者每日工作时间不超过 8 小时，平均每周工作时间不超过 44 小时的工作制度；国家实行最低工资保障制度，同工同酬；当用人单位与劳动者发生劳动争议时，当事人可依法申请调解、仲裁、提起诉讼，也可协商解决。

实践训练：劳动法律问题与创业参谋

3. 与合同法等有关的法律法规

合同法是国家制定的调整平等主体之间的交易关系的法律，主要规定合同订立及订立主体资格与程序，合同效力确认，合同履行规则与保全措施，合同变更、转让、终止，合同违约责任，合同争议解决途径等。企业经济活动涉及买卖合同、借款合同、租赁合同、运输合同、保管合同等其他合同。

此外，创业者尚需了解反不正当竞争法、消费者权益保护法、产品质量法等相关法律法规。

第二节　初出茅庐——新企业的开办

导入案例

飞到海外的"孔明灯"

一位来自江西九江学院的"80 后"大学毕业生因"5 元钱创业赚百万元，孔明灯照亮人生路"的故事登上了中央电视台"财富故事会"。

刘鹏飞，江西九江学院商学院 2007 届金融专业本科毕业生。这位来自江西某县的毕业生，一毕业，就坐上火车来到浙江省义乌市打工。一个偶然的机会，他看到有人在广场放孔明灯，这引起了他的兴趣。回来后，他上网查询了国内相关企业的资料，了解到欧洲和东南亚市场基本处于空白状态。于是，他决定辞职。他带着自己的创意，找到了一家生产孔明灯的企业，他的讲述打动了企业老板，老板决定跟他合作。他承包了该厂的销售，并与企业达成利润分成的协议。就这样，几乎身无分文的他有了工厂作为依靠。接下来，他开始在阿里巴巴、贸易通上打广告，并在淘宝网开起了自己的网店。2007年年底，一份20万元的订单令他兴奋不已，他尝到了创业的甜头。

他利用年轻人熟悉网络平台的优势，为公司建立了网站，并分析百度和谷歌的特点后，设计了一些关键词，使他们公司产品的搜索排名一直处于前列。特别是，他根据一些非英语国家客户的喜好，把孔明灯的英文"Sky lanterns"（意为"天灯"）连起来，拼为"Skylanterns"。尽管这是错误的拼法，但是迎合了这些客户的需求，他把类似的错误拼法全部收罗起来做成自己产品的关键词，歪打正着吸引了不少客户，实现了他的梦想。这种做法成功后，他又将其扩大运用到阿拉伯文、日文、韩文、德文等七八种语言中，这些错误的关键词为公司的生意带来不少的惊喜。当年，他的团队盈利300多万元。

实践训练：大学生创业团队组建与申办公司流程

在孔明灯的基础上，他继续开发了荷花灯、水灯等工艺灯，产品远销欧洲，填补了许多市场的空白，使他在自己的创业路上开辟了广阔的市场。

点评：商机无处不在，关键是我们有没有发现机会的慧眼。

经过实践和评估，已经确定选择的创新创业项目是靠谱的，也确定了团队的核心成员。接下来，就要开始继续创新创业活动了，这就是申办企业。

这里主要介绍在市场监督管理局办理营业执照的过程。公益性创业的机构登记可根据民政部门的相关规定办理。

一、开基立业：制定企业章程

不管是自己办手续，还是委托中介，企业章程都必须由创新创业团队自己制定。许多大学生不知道企业章程的重要性，往往在市场监督管理局下载固定格式的企业章程，非常草率地递交给市场监督管理局，为今后的发展埋下隐患。

企业章程是企业的"宪法"，股份分配、股东的责任权利、股东进入和退出的条件、违约责任、股份转让的相关规定、股东会与执行团队的关系等都应该先确定下来。

企业章程的基本架构包括以下内容。

（1）企业的名称；
（2）企业成立的目的；
（3）企业的经营方针；
（4）企业的股东构成和股份分配；
（5）企业的股东权益、责任和义务；
（6）企业股东进入和退出的条件；
（7）企业股东违约责任；
（8）企业股份转让的相关规定；
（9）企业董事会、股东会、监事会的组成和作用；

（10）企业清算办法。

二、招兵买马：制订员工招聘计划

创业者还要考虑招聘员工，因此要制订招聘计划。所谓招聘计划，就是根据工作流程确定各个岗位的人数及岗位工作要求。创业者不可能自己什么都懂，也没必要什么都懂，只需要在关键部门选择好适合的人。

一个企业重要的部门有财务、人力资源、生产研发和营销部门。创业者要亲自过问这些部门负责人的人员招聘计划，相关标准请参照专业书籍执行，也可委托专业招聘公司进行协助，但尽可能根据本企业的工作性质和产品（服务）特征确定用人标准。

三、按部就班：新企业的注册登记流程

确定好创业项目的组织形式后，创业者就要根据法律规定进行企业注册了。企业注册是指创业者根据国家法律法规相关规定，获得合法经营手续的行为。新企业依法在国家登记机关登记审批，领取营业执照，是为了规范新创企业的行为，保护企业及股东合法权益，维护经济社会秩序，促进社会主义市场经济发展。新企业注册流程：名称核准→提供证件→前置审批→认缴登记→申领证照→备案刻章→企业基本账户开设→社会保险登记→商标注册。

（一）新企业名称查询、核准

新企业名称应按照《企业名称登记管理规定》和《企业名称登记管理实施办法》相关规定，只准使用一个名称，登记主管机关辖区内不得与已登记注册的同行企业名称相同或相似。申办人提供法人和股东的身份证复印件，提供公司名称2～10个，写明经营范围、出资比例，通过企业名称申报系统或者在企业登记机关服务窗口提交有关信息和材料，对拟定的企业名称进行查询、比对和筛选，选取符合本规定要求的企业名称。

（二）提供证件

新注册企业申办人提供法人代表和全体股东的身份证复印件各一份。

（三）前置审批

经营范围中有特种许可经营项目的需报送审批。若有特殊经营许可项目还需相关部门报审盖章，特种行业的许可证办理，根据行业情况及相应部门规定不同，分别分为前置审批和后置审批（特种许可项目还涉及卫生防疫、消防、治安、环保等有关部门）。

（四）认缴登记

企业注册实行注册资本认缴制，只需登记企业股东认缴的出资总额，实缴的出资

额由企业股东自主约定并记载于企业章程。

（五）申领证照

营业执照、组织机构代码证和税务登记证已经"三证合一"。市场监督管理局对企业提交的材料进行审查核定。税务部门根据银行开户许可证复印件、法人代表（负责人）或业主、财务负责人身份证明、经营场所租房协议复印件、所租房屋的房产证复印件、固定电话、通信地址等进行审查核定。

（六）刻章

企业在办理注册登记过程中，需要使用图章，要求通过公安部门刻章，如公章、财务章、法人章、全体股东章、企业名称章等。

（七）企业开立基本账户

基本账户是指存款人办理日常转账结算和现金收付而开立的银行结算账户，用于企业经营活动的日常资金收付，以及工资、奖金和现金的支取，存款人只能在银行开立一个基本存款账户。

（八）社会保险登记

县级以上人力资源和社会保障部门的社会保险经办机构主管社会保险登记。缴费单位申请办理社会保险登记时，应填报《社会保险登记表》。

（九）商标注册

商标注册是指商标使用人将其使用的商标依照法律规定的条件和程序，向国家知识产权局商标局提出注册申请，经依法审查，准予注册登记的法律事实。商标通常由文字、图形、字母、数字、三维标志、颜色和声音的组合构成。商标注册的一般程序是：商标查询→提交商标申请书→缴纳商标注册费用→商标形式审查→下发商标受理通知书→商标实质审查→商标公告→颁发商标证书。

各种企业组织形式的申办手续如表 8-3 所示。

表 8-3 各种企业组织形式的申办手续

组织名称	登记机关	法律依据	设立条件	提 交 文 件
个人独资企业	市场监督管理局	《中华人民共和国个人独资企业法》	有民事能力的一个自然人	1. 投资人登记申请书 2. 投资人身份证 3. 经营场所证明 4. 企业名称核准通知 5. 规定的其他文件
合伙企业	市场监督管理局	《中华人民共和国合伙企业法》	合伙人数不少于两人	1. 合伙人登记申请书 2. 合伙人身份证 3. 合伙人委托书 4. 合伙协议 5. 经营场所证明 6. 规定的其他文件

续表

组织名称	登记机关	法律依据	设立条件	提 交 文 件
有限责任公司	市场监督管理局	《中华人民共和国公司法》	五十人以下股东	1. 企业法定代表人签署的设立登记申请书 2. 全体股东指定代表或者共同委托代理人的证明 3. 企业章程 4. 载明企业法定代表人、董事、监事、经理的姓名、住所的文件以及有关委派、选举或者聘用的证明 5. 企业名称预先核准通知书 6. 规定的其他文件
股份有限公司	市场监督管理局	《中华人民共和国公司法》	二人以上二百人以下	1. 企业设立登记申请书 2. 指定代表或者共同委托代理人的证明及指定代表或委托代理人的身份证复印件 3. 股东大会创立大会会议记录 4. 企业章程 5. 发起人的主体资格证明 6. 董事、监事和经理的任职文件及身份证复印件 7. 规定的其他文件

第三节　力学笃行——新企业的管理与运营

新企业管理是指通过一定的管理手段和管理策略，使新企业开始盈利并进入正常运营的管理过程，是把握机会并创造新价值的行为过程。从新企业管理的内容来讲，可大致划分为商品生产管理、市场营销管理、公司财务管理和人力资源管理四个部分。

一、精益求精：商品生产管理

传统上的生产仅指物质资料的生产活动，主要研究有形产品生产制造过程的组织、计划和控制。随着经济的发展、技术的进步以及社会工业化、信息化的进展，社会结构越来越复杂，社会分工越来越细，人们开始把有形产品的生产过程和无形产品都看作一种生产运作活动。但不同行业的生产有很大差别，表 8-4 显示了制造业和服务业生产的差别。

表 8-4　制造业和服务业生产的差别

对 比 项 目	制 造 业	服 务 业
产品	产品是有形的，耐久的	产品无形，不可触，不耐久
产品存储	产出可储存	产出不可储存
顾客接触	顾客与生产系统极少接触	顾客与服务系统接触频繁
响应需求周期	响应顾客需求周期较长	响应顾客需求周期很短
服务范围	可服务于地区、全国乃至国际市场	主要服务于有限区域范围内
设施	设施规模较大	设施规模较小
质量可控性	质量易于度量	质量不易度量

生产管理是计划、组织、协调、控制生产活动的综合管理活动。内容包括生产计

划、生产组织以及生产控制。通过合理组织生产过程，有效利用生产资源，经济合理地进行生产活动，以达到预期的生产目标。图 8-1 为生产管理的主要流程。

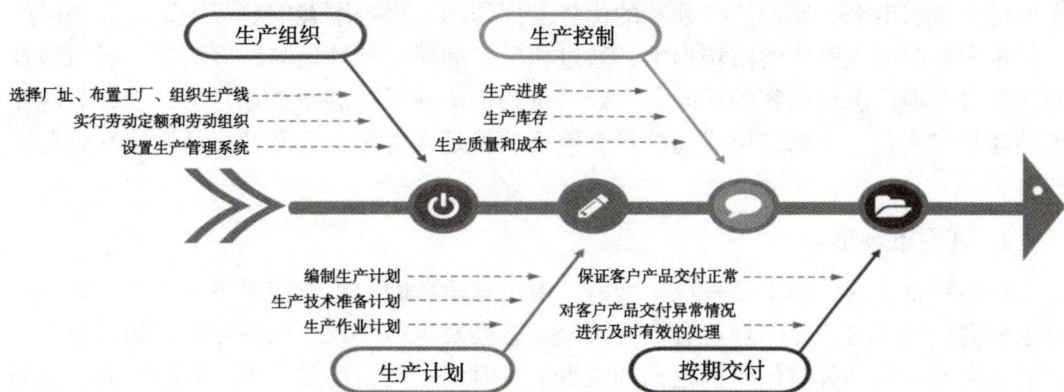

图 8-1　生产管理的主要流程

生产管理的主要模块包括计划管理、采购管理、制造管理、品质管理、效率管理、设备管理、库存管理、士气管理及精益生产管理九大模块。

信息化生产管理。随着信息化技术的发展及管理水平的不断提升，信息化生产管理成为制造业生产管理的重要手段，通过使用信息化技术进行生产管理可以优化生产环节，提高生产速度、质量及生产工人的工作绩效，大幅提升制造业的生产管理水平。

精益生产管理，源自日本丰田公司的生产管理模式，是一种系统性的生产方法，主要是以全过程的高质量为基础，消除产生质量问题的生产环节，追求零不良，并且在现有基础上进行持续的改善。精，指少而精，不投入多余的生产要素，只是在适当的时间生产必要数量的市场急需产品（或下道工序急需的产品）；益，指所有精益活动都要有益有效，具有经济效益。

二、步步为营：市场营销管理

（一）市场定位

市场定位的主要任务就是在市场上，新企业及产品与竞争者有所不同，充分突出新企业及产品在市场上的新颖性、显著性、差别化的特征。一般而言，创业者应该注意以下三个方面。

1. 确立产品的特色

市场定位的出发点和根本要素就是要确定产品的特色。首先，企业要了解市场上竞争者的定位如何，其提供的产品或服务有什么特点。其次，企业要了解顾客对某类产品各属性的重视程度。最后，还要考虑企业自身的条件。有些产品属性，虽然是顾客比较重视的，但如果企业力所不及，也不能成为市场定位的目标。

2. 树立市场形象

企业所确定的产品特色，是企业有效参与市场竞争的优势，但这些优势不会自动在市场上显示出来。要使这些独特的优势发挥作用，影响顾客的购买决策，需要以产品特色为基础树立鲜明的市场形象，通过积极主动而又巧妙地与顾客沟通，吸引顾客的注意与兴趣，求得顾客的认同。有效的市场定位并不取决于企业是怎么想，关键在于顾客是怎么看。市场定位成功的最直接反映就是顾客对企业及其产品所持有的态度和看法。

3. 巩固市场形象

顾客对企业的认识不是一成不变的。由于竞争者的干扰或沟通不畅，会导致市场形象模糊，顾客对企业的理解会出现偏差、态度发生转变。所以在建立市场形象后，企业还应不断向顾客提供新的论据和观点，及时纠正与市场定位不一致的行为，巩固市场形象，维持和强化顾客对企业的看法和认识。

（二）营销战略组合

环境变量将提供很多重要的信息，以决定什么是最有效的营销战略。在营销计划中，实际的短期营销决策将包含四个重要的营销变量：产品或服务、定价、分销和促销。这四个变量的总和被称为营销组合。尽管灵活性同样值得考虑，但创业者仍然需要一个较强的决策基础以便能对营销决策提供指导。每个营销变量涉及的关键决策如表 8-5 所示。

表 8-5　营销变量涉及的关键决策

营销组合变量	关　键　决　策
产品或服务	组件或材料的质量、风格、特征、买卖的特许权、品牌、包装、规格、服务的可获得性、产品保证
定价	质量、形象、定价单、数量、折扣、快速支付金额、信用条款、支付期
分销	批发商或零售商的使用、批发商或零售商的类型、分销渠道的数量、分销渠道的长度、地理覆盖区域、存货、交通
促销	媒体的选择、信息、媒体预算、个人销售的角色、销售促销（展示、赠券等）、公众对媒体的兴趣

1. 产品或服务

这个营销变量是对新企业即将上市的产品或服务的描述。对该产品或服务的定义不仅要考虑它的有形特征，还必须考虑其无形特征。在考虑市场战略时，创业者需要考虑产品的所有方面，牢记满足顾客的需要。

2. 定价

在营销计划中最难的决策就是为产品或服务确定适当的价格。一个质量好而且零部件较贵的产品需要以较高的价格来维护其产品形象。但创业者还应该考虑其他很多因素，如成本、折扣、运输及毛利等。估价的问题常常与成本估计的困难联系在一起，因为它们常常反映在需求中，而需求本身又是难以预计的。根据市场研究及产品本身的特点，创业者可以采用不同的定价策略。

3. 分销

这个变量为顾客提供效用。也就是说，它使产品在需要的时候方便顾客购买。这个变量必须与其他市场营销变量相一致。

4. 促销

创立初期的企业营销策略应当集中在能立刻吸引顾客的促销手段和保证良性循环的销售方法上。由于受到资金来源的限制，大部分刚启动的企业没有奖金针对一个或两个以上的目标市场做广告。因此，选择能迅速带来收益而又花费最少的区域和恰当的位置来做广告是非常重要的。

三、持筹握算：公司财务管理

财务管理是在一定的整体目标下，关于资产的购置（投资）、资本的融通（筹资）、经营中现金流量（营运资金）以及利润分配的管理。财务管理是企业管理的一个组成部分，它是根据财经法规制度，按照财务管理的原则，组织企业财务活动，处理财务关系的一项经济管理工作。

（一）创业者应具备的财务管理观念

1. 货币时间价值观念

创业者必须明白货币是有时间价值的，一定量的货币在不同时间点上具有不同的经济价值。这种由于货币运动的时间差异而形成的价值差异就是利息。创业者必须注重利息在财务决策中的作用，一个看似有利可图的项目，如果考虑货币的时间价值，很可能会变成一个一文不值的项目，尤其是在通货膨胀时期。

2. 效益观念

取得并不断提高经济效益是市场经济对现代企业的最基本要求。在财务管理方面，创业者必须牢固确立效益观念。筹资时，要考虑资金成本；投资时，要考虑投资收益率；在资产管理上，要用活、用足资金；在资本管理上，要保值增值。

3. 竞争观念

竞争是市场经济的一般规律。市场供求关系的变化和价格的波动，经常会给企业带来冲击。针对来自外界的冲击，创业者必须有充分的准备，强化财务管理在资金筹集、资金投放、资金运营及收入分配中的决策作用，并在竞争中增强承受和消化冲击的应变能力，不断增强自身的竞争实力。

4. 风险观念

风险是市场经济的必然产物。从财务管理的角度来看，它是现代企业在组织财务活动过程中，由于不确定因素的作用，使企业的实际财务收益与预期财务收益发生差异，从而使企业有蒙受经济损失的可能。

（二）财务预测与决策

财务预测有助于改善投资决策，预测的真正目的是有助于应变。预测和计划是超前思考的过程，可提高对未来各种不确定事件的反应能力，从而减少不利事件出现带来的损失，增加利用有利机会带来的收益。

如果创立的企业较小，那么财务决策可能就是以创业者个人为主的事情了。但即便是创立了比较正规的企业，创业启动资金较大，企业设立了财务部门并设有财务经理、财务主管或是财务总监，创业者也必须把握企业经营运作的财务状况，并且创业者必须参与有关财务管理方面的决策。制定财务决策时，创业者应注重以下几个方面。

1. 掌握资金运动规律

注意从企业经济、市场经济、产业经济的角度，对财务问题进行多方面考察。不但要重视质的分析，更要重视量的分析。

2. 熟悉资本业务

不能只管资金的收支，更要熟悉在资本市场上融通资金的业务，要通晓资本市场的交易规则、各类金融工具的权责关系、举债经营的法律责任及股份公司的权利和义务等法律问题，还要了解相关税法。知晓资金预算的编制、现金计划的编制、有价证券及应收账款和存货等营运资金的管理和控制、长期投资的可行性研究、投资收益的评估等。

3. 研究资金成本

要注意探讨不同筹资方式下资金成本的计量方法，便于以最低的代价去筹集企业生产经营所必需的资金。要能够评价和计量经营风险和财务风险，避免公司承担超过收益限度的风险。合理利用经营杠杆和财务杠杆，使企业在良好的财务状态下，获得最大的收益。注意防范和规避外汇风险、通货膨胀风险等对企业财务带来的影响。

4. 规范化和安全性

要使企业的财务管理符合规范化要求，要注意研究各方利益的平衡方法，要能够设计出合理的股利分配方案。要能够准确评价企业的财务状况，预防出现财务危机。当企业处于财务困境时，应有能力提供相应的对策。

（三）资金控制

创业艰难，使用资金的地方很多，创业者不但要学会"节流"，更要努力"开源"。

1. 广开源泉

筹集资金的方式有很多种，一般将其分为长期资金筹集和短期资金筹集两种形式。长期资金筹集通常是指采用社会集资（如发行股票、债券等）、银行中长期贷款、融资租赁、企业积累、利用实收资本等方式。短期资金筹集主要用于资金周转、改善营业状况等，也就是说多是用来渡过难关的，是企业经营者经常使用的方式。

资金成本是经营者取得和使用资金所支付的费用，资金成本对经营者的利润有着直接的影响，资金成本是选择资金来源、决策筹资方式的依据。因此，在进行筹集资金时，应在及时、充分地满足企业对资金需求的前提下，仔细比较各种筹资方式的优缺点，力求使企业所使用的资金成本达到最低水平。

2. 精打细算

经营活动，实际上就是一个钱进钱出的过程，这个过程包括商品的购、销、调、存等一系列商业行动，又产生资金占用、流通费用、商业利润等财务问题，这就要求经营者既要懂经营又要懂理财。

四、同心协力：人力资源管理

人力资源管理是预测组织人力资源需求并做出人力需求计划、招聘选择人员并进行有效组织、考核绩效支付报酬并进行有效激励、结合组织与个人需要进行有效开发以便实现最优组织绩效的全过程。一般分为人力资源规划、招聘与配置、培训与开发、绩效管理、薪酬福利管理和劳动关系管理六大模块。

（一）创业初期的人力资源规划

人力资源规划是指通过对人力资源需求和供给的预测，制订人力资源补充计划、晋升计划、人员配置与挑战计划、培训开发计划以及薪酬计划等。

创业初期的人力资源规划，应该主要从业务开展的技术、生产、营销等几个主要方面及企业整体运营来进行思考，同时结合企业的长远发展来进行规划。

从人力资源规划的角度而言，企业要建立一个比较完善的薪酬分配制度，即利益分配机制，这是最基本的规则，先有规则再请人。也就是说，先要明确设什么部门，设什么岗位，这个岗位的职责是什么，请来的人需要完成哪些基本目标或任务等。只要这些问题明确了，再谈分配制度就顺理成章了。

另一个需要考虑的重要因素是企业业务规模的定位问题。提前预估企业生产能力和销售前景是比较关键的。如果预估失准，要么会造成人力资源的浪费，要么会造成人员的紧缺。

（二）人力资源管理制度

创业初期，制度并非大而全就好，但是一些关键的制度不能少。新企业的人力资源管理制度，主要包括基本的薪酬分配制度、考勤制度、人员招聘制度、奖惩制度四个方面。其他如培训制度、考核制度等实用就可以了。人力资源管理制度一定要结合企业的实际情况来制定，尤其是薪酬制度，要花点时间和精力，要确实能起到激励员工的作用。

（三）创业初期的团队建设

主要考虑三个层次的团队建设。

企业的高层管理团队建设需要大家对企业经营理念有一个高度的认同，否则以后在日常的工作中，易出现推诿等问题。

企业的基层管理团队建设有两样东西最重要：能力和职业意识。没有能力，事情干不好；没有职业意识，即使能力强，干事情也不会用心。能力和职业意识都是可以培养的，关键是要选对人。

企业的员工队伍建设，最核心的就是企业做事要公平，对员工的付出要给予合理的回报。各级管理人员对员工的工作一定要做细，不仅要求员工完成工作任务，也要适时关心员工的生活。

扩展阅读 8-2 初创企业管理的"收"与"放"

思考题

1. 什么是创业资源？如何获取和利用创业资源？

2. 通过网络资源搜集 1～2 个创造性运用自有资源的案例，并与同学进行分享。

实践训练：假如你是老板与 HR

3. 创业者需要什么样的素质和能力？不同类型创业团队的适用范围是什么？

4. 创业资金筹集的来源有哪些？根据自身情况思考目前能筹集到的创业资金有哪些？

5. 创业过程中主要的创业风险有哪些？该如何防范？

6. 注册一家新企业的流程是什么？有哪些必要步骤？

7. 你认为在企业的初创阶段，管理的重点是什么？为什么？

第九章

创业项目实施方法和技巧

【知识目标】

1. 了解适合医药类学生选择的创业类型。
2. 熟悉创业商业模式的选择。
3. 了解知识产权的申请与保护。

【能力目标】

能够自主选择适合自己的创新创业类型，增强对创业项目实施的能力和方法技巧。

【素质目标】

能够尝试从身边和学习活动中找到微小创业项目并实施。

　　创业类型的选择是进行创新创业的基础，我们在选择考虑自己适合哪类创业形式的同时，也要考虑项目的可行性。对医药卫生类专业学生而言，利用自己的专业优势和身边现有的资源，从小处着手，以小见大，是最容易实现创新创业梦想的。

　　大家可以"聚焦小微，小题大做"，医药卫生类专业学生创新创业未必就是要开诊所、开医院，也未必就是要去研发"高大上"的医疗设备，而是要利用最新技术和手段，瞄准医疗卫生行业的各种不便利、瞄准各种政策调整机会，从小处着眼去发现问题和解决问题。问题解决就意味着创新创业项目有市场、有需求，创业方向是对的。

第一节　宁缺毋滥——创业类型选择

导入案例

许小姐能做老板吗？

　　许小姐一门心思想做老板，经过 7 年的努力工作和省吃俭用积蓄了一笔资金，其中 10 万元做了注册资金，5 万元用于流动资金。她认为，个人创业必须有丰富的工作经验。所以在过去的工作中，分内分外的事她总是全都抢着干，从不计报酬。尤其是经营方面的事，她更是竖着耳朵听，目的就是多学点本事，为自己开公司做准备。另外，她认为个人创业必须有一个好的项目。她选择了一个当时的朝阳项目——房地产租赁咨询。

在办齐所有手续后，她勤勤恳恳努力工作，但她怎么也没想到，最初的 3 个月几乎没有生意，直到第 6 个月才稍有收入，可生意很不稳定。半年来，她赔了 3 万元。她开始动摇了，觉得自己是在靠天吃饭，靠运气吃饭。她认为做生意不应该是赌博，肯定是哪儿弄错了。她不想再这样干下去了，认为不能等到这 15 万元都赔光的时候才行动。她要去弄明白问题到底出在哪里。第 7 个月她关掉了公司。

导致许小姐失败的原因很复杂，其中一条重要原因就在于没有一个完整的创业计划和选择一个适合的创业类型。小企业抗风险能力很低，若未考虑成熟，只是一厢情愿，自然危机重重。要想创业成功，还要学会避免"打水漂"。

资料来源：新浪博客。创业案例：许小姐能做老板吗？[EB/OL]. https://blog.sina.com.cn/s/blog_7d0a4a640100qsbj.html.

案例分析

请思考：许小姐下一步的创业计划该如何制订？

一、创新创业类型

创新创业有多种类型，比如，为生活所迫的生存型创新创业、勤奋型创新创业；靠专利等知识产权而进行的知识型创新创业或智慧型创新创业；加盟连锁及模仿式创新创业等，如表 9-1 所示。

表 9-1　创新创业类型

分类方式	创新创业类型
按创新创业特点分类	生存型创新创业
	机会型创新创业
	关系型创新创业
	知识型创新创业（智慧型创新创业、技术创新型创新创业）
按创办企业类型分类	经营型创新创业
	生产型创新创业
	管理型创新创业
按创办企业类型分类	科技型创新创业
	金融型创新创业
	服务型创新创业
	网络型创新创业
	公益型创新创业
	社会型创新创业
按创新创业类型分类	复制型创新创业
	模仿型创新创业
	创新型创新创业
	安定型创新创业
	冒险型创新创业

续表

分类方式		创新创业类型
按创新创业投资规模分类		微型创新创业
		大型创新创业（创办中小企业、创办大型企业）
按创新创业投资主体的数量分类		个人独资创新创业
		团体合作创新创业
按企业登记部门分类	市场监督管理部门登记	个人独资公司
		有限责任公司
		股份有限公司
		合资公司
		……
	民政部门登记	民办非营利机构
		基金会
		协会、学会、校友会等民间团体
		……

创新创业的类型可从创新创业的特点、目的、创新创业内容及创业项目的创新性等方面进行分类。创新创业类型的选择是在创新创业之前就应该想到的。比如，是想开展几十万元、几百万元的大型创新创业，还是想开展只需几千元或者几万元就可以起步的微型创新创业；创新创业是为了生存，还是为了实现更大的梦想；是想靠勤奋创新创业，还是想靠专业优势来创新创业；是依靠自己或家人的人脉资源创新创业，还是把握市场机遇创新创业；想创办的是一个研究型企业、经营型企业、科技型企业，还是服务型企业；是选择一个人创新创业，还是选择跟别人合作共同创新创业；等等。了解创新创业的类型有助于大学生树立正确的创新创业观，脚踏实地地选择自己的创新创业之路，迈好创新创业的第一步。

（一）按创新创业特点分类

1. 生存型创新创业

生存型创新创业是为了生存而进行的创新创业活动，这种创新创业活动与自己的专业可以毫无关联，如开餐馆。选择这种创新创业的大学生往往有以下考虑：

第一，自己的专业不利于创新创业；

第二，家庭经济状况不佳需要自己创新创业；

第三，一时找不到理想的工作，无法解决自己的生存问题；

第四，创新创业资金不足，先通过这种创新创业积累资金，再图发展。

一般而言，生存型创新创业都是迫于无奈的选择，因此，又称为被动型创新创业。

生存型创新创业群体是创新创业的最大群体。有关报告显示，这种创新创业类型占中国创新创业者总数的90%以上。这类创新创业不需要很高的技能，起点比较低，但选择余地也比较小，通常都是从事低成本、低门槛、低风险、低利润的创新创业。

这类创新创业的条件比较艰苦，一般的创新创业领域局限于餐饮、副食百货等微利润的行业，少量的是小型加工业。

2. 机会型创新创业

机会型创新创业是创新创业者发现了某种适合创新创业的机会并主动把握这个机会进行创新创业的形式。机会对创新创业者而言是无处不在的，机会在每一个人面前也是绝对平等的。机会垂青于有准备的头脑，创新创业机会也是如此。

机会型创新创业的特点是创新创业者以已发现或遇到的机会为判断或选择的标准来决定是否投身创新创业。很显然，这种创新创业能否成功主要取决于创新创业者对机会及自身能力的判断和把握，创新创业者在创新创业过程中自主空间很大，时间充裕，在许多方面比较主动。

3. 关系型创新创业

关系型创新创业是对少数有一定人脉资源的大学生而言的创新创业。这些人脉的建立都离不开"主动联系"，而这些都是以自己的精力、感情为代价的。所谓人脉建立秘诀就是，做好自己，无私助人，用时间灌溉，做到真心真意。人脉就是钱脉！关系型创新创业就是用自己的人脉赚钱。

扩展阅读 9-1 对"人脉"理解的误区

4. 知识型创新创业（智慧型创新创业、技术创新型创新创业）

知识型创新创业（智慧型创新创业、技术创新型创新创业）是与智慧、知识、技术相关联的创业，尤其是与自己的专业知识和技能优势相关联，这是大学生创新创业最具优势的地方。有的高校在鼓励大学生创新创业时，特别强调大学生在与自己专业相关的领域创新创业，而且对这种创新创业提供政策扶持，免费提供办公场所，提供一定的周转资金等。比如，口腔专业的学生开办口腔诊所，护理专业的学生开办护理培训中心，这都属于知识型创新创业。

选择此种类型创新创业的学生，应有知识产权保护意识，一方面不要去抄袭或者模仿其他人；另一方面，自己的知识产权要予以保护，以防被别人剽窃。

案 例

手握专利回国创业

原本就喜欢做应用性研究的王飞潜心于基因治疗药物研发，并取得了可喜进展。他研发的基因治疗失明性视网膜疾病技术获得美国专利，被同行评价为"具有爆炸性潜力"。于是，他毅然回到北京，归国创业。归国后，王飞在天津创立了伯克生物公司，几年后，看到家乡扬州的发展，他决定回到家乡。他的目标是要向世界一流企业迈进。

他以基因治疗、RNA 干扰和干细胞等领域的技术创新为核心，开发针对重大疑难疾病的早期诊断和有效疗法，力争使自己的企业成长为世界一流的生物医药企业。实现这一目标很难，不过他充满自信。

点评：利用自身的知识创业可以说是大学生具有的优势。知识型创新创业并非难事，只要认真观察，勇于实践，总会找到突破口。

（二）按创办企业类型分类

1. 经营型创新创业

经营型创新创业就是以营销为主的创业，即创立一个品牌或者新品种的推广企业。这种创业类型相对简单。

案例

医药卫生类专业学生经营餐馆

某医学院临床医学专业的四名学生通过观察在校学生的消费情况，对校园周边环境进行了一番考察，发现餐饮业客流量很大，于是他们筹资 3 万元，在校园周边租用了一层民房经营餐馆，生意很不错。

点评：这四名在校医药卫生类专业学生善于观察周边环境，能够发现商机，经营餐馆，说明他们有较强的创业意识，希望通过创业实现自我价值，锻炼自己的创业能力。医药卫生类专业学生有较为繁重的学习任务，经营餐馆需要付出很多精力，所以医药卫生类专业学生在选择这种创业方式时，也要考虑怎样兼顾学业。

2. 生产型创新创业

生产型创新创业是通过生产产品进行的创新创业，也就是创办一个生产型企业。这种创新创业对创新创业者来说，需要掌握或了解产品生产的基本技术和管理知识，还必须有一定的销路，因此对创新创业者综合素质的要求较高。如果掌握了某项生产技术，大学生采用这种创新创业模式是比较可行的，至少可以用自己的技术与他人合作创业，这样可以减少创新创业初期的风险和资金压力，这是比较推荐的大学生创新创业形式。

案例

方便的速食魔芋粉丝

贵州某校食品专业学生小李看到市场上方便面如此畅销，联想到家乡魔芋粉丝备受大众喜爱的现状，产生了开发方便的速食魔芋粉丝的念头。她的这种想法得到老师和同学的支持。于是，她开始收集资料，走访方便面生产企业，了解相关生产工艺和流程。

在做好调研工作之后，她着手进行魔芋粉丝的研制工作。经过不懈的努力，攻克了一个个难题，终于研制成功方便的速食魔芋粉丝，并申请了国家专利。她用自己的知识产权，向政府申请了贷款，毕业后回当地创办了小英食品厂，专门生产方便的速食魔芋粉丝。她的产品符合地方百姓的口味，受到消费者的喜爱，进入了贵州省方便食品销售的企业排名榜，实现了她当一个企业家的梦想。

点评：生产型创新创业对创业者的综合条件要求较高，有此想法的创新创业者要综合考量自己的实力，不能盲目创业。

3. 管理型创新创业

管理型创新创业是以企业为服务对象，以为企业提供管理服务为主要内容，属于现代服务业中的生产性服务业，如企业咨询公司、人力资源公司等。这是工商管理、人力资源管理院系毕业生中较常见的一种创新创业类型，这种类型要求创新创业者有一定的专业知识背景、阅历和经验，这样才能为企业提供更专业的管理模式和服务。

案 例

启航医药专业人力资源服务公司

某高校人力资源专业学生小刘充分发挥专业优势，利用学校的专业品牌，开办了启航医药专业人力资源服务公司，为医药企业招聘提供技术服务。服务内容包括医药岗位设定、医药企业各岗位用工标准设计、医药院校招聘广告的设计、医药企业业务流程设计、医药企业绩效考核办法设计、医药企业内部培训及员工信用档案设计。在他的帮助下，不少医药企业解决了人岗匹配和员工适应难题，大大节省了用工成本，维持了员工队伍的稳定，提升了生产效益。消息一传十、十传百，就这样他的公司名声不胫而走，他也因此获得了巨额回报。

点评：管理型企业的创业需要创业者投入更多的专业知识，了解相关领域的规则和要求，有此意向的创业者不妨多了解自己感兴趣领域的相关信息。

4. 科技型创新创业

科技型创新创业是以科技创新为基础的创业。这种创新创业者往往拥有自己的专利技术或者工业产权。这是医药卫生类专业大学生充分利用自己的专业优势进行创业，也是我们最主张医药卫生类专业大学生选择的创新创业模式。

扩展阅读 9-2 诺贝尔医学奖得主创业：人类寿命或提高至 160 岁

5. 金融型创新创业

医药卫生类专业学生如果要进行金融型创新创业，需要有一定的金融学知识，或者寻找金融专业的学生进行合作，如可以成立与医药相关病种的保险方案设计公司、与医药相关的投资公司等。金融型创新创业对医学院校大学生来说难度可能更大一些，但是也有很多的机会。利用自己的专业优势与别人合作创业也许更为可行，特别是在互联网金融领域，众筹模式也是医药卫生类专业学生可选择的跨界创新创业模式。

6. 服务型创新创业

医药卫生类专业学生的服务型创新创业主要包括健康教育、健康服务、食品健康、

医疗服务、培训、护理等，这分别适应于不同医学卫生类专业的学生选择。这是现代服务业的发展趋势，也是国家鼓励的发展方向。

7. 网络型创新创业

互联网创新创业有几种不同的形态。

开网店、微店：这是高校学生中较为常见的创业模式，特点是人数众多，但科技含量不高。有的能赚钱，有的可能难以为继。作为一种创新创业尝试的模式，值得学生们采用。

搭建网络平台：在大数据、云计算的热潮中，拥有高端技术的人员创办平台类网络公司，期望搭建平台后可以获取巨量信息，为今后的数据挖掘提供数据保障。这类公司投资不小，但是一旦被风险投资看中，也可以迅速发展。

为用户建设网站：不少传统企业缺乏网络技术人员，但在互联网迅猛发展之际，也想搭上这辆"快车"，于是诞生了众多的网站建设公司。

软件开发公司：软件开发公司主要着眼于软件程序的开发。这类公司可以针对任何行业进行定制性的软件开发，也可以自主开发各类游戏、App 等。医学院校大学生可以提供专业的医学内容并参与到开发相关 App 的创业实践中。

案例

保健食品网站

某高校学生小范毕业后创办了一个网站，专门介绍国内保健食品相关信息。该网站设计合理，受到了食品研发机构和生产厂商的欢迎。于是，他把网站设计成会员制，每年的会员费收入约 200 万元；他还通过网站做起了保健食品的科技中介，帮助研发机构将科技成果转让给企业；同时根据企业所需，开发相关产品。该网站帮助他在保健食品领域声名远播。

8. 公益型创新创业

在医学类大学生群体中大力提倡公益创业的理念，努力形成"公益创业也是创业"的良好氛围，鼓励大学生用创新的理念承担社会责任，在成功创业的过程中兼顾社会效益和自身价值实现，对改变现实社会中的"拜金主义"现象有积极的意义。

9. 社会型创新创业

社会型创新创业是指组织或个人（团队）在社会使命的驱动下，借助市场力量解决社会问题或满足某种社会需求，追求社会价值和经济价值的双重价值目标，保持组织的可持续发展，最终实现社会问题朝着人们希望的目标改变。

社会型创新创业是 20 世纪 90 年代以来在全球范围内兴起的一种新创业形式。这一类创新创业形式在公共服务领域被发现，并逐渐超越民间非营利组织的范畴成长为一种不同于商业创业的创业模式，被认为是一种解决社会问题的社会创新模式。

（三）按创新创业类型分类

下面介绍按创新创业类型分类中的复制型创新创业、模仿型创新创业和创新型创新创业。

1. 复制型创新创业

复制原有公司的经营模式，创新的成分很低。例如，某人原本在牙科诊所担任牙医一职，后来离职自行创立一家与原牙科诊所类似的牙科诊所。

扫展阅读 9-3 "捐声音"创业项目

新创公司中属于复制型创新创业的比率虽然很高，但由于这类型创新创业的创新贡献低，缺乏创新精神，不是高校创业教育鼓励的形式。

2. 模仿型创新创业

这种形式的创新创业，虽然也无法带来新价值，创新的成分也很低，但与复制型创新创业的不同之处在于，创新创业过程对于创新创业者而言是一个新的行业，具有很大的冒险成分。例如，某月子中心的经理辞职后，开设了一家当下流行的网络咖啡店。这种形式的创新创业具有较高的不确定性，学习过程长，容易犯错，代价也较高。这种创新创业者如果具有合适的创新创业人格特性，经过系统的创新创业管理培训，掌握正确的时机进入市场，有很大机会获得成功。

3. 创新型创新创业

创新型创新创业就是创办与其他人不一样的企业，这种区别可以体现在项目上，也可以体现在经营模式上；不管是产品还是提供的服务，都与现有的产品或服务有或多或少的区别，能够满足不同群体的需求。对大学生而言，最应选择的就是这种类型的创业。

（四）按创新创业的投资规模分类

1. 微型创新创业

我们认为，微型创新创业是以启动资金少（一般在数万元之内）、企业规模小（一般在 15 人以内）、产品或服务内容单一为特征的一类创业活动，其突出特征是灵活性大和成本低，如低组织成本、低人力资本及低管理成本。

微型创新创业应该是大多数大学生创业的首选。大学生既缺乏经验，又缺乏资金。根据这一特点，大学生应该先选择投资小的项目"练兵"，积累经验后再伺机创办大的企业，这样既可以避免投资风险，也可以化解由于资金问题带来的创业难题。比尔·盖茨的创业实际上也是从微型创新创业做起的。

2. 大型创新创业

对大学生来说，所谓的大型创新创业就是投资额达到几十万元、几百万元的创业，包括创办中小企业及大型企业。大学生还是消费者，没有稳定的收入来源，所以这种创业相对来说风险大，起步的门槛高。但是，不少创业成功的大学生，就是利用自己的智慧或在某一领域的专长获得了天使投资基金的青睐。

（五）按创新创业投资主体的数量分类

1. 个人独资创新创业

这是创新创业者通过个人独资的方式进行的创业。《中华人民共和国公司法》（以下简称《公司法》）规定个人可以成立个人独资的实体。

2. 团体合作创新创业

《公司法》规定，两人以上可成立股份有限公司或者合伙企业。不少大学生采取的是团体合作创新创业类型。

（六）按企业登记部门分类

1. 市场监督管理部门登记

我国法律规定，所有的企业都必须到国家市场监督管理部门进行登记，国家对这些企业依照《公司法》进行管理。《公司法》规定，企业按性质可分为个人独资、合伙企业、有限责任公司、股份公司、合资公司及外商独资公司等。

2. 民政部门登记

在民政部门登记的单位有三类，第一类是公募基金会，第二类是民办非营利组织，第三类是各类协会和民间社团。

二、类型的选择

创新创业机会的识别过程是一个不断调整、反复权衡的过程。创新创业机会本身存在一定的争议，有时一个事件可能对某个人是机会，对其他人就不是机会。而且，创新创业机会的识别过程与创新创业者个性特征的关系相当密切。因此，创新创业者在评估和评价创新创业机会时有模糊性。大学生思维活跃，有专长，拥有丰富的计算机知识，是进行创新创业的优势。缺乏资金、创新创业经验等，是大学生创新创业的劣势。因此，大学生必须认清自己的优势和劣势，科学地选择创新创业的类型。

大学生在选择创新创业类型时，应考虑以下五点。

一是，尽可能地利用自己的专业优势及智慧开展智慧型、科技型创新创业。根据《公司法》的规定，无形资产可以占有公司股份的70%，所以智慧型、科技型创新创业者要用好自己的这一优势。

二是，考虑到资金劣势，建议创新创业者先开展微型创新创业，再逐步扩大创新创业规模。

三是，要充分发挥知识和技能优势，进行互联网、移动互联网的跨界网络型创新创业。

四是，部分大学生可以选择先进行生存型创新创业，而后再寻找机会进行与专业相关的创新创业。

　　五是，目前，"中国健康 2030 计划"已经发布，国家把国民健康放在社会发展的重要位置，而且我国目前实行的全面放开二孩政策，还有就是我国即将进入并要面对的老龄化社会以及人民日益增加的对健康的需求，促使这一领域创新创业项目增多。

案例

大学毕业生李政创业开办口腔医院

　　在凤冈县城一阳小区，有一家坚正口腔医院，医院内，放射、牙椅、消毒柜、超声清洗、注油、打包等设备一应俱全，是刚刚毕业于遵义医学院口腔专业、家住凤冈县城的李政与他的两个伙伴合伙开设的。坚正口腔医院投资近百万元，采用最新的技术、设备，完全可以对口腔进行全面检查；口腔科的医生共有 10 余人，大多毕业于遵义医学院，具有专门的口内、口外、正畸、修复、种植等专科技术。

　　李政说："为了使患者得到口腔病的医疗保障，我们孕育了两年之久，终于将舒适、安全、清洁的医疗环境展现在口腔患者面前，给患者和医生提供了最好的平台，希望能够在这里为大家尽上一份口腔医生的微薄之力。受到群众尊重和信任是我们的梦想。虽然创业很艰辛，但我们也要坚持把喜欢做的事干下去。"

　　患者评价说："这家口腔科医院还不错，机器设备先进，免费检查牙齿，医疗价格实惠，洗一次牙齿 188 元，医生对顾客服务周到、热情。"

　　点评：李政与自己的伙伴通过自己的能力，将自己的创新创业梦想付诸实践。正如李政一样，医学大学生利用自己的专业优势进行创新探索，能够找到适合自己的创新创业之路。

　　进行网络型创新创业，无论是开发新的网站，还是开网店，都是大学生选择较多的创新创业类型。医药卫生类专业大学生开发的健康科普 App，药学专业学生开发的用药助手 App，护理专业学生开办的月子中心、养老护理中心，牙科专业学生开办的牙医诊所，营养学专业学生开办的健康配餐服务等，都是与专业相关的创新创业企业。

　　医药卫生类专业学生在选择创新创业项目时，要综合考虑自己的专业特长、用户刚性需求、社会需求和自己的兴趣爱好等因素。围绕用户的需求创新创业，解决用户的需求是最重要的。需求的强弱既决定了市场的大小，也决定了成功的概率，需求越大，市场越大，成功的机会也越大。

第二节　择善而从——商业模式选择

导入案例

Meet Coffee

　　医药卫生类专业学生创新创业过程中，不仅创新创业项目的选择十分重要，同样，商业模式的选择也关乎企业的发展。一个好的商业模式，创业成功就有了一半的保证。

　　那什么是商业模式呢？有没有什么可以确保赚钱的商业模式呢？其实，每一个项目或企业的不同发展阶段，其特点都是不一样的，因此，在商业模式的选择方面也一定是不同的。本节介绍如何在企业发展的不同阶段选择适合自己的商业模式。

一、商业模式概述

（一）商业模式的含义

商业模式是一个企业区别于其他企业、为满足用户需求而建立的包括内部、外部、客户、渠道之间相互关系及运作方式的体系。对企业来说，商业模式就是让企业赚钱的方式；而对许多公益性创业项目来说，商业模式就是我们从事公益事业所需的稳定的"经费来源"。所以，商业模式不是简单的赚钱模式，而是一个独立的社会经济体生存的方式。

商业模式中的资源包括人力资源、资金、品牌和知识产权、目标市场、销售方式、区域和政策环境、企业的创新能力等。一个独立的经济体将这些资源予以组织，并形成能够满足用户需求的产品或服务，从而确保本经济体在客户的服务中占据优势地位。

（二）商业模式的要素

商业模式包含许多不同的要素，各要素对商业模式的形成与发展产生不同程度的影响。综合起来，这些要素主要包括以下十个方面。

1. 价值主张

价值主张是指企业通过自身的产品或服务所能向用户提供的价值。也就是说，对新创机构而言，新创企业要解决什么问题，或者说想要满足人们什么需求。换言之，新创机构价值定位必须清楚，要准确地定义目标客户、抓住客户的问题和痛点以及形成自己独特的解决方案。

2. 目标市场

目标市场是指企业的产品或服务所针对的用户群体，如老年市场、妇女市场、学生市场等。这些群体具有一定的共性，从而使机构在为他们提供产品或服务的同时创造价值。准确定义用户群体的过程也被称为市场细分，涉及该群体的共性特点、人数统计、消费习惯以及购买力等。

3. 销售或获客渠道

销售或获客渠道是指企业提供的产品或服务送达用户的途径。这是任何机构都必须认真考虑的。尤其是对互联网企业来说，其获客成本越来越高。怎样用最有效的方式接触到客户已经成为企业成功的关键因素。

4. 用户黏性

用户黏性是指企业提供的产品或服务与目标用户群体之间所建立联系的密切程度及频度，即用户愿意在产品或服务上花费的时间和金钱。

5. 资源配置

资源配置是指企业为实现目标所能提供的资源，包括人脉资源、可利用的政策资源等。

6. 核心团队

企业中的核心人员是否具备完成其商业模式所需的能力，这种能力包括技术能力、市场开拓能力、资金筹措能力、团队协作能力等。

7. 成本结构

成本结构是指企业在提供产品和服务时自身产生的支出。这不仅包括产品或服务生产成本等直接成本，也包括研发成本、管理成本、税收成本、营销成本、售后服务成本等。初创者通常只关注直接成本，却忽略了其他成本，这点要特别注意。

8. 定价机制

定价机制是指企业提供的产品或服务指导定价的方法，包括成本定价法、市场导向定价法、竞争导向定价法。在互联网企业中，不少企业采用的是"免费"法，即通过免费培养用户习惯吸引流量，而后通过广告或其他增值服务来盈利，因此它的定价机制就只需考虑获客的成本。

9. 品牌和知识产权

对新创企业来说，一开始企业提供的产品或服务不一定要拥有自主知识产权及自己的品牌，但是在企业创始初期，应注重品牌建设，注重知识产权的开发、申请和保护。这是企业核心竞争力的一个关键组成部分。

10. 市场大小及衍生方向

市场大小及衍生方向是指企业提供的相关产品或服务的市场规模、竞争性以及自身所占份额，特别是后期拓展或衍生的方向。比如，目前较为火爆的第一产业——农业、种植业和养殖业，是如何衍生出"二产"和"三产"呢？农业产业是低效益的产业，它只有通过"二产"和"三产"才能产生更高的价值，才能促进农业产业的发展。而作为医疗行业来说，医疗属于公益性极强的行业，任何国家都不能依靠医疗来谋利。但是，医疗的衍生行业，包括医药工业、健康服务业等确拥有巨大的市场，蓄积着无限的创业能量，等待着我们的关注。

在以上十大要素中，拥有的要素越多，创业成功的概率就越大。所以，初创者在创新创业时，要培养和提升自己的要素拥有度，从而确保创业成功。

简而言之，成功的商业模式具有三个最典型的特征：第一，成功的商业模式要能提供独特价值。独特的价值有可能是新的思想，而更多的时候，往往是产品或服务独特性的组合。第二，成功的商业模式难以模仿。企业通过确立自己与众不同的商业模式，如对客户的周到服务、强大的项目实施能力等来提高行业的进入门槛，从而保证利润来源。第三，成功的商业模式是脚踏实地的。企业要做到量入为出、收支平衡。

二、传统商业模式

（一）店铺模式

一般来说，服务业的商业模式要比制造业和零售业的商业模式更复杂。最古老也是最基本的商业模式就是"店铺模式"。具体说，就是在具有潜在消费者群体的地方开设店铺并展示其产品或服务。

商业模式是对一个组织如何行使其功能的描述，是对其主要活动提纲挈领地概括。它定义了公司的客户、产品或服务，提供了有关公司如何组织以及创收和盈利的信息。商业模式与（企业）战略主导了企业的主要决策。商业模式还描述了企业的产品、服务、客户市场以及业务流程。

大多数的商业模式都要依赖于技术。互联网的创业者们发明了许多全新的商业模式，这些商业模式完全依赖于现有新兴的技术。利用技术，企业可以最小的代价，接触到更多的消费者。

（二）代理模式

代理模式是传统企业使用较多的一种模式。比如，省级代理、市级代理、县级代理等，有时称为一级代理、二级代理和三级代理。根据不同的代理级别，企业给予不同的折扣优惠，同时，对其也有一定的业绩要求。有的甚至还对不同等级的代理商收取不同数量的押金。

（三）加盟经营模式

加盟经营是指总部将所拥有的商标、商号、产品、专利和专有技术、经营模式等以加盟连锁经营的形式授予加盟者使用，加盟者按合同规定，在总部统一的业务模式下从事经营活动，并向总部支付相应费用的经营模式。由于总部企业的存在形式具有连锁经营统一形象、统一管理等基本特征，因此也称之为加盟连锁经营。

加盟经营被称为商业形态的第三次革命。有资料表明，国际上著名的跨国集团公司，有 70%～80%的店铺是通过连锁加盟经营方式建立的。比较成功的有麦当劳、肯德基、家乐福等。

加盟经营是一种新的现代商业运营组织方式。它适应市场经济的发展，能够更好地为客户服务。它利用知识产权的转让，充分调动一切有利的资本，并将其最优化。它可以为初创者降低创业风险，增加成功机会，是因为加盟经管模式有以下特点。

一是，初创者可以通过加盟，得到系统的管理训练和经营指导。总部规范的管理体系和标准化的经营管理方式使加盟者极易获得成功。

二是，连锁经营最大的优势主要体现在集中进货与配送上。加盟总部规模大，实力雄厚，可以获得较低的进货价格，从而降低进货成本，可以取得价格竞争优势。

三是，从加盟总部有组织地进货，可摆脱盲目性，能将商品库存压到最低限度，从而使库存成本相应降低，加速了商品流转，提高了门店的利润水平。

四是，加盟者由总部集中统一进货，可以充分保证货源，防止产品断档。

五是，加盟者可以减少广告宣传费用，能利用总部资源达到良好的宣传效果。

六是，加盟者可以获得更广泛的信息来源。其中包括：消费水平的变动，消费倾向的变化等，使得各加盟者能及早采取应对措施。

总之，创业者既可以选择加盟品牌商成立连锁店，也可把加盟模式作为自身发展的模式。前提是提供的产品和服务具有加盟店总部的特质和优势。

（四）直销模式

直销模式是一种无店铺销售模式。它通过消费者的口碑来完成产品的销售。对企业而言，这种模式基本上没有额外的销售成本，也无须花费巨额广告费，成本可控、稳定，是一种很好的经营模式。对消费者而言，在花钱消费的同时，消费者也变成了一个广告推销员，获取了一个"营业执照"，这种双重身份使直销模式受到广大消费者的推崇。

但直销又有直销行业的规定，不是什么公司都可以做直销，而是必须获得国家商务部的批准，进入门槛较高。

特别要提醒的是，直销容易与传销混淆，所以要特别小心。详细内容请参阅《直销管理办法》和《禁止传销》的相关规定。

总之，一个企业往往不会局限于一种商业模式，它的不同产品和服务可以实行不同的商业模式，而企业在不同的发展阶段，其商业模式也必须不断地更新。

三、"互联网＋"商业模式

互联网的出现改变了基本的商业竞争环境和经济规则，标志着"数字经济"时代的来临。互联网使大量新的商业实践成为可能，一批基于它的新型企业应运而生。新涌现的一些企业，如雅虎（Yahoo）、亚马逊（Amazon）及亿贝（eBay）等，在短短几年内，就取得了巨大发展，并成功上市，产生了强大的示范效应。它们的赚钱方式，明显有别于传统企业。于是，"商业模式"一词开始流行，并被用于描述这些企业是如何获取收益的。互联网新型企业的出现，对许多传统企业也产生深远影响与冲击。例如，亚马逊仅用短短几年就发展成为世界上领先的图书零售商，它给传统书店带来严峻挑战，新型商业模式显示出强大的生命力与竞争力。1998年后，美国政府甚至对一些商业模式创新授予专利，给予积极的鼓励与保护。无论对准备创业的，还是对已有企业的人，这些都激励他们在这个经济变革时期，从根本上重新思考企业赚钱的方式，思考自己企业的商业模式。商业模式的创新由此开始受到重视。

（一）O2O

O2O，即 Online To Offline，是将线下商务的机会与互联网结合在一起，让互联网成为线下交易的前提。这样线下服务就可以通过线上来揽客，消费者可以通过线上筛选服务，成交也可以在线结算。该模式最重要的特点是推广效果可查，每笔交易可跟踪。

O2O绕不开的，或者说首先要解决的是：线上订购的商品或者服务，如何到线下领取？专业的表述是线上和线下如何对接？这是 O2O 实现的一个核心问题。目前用得比较多的方式是电子凭证，即线上订购后，购买者可以收到一条包含二维码的信息，购买者凭借这条信息到服务网点经专业设备验证通过后，可享受对应的服务。这一模式很好地解决了线上到线下的验证问题，安全可靠，且后台可以统计服务的使用情况，方便了消费者的同时，也方便了商家。

采用 O2O 模式经营的网站已经有很多，团购网就是其中一类。另外，还有一类是为消费者提供信息和服务的网站。多拿网是一种全新的 O2O 社区化消费综合平台。与团购的线上订单支付，线下实体店体验消费的模式有所不同，多拿网创造了全新的线上查看商家或活动，线下体验消费再买单的新型 O2O 消费模式，有效规避了网购所存在的不确定性及线上订单与线下实际消费不对应的情况。它依托二维码识别技术应用于所有地面联盟商家，锁定消费终端，打通消费通路，最大化地实现信息和实物之间、线上和线下之间、实体店与实体店之间的无缝衔接，创建了一个全新的、共赢的商业模式。网站涵盖了休闲娱乐、美容美发、时尚购物、生活服务、餐饮美食等多种品类，旨在打造一个绿色、便捷、低价的 O2O 购物平台，为用户提供诚信、安全、实惠的网购新体验。

（二）B2C 和 C2C

B2C（在线支付业务）是指企业（卖方）与个人（买方）通过互联网上的电子商务网站进行交易时，银行为其提供网上资金结算服务的一种业务。网银支付是通过直接登录网上银行进行支付的方式，要求个人有网上银行。开通网上银行之后可实现银联在线支付，信用卡网上支付等。第三方支付本身集成了多种支付方式，其大致流程如下：①将网银中的钱充值到第三方。②在用户支付时通过第三方中的存款进行支付。③花费手续费进行提现。第三方的支付手段是多样的，包括移动支付和电话支付。较为常用的第三方支付，包含支付宝、财付通、网银在线等。

C2C 是电子商务一个专业术语，C2C 的意思就是消费者（consumer）与消费者之间的电子商务。C2C 模式的特点就是大众化交易。

B2C 和 C2C 是在线支付，购买的商品会通过快递、物流公司送到消费者手中；O2O 是在线支付，购买线下的商品、服务，再到线下去获得商品或服务。

（三）BNC 模式

智能商城（Business Name Consumer，BNC），具有 B2C、C2C、O2O 等模式的优势，同时解决了以上模式的弊端，可做到快速免费地推广企业和产品。在 BNC 中，每个人拥有自己的姓名，从而最大限度地挖掘出每个人的资源和潜力。

BNC 是一个集高端云技术和独特裂变技术为一体的网络平台。这是一个超越所有传统商业模式和电子商务模式的新型商务模式。

BNC 是由商家、消费者和个人姓名组成的独立消费平台，每个人都拥有自己姓名的产权式独立网站。它的特点是快速裂变，抑制同行模仿，项目启动一年竟无人能模仿，这将是互联网及电子商务的一大创举，同时也让电子商务快速进入后电子商务时代，从而结束"诸侯混战"的时代。

（四）免费模式

互联网的兴起让"免费模式"进入人们的视野。所谓的"羊毛出在猪身上狗买单"的模式，即消费者或者用户不买单，而由第三方买单。这种模式消费者容易接受，所以容易在短期内帮助创业者迅速聚拢人气和流量。

这种模式的买单者往往是投资机构，他们通过集聚的人气，吸引一轮又一轮的投资，再通过拔高的抛售而获益。

这种模式值得学习，但要慎重。如果没有找到第三方时，尽量不要采取这种模式。

四、公益型创业商业模式

公益型创新创业是近年来国内兴起的一种新兴创业模式。与传统创业形态相比，公益型创新创业首先强调的是创业理念的公益性，其次在创业方式上也是公益的。它不以追求经济效益为目的，而是着眼于帮助政府解决一部分亟待解决的问题。正因为它的公益性，所以使得公益型创新创业更容易获得全社会的支持，并且在一定程度上不直接面向传统市场的恶性竞争。

我们的调查给出有趣的启示：超过三分之一的人为了"责任"开始通过不以营利为目的的非政府组织（Non-Government Organization，NGO）进行创业，70%的人希望通过企业的自转造血维持NGO组织的运营和发展，30%的人认为NGO道路上要克服的最大障碍是如何获得第三方的信任与资助。

创新创业中的NGO，是社会公益创业组织，是一些具有使命感的创新创业者建立的。他们对目标群体负有高度的责任，旨在创造社会价值而非个人的经济财富；对于他们来说，财务收入是达到目标的手段，而非目标本身。

因此，公益创业者们拥有以下特点：

（1）更高的精神境界和道德力量；

（2）更大的勇气和更超人的智慧、创意、商业技巧；

（3）更乐于分享，他们与人分享的越多，就有越多的人支持他们；

（4）更勇于超越边界，勇于创新打破常规；

（5）更甘于寂寞、埋头苦干。

公益创业者得到承认时，往往是在他默默工作了多年之后。

公益组织想要获得长久健康发展，一定要想办法自己"造血"，实现财务独立，是公益创业能够独立开展活动，取得持续发展的前提。公益创业是为了解决某一社会问题而进行的创业活动，它不以营利为目的，但必须有可营利的操作模式，这样才能解决因自身运作产生的资源消耗问题。

下面我们主要介绍几种公益创业的商业模式，供大家参考。

（一）广告主买单的筹资模式

Play online learn online and feed the hungry Free rice.com 是一个特别的网站，它将英文词汇检测与解决全球饥饿问题以及一些品牌推广结合在一起。作为用户，每答对一道题就能为联合国世界粮食计划署捐出 10 粒大米。该网站既满足了学英语人群的需要，也提供了帮助他人的机会。在网站用户不断增多的同时，测试题也不仅仅局限于词汇检测，还增加了诸如化学、数学等科目内容，让网站的用户群进一步扩大。该网站捐出的每一粒大米，还有运营团队的成本，全部由广告商等买单。

（二）与政府合作的模式

有些社会问题，仅仅依靠公益组织不能解决，这时就要尝试寻求与政府合作。例如，面对荒漠化问题，单纯依靠阿拉善生态协会自身的经济实力和志愿者没办法做到。阿拉善生态协会通过尽力发动当地居民力量，依靠与政府合作，完成了自身的"造血"功能。

阿拉善生态协会首先出资让当地农民外出考察学习，让当地人了解草场的重要性，除了放牧，搞生态农业一样能致富。这样从根本上解决了农民的理念问题。此后，阿拉善生态协会为当地农民设计了一套兼具提高收入和保护环境的方案。在资金上，阿拉善生态协会与政府合作建立了一套小额信贷模式，利用政府的社会资源，贷款给农民，农民挣钱之后还本付息，形成了一个健康的模式。

（三）出售产品或服务的商业模式

这是常采取的商业模式，例如，羌绣帮扶计划。2008 年的汶川地震中被毁坏的家园让羌族妇女无法依靠原来的种植业生存。羌绣帮扶计划通过大量的走访调研，在村落设立服务站，对羌族妇女进行培训与管理，让她们在家工作。羌绣背后有强大的设计师团队，将羌族的传统手工艺、刺绣和现代审美相结合，做成背包、衣服等产品。

类似的模式，还有帮扶弱势妇女就业的城市家政服务，帮扶盲人、聋哑人群体进行餐饮服务培训，如烘焙制作、咖啡等产品售卖。这些都是属于通过出售自己的产品或服务而达到让项目持续运营的目的。

（四）依靠名人效应的模式

依靠名人效应的模式很难复制。简而言之，就是通过卖货抽成的方式做公益，消费者购买了某个产品，就为公益事业捐了钱。这种必须借助名人以及品牌的协同效应才能成功。比如，阿里巴巴联合阿拉善的"蚂蚁森林"计划，形式类似于依靠名人效应的模式。一些矿泉水品牌打造的"你买一瓶水，我捐一角钱"也是依靠名人效应的模式。

以上我们主要介绍了几种常见的公益创业项目的"造血"方法和模式，很多公益项目也会通过政府购买、融资、基金捐助支持等方式发展，感兴趣的读者可以查阅相关资料，详细了解。

　　做公益需要选择好的商业模式。一个成功的公益活动在带来巨大社会效益的同时，还有可能为行善者带来显著的经济效益，虽然这可能并非初衷；而一个失败的公益活动不仅不会创造正面的社会效益，还有可能为行善者带来道德风险和名誉损失。

　　有句名言说得好：有善心不难，难在有善举；有善举也不难，最难在有善果！

案 例

奥比斯眼科：医学公益性创业案例分析

　　奥比斯眼科（ORBIS）是一个肩负全球治盲使命的非营利性国际组织。

　　20世纪70年代，美国医生戴维·帕顿有感于发展中国家对眼部保健服务和医疗指导的迫切需要，想到是否可以建立一个眼科飞行医院，组织专家去亲身训练和指导发展中国家的眼科医生，进而为这些国家的人民提供更好、更专业的眼部保健服务，减少因知识缺乏和治疗不当致盲的可能。

　　在朋友的帮助下，他募集到一架已经停用的飞机，维修并改装成一间设备完善的眼科教学医院。1982年，他开始了第一次公益培训活动。

　　【奥比斯的工作内容】

　　（1）提高各地医护人员的技术水平，让他们有能力为当地失明人士服务，让其重见光明；

　　（2）直接为部分患者提供优质服务；

　　（3）普及眼保健知识。

　　【奥比斯的工作业绩】

　　（1）1982—2003年，奥比斯在87个国家实施了1000多个项目，提高了23.4万多名专业医疗工作者技能，医治了900多万名失明或眼部疾病患者。

　　（2）2008年，共培训6000多名医生，3.3万名护士，实施了近16万台眼部手术，在视力方面医治了290多万个儿童和成人，培训了3.3万多个眼部保健支持者，在88个国家实施了90个项目，开展了7次飞行医院活动。

　　时至今日，奥比斯通过眼科飞行医院及地区医疗服务项目培训了几十万名眼科医护人员，并在许多国家开展长期地区项目，积极推进防盲治盲工作。

　　【奥比斯的运营方式】

　　奥比斯协助发展中国家制订长期防盲治盲计划，提供医疗设备和技术，培训当地眼科医生、医疗工作人员，从而帮助发展中国家解决失明问题，为其提供可行且可持续的医疗方案。奥比斯帮助合作伙伴提升自身能力，使其能够独立地向当地人民提供可负担的、方便的、可持续的优质眼部保健服务。

　　奥比斯帮助合作伙伴提升以下几方面的能力：培训眼部保健专业人员及护理人员，介绍眼科技术及相关的管理系统，提高眼部保健质量并提供方便的眼科服务。

　　奥比斯还竭力增强公众护眼意识并协助制定护眼政策，包括杜绝沙眼传播等。

　　具体而言，奥比斯通过以下几种途径将眼部保健的能力提升、公众教育及政策制定进行整合并有效推行：

（1）国家项目：奥比斯眼科飞行医院；

（2）驻院培训项目：奥比斯网络视讯医疗系统。

【奥比斯的筹款模式】

奥比斯在 2008 年获得了 8130 多万美元的捐助，较 2007 年度的 6077 万美元增长了 33.78%。

奥比斯把 87% 的收入投入项目实施和患者救治中，10% 用于筹资宣传，只有 3% 用于管理运营经费。

奥比斯有多样化的筹款模式。2008 年，个人捐款占 63%，附属机构占 14%，企业捐款占 14%。

奥比斯最主要的筹款方式是直接受捐。重视吸纳"每月捐款者"，最低 20 港元，在香港就有 2 万多人每月以信用卡自动转账方式进行定期捐赠。另外还有以下模式。

（1）飞行里程捐赠：捐赠人可以将自己的飞行累积旅程捐赠给奥比斯，这些里程所兑换的免费机票将帮助奥比斯的专家团队成员在全世界范围内开展救盲活动。

（2）礼品配额捐赠：奥比斯希望通过礼品配额捐赠来扩大捐赠的影响。当捐赠者向奥比斯捐赠礼品时，捐赠者可以询问自己所在公司是否愿意与他一起匹配一份礼品，只要公司愿意，捐赠就有双倍的效果，而且可以提高企业的社会责任感以及对员工的重视程度。

（3）计划给予捐赠：通过指定奥比斯作为自己遗产受益人的一部分来做出一份与众不同的捐赠。捐赠人可以指定自己遗产的一定比例或者一项特殊的资产给奥比斯。

（4）股票和证券捐赠：捐赠者将自己持有的证券及共同基金作为善款捐赠给奥比斯。

（5）eBay 物品收入捐赠：通过 eBay，捐赠者可以出售不再希望保留的物品，并将全部或部分收益直接汇入奥比斯的账户。

为奥比斯筹集资金：捐赠者不仅个人捐赠，还发动身边的人捐赠。

除了个人捐赠，还有个性化捐赠。

（1）申请奥比斯信用卡：用户每次签账金额的 0.3% 及信用卡年费的一半将捐赠给奥比斯。

（2）网上捐款达人比赛：筹得最多善款者和获得最多赞助者，均可获得航空赞助的往返机票，参与救盲活动。

【奥比斯的商业模式】

扩展阅读 9-4　公益创业的盈利与分配模式

关键资源能力：奥比斯的关键资源能力有两个方面，一方面是具有高超的眼科疾病医治技术，可以为发展中国家提供切实的帮助，这是奥比斯的核心所在；另一方面，奥比斯在医治患者的基础上，通过良好的运作与宣传，可以持续得到爱心人士的捐赠，从而为其发展提供保障。

盈利模式：利用各方的捐赠为发展中国家的眼科医务人员进行培训，为眼疾患者提供救治与服务。

现金流结构：每年的捐赠中均有稳定的现金捐助，从而保证组织的正常运营及事业的开展。

企业价值：2008 年年底，奥比斯的总资产接近 3348 万美元。几乎没有负债，资产规模每年都保持相当幅度的增长速度，并且奥比斯在世界的影响力以及覆盖面也在稳定增长，具有很高的整体价值。

第三节　先事虑事——知识产权保护

导入案例

保护核心知识产权需要专业"保镖"

国家越来越重视知识产权的申请和保护。这不仅是国际社会的要求，也是我国发展的要求。据统计，我国专利等申请量目前处于国际领先地位，已经超越美国成为全球第一的专利大国。

专利的重要性已经得到广大企业的认可。对于企业而言，没有知识产权的保护就没有长期发展的立足之地！在知识经济时代，知识产权是企业提高核心竞争力的战略资源，是创新创业者立足的关键所在。

"世界未来的竞争，就是知识产权的竞争"，一个企业的决策者，若没有知识产权意识，企业的未来发展之路将会越走越窄。

一、知识产权的重要性

《国家知识产权战略纲要》的颁布实施，是我国创新型国家建设过程中的一个重要里程碑。自此，我国逐步踏上由知识产权大国向知识产权强国迈进的征程。

知识产权战略实施以来，全社会的知识产权创造、运用、保护、管理能力有了大幅度的提升，为经济社会全面进步提供了有力的支撑。其间，在知识产权战略的引领下，我国有效抵御了席卷全球的金融危机风暴，越来越多的企业成功实现了"走出去"的目标参与国际市场竞争；同时，依靠自主知识产权，我国成功实现了"嫦娥"探月、"蛟龙"深潜、"北斗"导航、航母入列、主导 5G 通信、进军高铁产业等一系列新突破和新进展，令世界为之瞩目，极大提振了民族自信心和民族自豪感，形成了深入实施知识产权战略、建设知识产权强国的社会氛围。深入实施知识产权战略，是建设知识产权强国和创新型国家的重要保障，也能够极大激发全社会的创新热情。

在市场经济条件下，企业的核心竞争力围绕着消费者的需求构建，对于消费者来说，他们最关心的是产品的技术含量和产品的品牌。所以，产品的品牌和技术创新体现了企业的核心竞争力。

（一）专利资产是提升企业竞争力的重要保证

以专利资产为代表的知识产权资产在企业价值中占据重要比例，利用专利资产评估可以为企业进行增资注册，为企业进行质押贷款，由此可知企业专利技术资产的价值。企业可以用专利资产同中外企业合资合作，获知需要转让专利资产的价值，有助于企业的资本运作。

在高科技领域，说到某个成功的企业，我们常常将其和某项专利技术联系在一起，可以说，拥有自主知识产权的核心技术是这些公司成功的关键，也是其得以发展壮大的根本。所以说，知识产权是企业的核心竞争力。

据报道，2022年我国专利密集型产业增加值达15.3万亿元，占当年GDP的12.71%。从内部结构看，新装备制造业规模最大，增加值为41643亿元，占专利密集型产业增加值的比重为27.2%；其次是信息通信技术服务业，增加值为33888亿元，所占比重为22.1%；再次是信息通信技术制造业，增加值为31818亿元，所占比重为20.8%。从增长速度看，新材料制造业增长最快，增速为12.8%；其次是信息通信技术制造业，增速为11.5%；此外，医药医疗产业受2021年基数过高因素影响，下降16.8%，与2020年相比两年平均增速为8.3%。

请注意，医药医疗产业的增加值虽受基数过高等影响但也不低。当然，这里医药和医疗没分开，需要我们进一步细化。另外，还有现在必须关注的健康产业，也应该有很多专利发明和申请的空间。

（二）商标权帮助企业树立良好品牌形象

品牌主要是以产品商标的形式表现出来。商标是消费者与企业发生联系的中介和桥梁，消费者一般是通过产品的商标来认识企业的。消费者对商标的印象实际上决定了他们对于企业品牌的印象，而一个企业的品牌要花费大量的时间和成本才能在消费者心中树立良好形象。所以，一个有竞争力的企业，最担心的就是自己产品的商标与其他企业产品的商标发生混淆，使消费者不能将本企业与其他企业明显地区分开来，出现其他企业"搭便车"的情况。由此可见，企业必须保证自己品牌的独特性，即保护自己的商标权。一个没有品牌的企业和产品在市场竞争的道路上是不能远行的。品牌建设对企业竞争力的提升更为重要，有利于企业在品牌战略下执行产品研发、生产、推广计划，有利于建立客户的品牌忠诚度，使企业在国际竞争中所向披靡。

但是，也有消息称，世界知识产权组织（WIPO）发布的2023年全球知识产权报告中指出，2023年通过WIPO提交的国际专利申请达27.26万件，其中，中国是申请量最大来源国，美国、日本分别位居全球第二、第三。中国科技巨头华为申请量位居全球榜首，韩国三星电子位居第二。可见，商标权帮助华为树立了良好的品牌形象。

二、知识产权的类型

医药卫生类专业学生要进行智慧型创业，那就必须了解《知识产权法》《著作权法》《软件著作权法》《商标法》等相关法规。自己的创新创造成果要及时申请专利保护，再用这些知识产权去换取股权，这样创业不仅没有风险，还可以满足创新欲望，实现创新创业者的人生价值。这里要介绍的知识产权主要是专利权、软件著作权和商标权。

（一）专利权

1. 专利的类别

专利一般是由政府机关或者代表若干国家的区域性组织根据申请而颁发的一种文件，这种文件记载了发明创造的内容，并且在一定时期内产生一种法律状态，即获得专利的发明创造在一般情况下只有经专利权人许可他人才能予以实施。

在我国，专利分为发明、实用新型和外观设计三种类型。

（1）发明专利，是指对产品、方法或者其改进所提出的新的技术方案。

（2）实用新型专利，是指对产品的形状、构造或者其结合所提出的适于实用的新的技术方案。

（3）外观设计专利，是指对产品的形状、图案或者其结合以及色彩与形状、图案的结合所作出的富有美感并适于工业应用的新设计。

国务院知识产权局负责管理全国的专利工作；统一受理和审查专利申请，依法授予专利权。省、自治区、直辖市人民政府管理专利工作的部门负责本行政区域内的专利管理工作。

2. 专利所属权

《中华人民共和国专利法》对专利所属权作出了以下说明。

（1）执行本单位的任务或者主要是利用本单位的物质技术条件所完成的发明创造为职务发明创造。职务发明创造申请专利的权利属于该单位；申请被批准后，该单位为专利权人。

（2）非职务发明创造，申请专利的权利属于发明人或者设计人；申请被批准后，该发明人或者设计人为专利权人。

利用本单位的物质技术条件所完成的发明创造，单位与发明人或者设计人订有合同，对申请专利的权利和专利权的归属作出约定的，从其约定。

（3）两个以上单位或者个人合作完成的发明创造、一个单位或者个人接受其他单位或者个人委托所完成的发明创造，除另有协议的以外，申请专利的权利属于完成或者共同完成的单位或者个人；申请被批准后，申请的单位或者个人为专利权人。

（4）同样的发明创造只能授予一项专利权。但是，同一申请人同日对同样的发明创造既申请实用新型专利又申请发明专利，先获得的实用新型专利权尚未终止，且申请人声明放弃该实用新型专利权的，可以授予发明专利权。两个以上的申请人分别就同样的发明创造申请专利的，专利权授予最先申请的人。

（5）发明和实用新型专利权被授予后，除专利法另有规定的以外，任何单位或者个人未经专利权人许可，都不得实施其专利，即不得为生产经营目的制造、使用、许诺销售、销售、进口其专利产品，或者使用其专利方法以及使用、许诺销售、销售、进口依照该专利方法直接获得的产品。

外观设计专利权被授予后，任何单位或者个人未经专利权人许可，都不得实施其专利，即不得为生产经营目的制造、许诺销售、销售、进口其外观设计专利产品。

针对我国专利申请数量增大、专利转化能力和运营能力亟须提高的现状，2020 年，教育部、国家知识产权局、科技部联合发布《关于提升高等学校专利质量促进转化运用的若干意见》，着力解决我国高校专利申请存在的"重数量轻质量""重申请轻实施"的问题，全面提升高校专利质量，强化高价值专利的创造、运用和管理，更好地发挥高校服务经济社会发展的重要作用。

（二）著作权与软件著作权

1. 著作权

著作权亦称版权，是指作者对其创作的文学、艺术和科学技术作品所享有的专有权利。著作权是公民、法人依法享有的一种民事权利，属于无形财产权。著作权保护的是内容，而传统软件企业和创意类企业的产品或服务的外在表达就是包含著作权的产品，如电影、音乐、软件、文学作品。这些产品的核心是内容，而互联网时代，复制内容的技术难度大大降低，普通人通过复制粘贴就能将任何版权作品轻易地进行传播。因此，对于内容生产企业而言，如何保护自己的内容，打击未经许可的传播和复制行为就成了生死攸关的事情。打击侵权之前自己先得有权利，这个权利就是著作权。

著作权是知识产权中的例外，因为著作权的取得无须经过个别确认，这就是人们常说的"自动保护"原则。

2. 软件著作权

计算机软件著作权是指软件的开发者或者其他权利人依据有关著作权法律的规定，对于软件作品所享有的各项专有权利。就权利的性质而言，它属于一种民事权利，具备民事权利的共同特征。

软件经过登记后，软件著作权人享有发表权、开发者身份权、使用权、使用许可权和获得报酬权。

（1）个人和企业登记

软件著作权个人登记，是指自然人对自己独立开发完成的非职务软件作品，通过向登记机关进行登记备案的方式进行权益记录/保护的行为。

软件著作权企业登记，是指具备/不具备法人资格的企业对自己独立开发完成的软件作品或职务软件作品，通过向登记机关进行登记备案的方式进行权益记录/保护的行为。

（2）软件著作权权属

①通过登记机构的定期公告，可以向社会宣传自己的产品。

②在进行软件版权贸易时，认证将使软件作品价值倍增。

③在发生软件著作权争议时，如果不经登记，著作权人很难举证说明作品完成的

时间以及作品所有人。

④合法在我国境内经营或者销售该软件产品，并可以出版发行。

⑤在进行软件产品登记时可以作为自主知识产权的证明材料。

⑥在进行软件企业认定和高新技术企业认定时可以作为自主开发或拥有知识产权的软件产品的证明材料。

（三）商标权和商标注册

1. 商标权

商标权是商标专用权的简称，是指商标主管机关依法授予商标所有人对其注册商标受国家法律保护的专有权。

商标是用以区别商品和服务不同来源的商业性标志，由文字、图形、字母、数字、三维标志、颜色组合、声音或者上述要素的组合构成。

商标注册人拥有依法支配其注册商标并禁止他人侵害的权利，包括商标注册人对其注册商标的排他使用权、收益权、处分权、续展权和禁止他人侵害的权利。

商标权取得的方式分为两种：原始取得与继受取得。

原始取得，也称为商标权的直接取得，是指商标权由创设而来，其产生并非基于他人既存之商标权，也不以他人的意志为根据。

继受取得，也称为商标权的传来取得，是指以他人既存的商标权及他人意志为基础而取得商标权。

下列标志不得作为商标使用。

（1）同中华人民共和国的国家名称、国旗、国徽、国歌、军旗、军徽、军歌、勋章等相同或者近似的，以及同中央国家机关的名称、标志、所在地特定地点的名称或者标志性建筑物的名称、图形相同的。

（2）同外国的国家名称、国旗、国徽、军旗等相同或者近似的，但经该国政府同意的除外。

（3）同政府间国际组织的名称、旗帜、徽记等相同或者近似的，但经该组织同意或者不易误导公众的除外。

（4）与表明实施控制、予以保证的官方标志、检验印记相同或者近似的，但经授权的除外。

（5）同"红十字""红新月"的名称、标志相同或者近似的。

（6）带有民族歧视性的。

（7）带有欺骗性，容易使公众对商品的质量等特点或者产地产生误认的。

（8）有害于社会主义道德风尚或者有其他不良影响的。

县级以上行政区划的地名或者公众知晓的外国地名，不得作为商标。但是，地名具有其他含义或者作为集体商标、证明商标组成部分的除外；已经注册的使用地名的商标继续有效。

案例

郑州一西餐厅撞名"皮皮鲁"，郑渊洁将其告上法庭

2017 年 2 月 23 日，童话大王郑渊洁向国家工商总局（现国家市场监督管理总局）递交申请书，申请郑州皮皮鲁西餐厅商标注册无效。据了解，2014 年，郑渊洁就已经向工商总局提出撤销该商标的申请，但并未成功。郑渊洁认为，皮皮鲁是他于 1981 年开始创作的童话形象，故事里的皮皮鲁心地善良，乐于助人，喜欢冒险和幻想，热衷于搞小发明。这些特点很受孩子们的喜欢。郑渊洁表示，他的"孩子"皮皮鲁，被郑州一家西餐厅"绑架"，呼吁解救皮皮鲁。因此，他将这家西餐厅告上了法庭。

郑州皮皮鲁餐厅老板表示，商标已经注册使用 13 年，取自意大利英雄人物的名字，与郑渊洁的皮皮鲁不是一回事。

分析：根据《商标法》的规定，已经注册的商标，自商标注册之日起五年内，"在先权利人"或者利害关系人可以请求商标评审委员会宣告该注册商标无效。然而，皮皮鲁餐厅的商标核准注册于 2004 年，至今已有 13 年之久，远远超出了 5 年期限的规定。

2017 年 1 月 11 日，最高人民法院发布了《关于审理商标授权确权行政案件若干问题的规定》，其中第二十二条规定，对于著作权保护期限内的作品，如果作品名称、作品中的角色名称等具有较高知名度，将其作为商标使用，在相关商品上容易导致相关公众误认为其经过权利人的许可或者与权利人存在特定联系，当事人以此主张构成在先权益的，人民法院予以支持。

皮皮鲁已经成为一种文化符号，凝聚了几代人的童年印象，所涉公众范围极广。如果其被"绑架"，将有伤相关公众的感情，违背社会公共利益。根据 2001 年《商标法》，这种涉及公共利益的童话形象，应当得到保护。

2. 商标注册

商标注册，是指商标所有人为了取得商标专用权，将其使用的商标，依照国家规定的注册条件、原则和程序，向商标局提出注册申请，商标局经过审核，准予注册的法律事实。经商标局核准注册的商标为注册商标，包括商品商标、服务商标和集体商标、证明商标；商标注册人享有商标专用权，受法律保护。

（1）自然人、法人或者其他组织在生产经营活动中，对其商品或者服务需要取得商标专用权的，应当向商标局申请商标注册。

（2）法律、行政法规规定必须使用注册商标的商品，必须申请商标注册，未经核准注册的，不得在市场销售。

（3）任何能够将自然人、法人或者其他组织的商品与他人的商品区别开的标志，包括文字、图形、字母、数字、三维标志、颜色组合和声音等，以及上述要素的组合，均可以作为商标申请注册。

（4）申请注册的商标，应当有显著特征，便于识别，并不得与他人在先取得的合法权利相冲突。

下列标志不得作为商标注册。

（1）仅有本商品的通用名称、图形、型号的。

（2）仅直接表示商品的质量、主要原料、功能、用途、重量、数量及其他特点的。

（3）其他缺乏显著特征的。

上述所列标志经过使用取得显著特征，并便于识别的，可以作为商标注册。

（4）以三维标志申请注册商标的，仅由商品自身的性质产生的形状、为获得技术效果而需有的商品形状或者使商品具有实质性价值的形状，不得注册。

案 例

江苏卫视《非诚勿扰》被判商标侵权

2016年1月，江苏卫视的《非诚勿扰》节目更名为《缘来非诚勿扰》，这都源于一起商标侵权纠纷案。

2009年，金阿欢向国家工商行政管理总局（现国家市场监督管理总局）商标局提出申请注册"非诚勿扰"商标。2010年9月，金阿欢的"非诚勿扰"商标被正式核准注册，注册号为7199523号，核定使用类别为第45类的交友服务和婚姻介绍所等。

江苏卫视于2010年年初推出大型婚恋交友类节目《非诚勿扰》，凭借精良的节目制作和全新的婚恋交友模式，迅速得到观众的广泛认可，屡屡创下省级卫视的收视纪录。

金阿欢以侵犯商标权为由，将江苏卫视诉至深圳市南山区人民法院。南山法院一审驳回了金阿欢的起诉。

金阿欢不服一审判决，提起上诉。广东省深圳市中级人民法院二审认定，江苏卫视的《非诚勿扰》节目，从服务目的、内容、方式、对象等判定，均是提供征婚、相亲、交友的服务，与金阿欢拥有的第7199523号"非诚勿扰"商标核定的服务项目相同。法院认为，金阿欢的"非诚勿扰"商标已投入商业使用，但由于江苏卫视的知名度及节目的宣传，使得公众造成反向混淆。同时，江苏卫视通过播出《非诚勿扰》，收取大量广告费用，足以证明其以营利为目的进行商业使用，构成商标侵权。最终，广东省深圳市中级人民法院判令江苏卫视立即停止使用《非诚勿扰》栏目名称。据了解，江苏卫视已针对该案提起再审申请。

点评：由于《非诚勿扰》电视节目的高收视率，该案的判决受到社会的广泛关注。该案的审理结果，说明法院在认定是否构成商标侵权时，对于同类商品（服务）的认定不应机械地按照《类似商品与服务区别表》来判定，而更应当考虑二者的内容和性质等，客观判定二者服务类别是否相同或相似。

（四）域名

域名，就是上网单位的网络名称，是一个通过计算机登录网络的单位在该网络中的地址，由若干部分组成，包括数字和字母。域名是上网单位和个人在网络上的重要标识，起着识别作用，便于他人识别和检索某一企业、组织或个人的信息资源，从而更好地实现网络上的资源共享。除了识别功能外，在虚拟环境下，域名还可以起到引导、宣传、代表等作用。

注册域名也遵循"先申请先注册"原则。在新的经济环境下，域名所具有的商业意义已远远大于其技术意义，成为企业在新的科学技术条件下参与国际市场竞争的重要手段，它不仅代表了企业在网络上的独有的位置，也是企业的产品、服务范围、形象、商誉等的综合体现，是企业无形资产的一部分。同时，域名也是一种智力成果，它是有文字含义的商业性标记，与商标、商号类似，体现了一定的创造性。

在域名的构思选择过程中，需要一定的创造性劳动，使代表自己公司的域名简洁并具有吸引力，以便使公众熟知并对其访问，从而达到提高企业知名度、促进经营发展的目的。

域名不是简单的标识性符号，而是企业商誉的凝结和知名度的表彰，域名的使用对企业来说具有丰富的内涵，因此，不论是学术界还是实体部门，大多倾向于将域名视为企业知识产权客体的一种。而且，从世界范围来看，尽管各国法律法规尚未把域名作为专有权加以保护，但国际域名协调制度是通过世界知识产权组织来制定，这足以说明人们已经把域名看作知识产权的一部分。

现在的互联网公司很多都更换过域名。原因有些是因为初期的域名比较长、不好记，发展壮大以后更换了更简易、与公司品牌更贴近的域名。还有些是随着公司的发展，品牌发生了一些变化，或者是为了配合公司的发展方向改变的。京东开始的域名是 http://360buy.com，以至于很多人都以为它和 360 是一家。京东发展壮大以后就开始了域名的更换计划，从 http://jingdong.com 到 http://3.cn，现在更改为 http://JD.com；小米开始的域名还是全拼 http://xiaomi.com，后来为了配合国际化的脚步，更换为现在的域名 http://mi.com，这个域名对小米的发展也很有利，很贴合它的 Logo。

（五）非专利工业专有技术

非专利技术又称专有技术，是指不为外界所知、在生产经营活动中已采用了的、不享有法律保护的、可以带来经济效益的各种技术。非专利技术一般包括工业专有技术、商业贸易专有技术、管理专有技术等。

工业专有技术，是指在生产上已经采用、仅限于少数人知道、不享有专利权或发明权的生产、装配、修理、工艺或加工方法的技术知识，可以用蓝图、配方、技术记录、操作方法的说明等具体资料表现出来，也可以通过卖方派出技术人员进行指导，或接受买方人员进行技术实习等手段实现。

与专利权不同的是，非专利技术没有在专利机关登记注册，依靠保密手段进行垄断。因此，它不受法律保护，没有有效期，只要不泄漏，即可有效地使用并可有偿转让。

例如，《江西省中医药保护条例》明确规定："鼓励中医药机构和中医药从业人员申请中医药专利、商标、软件著作、地理标志等知识产权，支持开发中医药专利产品。对不适宜专利保护的工艺、方法等，可以采取技术秘密的方式实施保护。"

三、医学领域的各种批文批号

医药卫生类专业学生创新创业除了要关注专利、商标、域名等知识产权的保护和申请之外，更要关注药品、医疗器械、食品、化妆品、消毒用品等与健康相关的产品的批文批号，这些批文批号本身就是可以转让的无形资产。

（一）药品批准文号

药品是治疗疾病用的产品，分为处方药和非处方药。但生产新药或者已有国家标准的药品，都必须经国务院药品监督管理部门批准，并在批准文件上规定该药品的专有编号，此编号称为药品批准文号。我国的药品批号分为：药品批准文号、试生产药品批准文号、进口药品注册批准文号。

药品批准文号格式：国药准字 + 1 位字母 + 8 位数字。

试生产药品批准文号格式：国药试字 + 1 位字母 + 8 位数字。

进口药品注册批准文号格式：进口药品注册标准 + J + 字母 + 8 位数字。

除此之外，进口药品还需要一个注册证号，该注册证文号标准参照以下药品类别。

化学药品使用字母"H"；中药使用字母"Z"；通过国家药品监督管理局整顿的保健药品使用字母"B"；生物制品使用字母"S"；体外化学诊断试剂使用字母"T"；药用辅料使用字母"F"；进口分包装药品使用字母"J"。

例如，国药准字 Z53021104（云南白药气雾剂）；国药准字 Z44021940（感冒灵颗粒）；国药准字 H10900089（布洛芬缓释胶囊）；国药准字 H19990291（双氯芬酸二乙酸胺乳胶剂）；进口药品注册标准 JX20030010（盐酸二甲双胍片）；进口药品注册证号 H20140534（盐酸二甲双胍片）。

数字第 1、2 位为原批准文号的来源代码，其中"10"代表原卫生部批准的药品，"20""19"代表 2002 年 1 月 1 日以前国家食品药品监督管理局批准的药品，其他使用各省行政区划代码前两位的，为原各省级卫生行政部门批准的药品。第 3、4 位为换发批准文号之年公元年号的后两位数字，但来源于卫生部和国家药品监督管理局的批准文号仍使用原文号年号的后两位数字。数字第 5~8 位为顺序号。

由于药品研发周期长，投入大，所以药品文号是企业的无形资产中较为重要的资产。一种新药只拥有专利权不够，还必须拿到新药证书（即药品文号）才能够实际生产应用。

（二）医疗器械注册证号

医疗器械，是指直接或者间接用于人体的仪器、设备、器具、体外诊断试剂及校准物、材料以及其他类似或者相关的物品，包括所需要的计算机软件；其效用主要通过物理等方式获得，不是通过药理学、免疫学或者代谢的方式获得，或者虽然有这些方式参与但是只起辅助作用，其目的是：①疾病的诊断、预防、监护、治疗或者缓解；②损伤的诊断、监护、治疗、缓解或者功能补偿；③生理结构或者生理过程的检验、替代、调节或者支持；④生命的支持或者维持；⑤妊娠控制；⑥通过对来自人体的样本进行检查，为医疗或者诊断目的提供信息。

我国医疗器械分为三类。相关文号有：产品注册号、生产许可证号、生产技术要求备案号。这里主要介绍产品注册号。

产品注册号的编排格式：

×（×）1（食）药监械（×2）字×××3 第×4××5×××6 号

说明：

×1：为注册审批部门所在地的简称：①境内第三类医疗器械、境外医疗器械以及中国台湾、香港、澳门地区的医疗器械为"国"字；②境内第二类医疗器械为注册审批部门所在的省、自治区、直辖市简称；③境内第一类医疗器械为注册审批部门所在的省、自治区、直辖市简称加所在区的市级行政区域的简称，为××1（无相应设区的市级行政区域时，仅为省、自治区、直辖市的简称）。

×2：为注册形式（准、进、许）：①"准"字适用于境内医疗器械；②"进"字适用于境外医疗器械；③"许"字适用于中国台湾、香港、澳门地区的医疗器械。

×××3：为批准注册年份。

×4：为产品管理类别。

××5：为产品品种编码。

×××6：为注册流水号。

例如，鄂食药监械（准）字 2014 第 2261046 号（远红外磁疗贴）；京食药监械（准）字 2016 第 2400526 号（尿液分析试纸条）。

（三）保健食品批号

2019 年，国家市场监督管理总局颁布了《保健食品原料目录和保健食品功能目录管理办法》，明确规定，纳入保健功能目录的保健食品应当符合下列要求：①以补充膳食营养物质、维持改善机体健康状态或者降低疾病发生风险因素为目的；②具有明确的健康消费需求，能够被正确理解和认知；③具有充足的科学依据，以及科学的评价方法和判定标准；④以传统养生保健理论为指导的保健功能，符合传统中医养生保健理论；⑤具有明确的适宜人群和不适宜人群。注意，该办法同时规定，涉及疾病的预防、治疗、诊断作用的产品不能成为保健食品。

根据以上原则，我们可以把保健食品定义为"具有特定保健功能或者以补充维生素、矿物质为目的，或者符合传统中医养生保健理论，不以疾病的预防、治疗、诊断为目的的特殊食品"。

2016 年，国家食品药品管理总局颁发了《保健食品注册预备案管理办法》，该办法规定：

（1）国产保健食品注册号格式：国食健注 G + 4 位年代号 + 4 位顺序号；

（2）进口保健食品注册号格式：国食健注 J + 4 位年代号 + 4 位顺序号；

（3）国产保健食品备案号格式：食健备 G + 4 位年代号 + 2 位省级行政区域代码 + 6 位顺序编号；

（4）进口保健食品备案号格式：食健备 J + 4 位年代号 + 00 + 6 位顺序编号。

我国原卫生部对保健食品的功能范围进行了严格的限定，包括 27 种功能：祛黄褐斑，改善营养性贫血，对化学性肝损伤的辅助保护作用，提高缺氧耐受力，改善皮肤油分，抗氧化，辅助改善记忆，辅助降血糖，辅助降血压，辅助降血脂，缓解视疲劳，增强免疫力，增加骨密度，改善生长发育，去痤疮，促进排铅，改善皮肤水分，减肥，促进泌乳，清咽，缓解体力疲劳，改善睡眠，对辐射危害有辅助保护功能，促进消化，对胃黏膜损伤有辅助保护功能，调节肠道菌群，通便。

新的保健食品功能按照成熟一个审批一个的原则进行审批。

（四）食字号批准文号

食品，是指各种供人食用或者饮用的成品和原料以及按照传统既是食品又是中药材的物品，但是不包括以治疗为目的的物品。

食字号是食品批准文号的简称，也称为食品的执行标准，主要是针对普通食品，不包括功能性的口服产品。

食字号的批文：食品生产许可证编号，如 SC10644190004159。

注意，食品的批文主要是针对原来就属于食品的材料加工成食品成品的，不属于食品的材料不能申请食字号批文。但有一些例外，就是中药中有一些属于药食两用的中药材可以作为食品材料，申请食字号批文。

扩展阅读 9-5　药食两用中药材名单

（五）化妆品批号

化妆品是指以涂擦、喷洒或者其他类似的方法，散布于人体表面任何部位（皮肤、毛发、指甲、口唇、口腔黏膜等）以达到清洁、消除不良气味、护肤、美容和修饰目的的日用化学品。其文号为"卫妆字"。

2019 年 3 月，国务院对《化妆品卫生监督条例》进行了修订，其中包括将"卫生行政部门"修改为"化妆品监督管理部门"、将"卫生许可证"修改为"化妆品生产许可证"、将"工商行政管理部门"修改为"市场监督管理部门"等。

2020 年 1 月 3 日，国务院常务会议通过《化妆品监督管理条例》，修订了 1989 年 11 月 13 日发布，自 1990 年 1 月 1 日起施行，迄今已沿用 30 余年的《化妆品监督管理条例》。《化妆品监督管理条例》规定对化妆品产品和原料按照风险高低分别实行注册和备案管理，并简化流程，完善监管，明确企业对化妆品质量安全的主体责任，加大企业和相关责任人违法惩戒力度，促进生产质量有保障、消费者喜爱的化妆品和发展"美丽产业"。

化妆品的批号一般都统称为卫妆字，化妆品的批准文号有"卫妆准字""卫妆特字""卫妆备进字"和"卫妆特进字"四大类。

1. 国产化妆品批号

（1）卫妆准字（化妆品生产许可证号）：经化妆品管理部门批准的国产普通化妆品批号。

格式：省级以上行政区划 + 妆 + 年份 + 注册流水号。如皖妆 20180005。

（2）卫妆特字（化妆品生产许可证号）：经批准的国产具有特殊用途的化妆品（如具有育发、染发、烫发、脱发、美容、健美、防臭、祛斑、防晒等作用的九种化妆品属于特殊用途化妆品）批号。也包括整容产品和药物美容产品等。

格式：卫妆特字＋年份＋注册流水号。

2. 进口化妆品批号

（1）卫妆备进字：经化妆品监测管理部门准许的进口普通化妆品。根据有关规定，凡是进口的化妆品全部都是卫妆进字号。进口的普通化妆品应在上市前向化妆品监督管理部门申请备案，经审核准予备案的发给备案凭证。

普通进口化妆品备案文号格式：卫妆备进字〔发证年份〕第××××号。如卫妆备进字〔2005〕第 1234 号，表示该产品于卫生部在 2005 年准予备案进口的普通化妆品第 1234 号，是每年度按批准时间先后顺序分别编排的序号，一个产品一个序号。

（2）卫妆特进字：具有育发、染发、烫发、脱发、美容、健美、防臭、祛斑、防晒作用的九种化妆品属于进口特殊用途化妆品，须向化妆品监督管理部门申请，经审核批准之后，发给进口化妆品卫生许可证可批件。

进口特殊用途化妆品的批准文号为：卫妆特进字（四位数年份）第××××号。

（六）消毒用品批号

消毒产品：包括消毒剂、消毒器械（含生物指示物、化学指示物和灭菌物品包装物）、卫生用品和一次性使用医疗用品。

消毒产品生产企业卫生许可证编号格式：（省、自治区、直辖市简称）卫消证字（发证年份）第××××号。

国家卫生健康委员会 2017 年颁发的《消毒产品管理办法》规定，对批准的新消毒产品，发给卫生许可批件，批准文号格式：卫消新准字（年份）第××××号。

如：

赣卫消证字〔2019〕第 0021 号（医用消毒液）；

闽卫消证字〔2007〕第 0050 号（抗菌漱口水）。

扩展阅读 9-6 医药知识产权的种类

四、知识产权的申请与保护

许多大学生虽然对自主创新创业抱有较大热情，但缺乏自主创新创业的相关专业知识。大学生的创新创业一般都涉及高新技术产业，因此对知识产权的了解与申请保护对大学生创新创业者来说尤其重要。限于篇幅，本节仅对专利和软件著作权申请进行介绍。

（一）知识产权的申请

1. 专利的申请

第一步：确定专利申请内容。

在进行专利申请时，要先确定专利申请内容。关于专利申请内容要点简析请参见表 9-2。

表 9-2 专利申请内容要点简析

专 利 类 型	发 明 专 利	实用新型专利	外观设计专利
专利内容	针对产品、使用方法或者其改进所提出的新的技术方案	针对产品的形状、构造或二者结合所提出的适用于实用的新的技术方案	针对产品的形状、图案或相结合以及色彩与形状、图案的结合所作出的富有美感并适用于工业应用的新设计
专利特点	创造性地解决某项技术难题	改进现有产品，提升其性能	通过图案、色彩设计使外观呈现美感
专利授权的实质条件	具备新颖性、创造性、实用性特点		
专利保护时间	申请授权时间较长，专利保护时间为 20 年	专利保护时间为 10 年	专利保护时间为 10 年
专利保护的内容	产品和方法	有形状和结构的产品	有形状并且外观有美感的产品

第二步：准备专利申请材料。

（1）专利申请文件。

申请发明专利的，申请文件应当包括：发明专利请求书、说明书摘要（必要时应当提交摘要附图）、权利要求书、说明书（必要时应当提交说明书附图）。

申请实用新型专利的，申请文件应当包括：实用新型专利请求书、说明书摘要及其摘要附图、权利要求书、说明书、说明书附图。

申请外观设计专利的，申请文件应当包括：外观设计专利请求书、图片或者照片（要求保护色彩的，应当提交彩色图片或者照片）以及对该外观设计的简要说明。

（2）证明文件。

办理专利申请相关手续要附具证明文件的，证明文件应当由有关主管部门出具或者由当事人签署。证明文件应当是原件，证明文件是复印件的，应当经公证或者由出具证明文件的主管部门加盖公章予以确认（原件在专利局备案确认的除外）。申请人提供的证明文件是外文的，应当附有中文题录译文。

（3）签字或者盖章文件。

向专利局提交的专利申请文件或者其他文件，应当按照规定签字或者盖章。其中未委托专利代理机构的申请，应当由申请人（或专利权人）、其他利害关系人或者其代表人签字或者盖章，办理直接涉及共有权利的手续，应当由全体权利人签字或者盖章；委托了专利代理机构的，应当由专利代理机构盖章，必要时还应当由申请人（或专利权人）、其他利害关系人或者其代表人签字或者盖章。

（4）同日申请说明。

同一申请人同日对同样的发明创造既申请实用新型专利又申请发明专利的，应当在申请时分别说明。

第三步：递交申请材料，等待专利局审查。

通过邮寄或亲自到国家知识产权局专利局大厅将资料递交给专利局审查，一周左右下达受理通知书。

第四步：专利局审查，授权专利。

专利局对申请文件进行审查，审查合格授予专利权，审查不合格由申请人答复意见。在需要申请人答复时，申请人应该了解问题核心，避免答非所问。

2. 软件著作权申请流程

第一步：网上填报。到"中国版权保护中心"进行登记申请，按要求填写"计算机软件著作权登记申请表"。

第二步：准备材料。

（1）软件使用说明书。图文并茂，内容越详细越好。

（2）源程序。源代码需要全体代码的前30页和后30页，中间可以不连续，共60页，若不够60页需要附上全部源代码，源代码每页要求不少于50行。

（3）登记表。在网站上所填写的登记信息。

（4）著作权人的材料。著作权人为自然人的，应提交有效的自然人身份证复印件（正反面复印）；著作权人为企业法人或事业法人的应提交有效的企业法人营业执照或事业单位法人证书副本复印件，并需加盖单位公章。

第三步：办理软件著作权。办理软件著作权可到登记大厅现场办理，也可使用挂号信函或特快专递邮寄到中国版权保护中心软件登记部进行办理。

扩展阅读 9-7　申请知识产权注意事项

第四步：等待公告发证。公告后发放证书。

（二）知识产权的保护

在"大众创新、万众创业"的环境下，越来越多的医药卫生类专业学生进行创新创业。尽管创业能证明自身的能力，实现自我价值，但创业过程也并非一帆风顺，总会面临各种问题和挑战。如果创新创业者把大部分的精力和财力都投入到产品研发和市场推广上，而忽视了专利申请、版权登记和商标注册等知识产权保护方面的工作，则很可能会因为知识产权问题，而使创业公司遭受重创。因此，做好知识产权保护工作对创业公司至关重要。

案 例

搜狗公司与百度公司的"输入法专利"之争

2015年10月，搜狗公司以8件输入法专利权被侵犯为由，将百度公司诉至法院，向百度公司索赔8000万元。同年11月，搜狗公司又就9件专利向法院提起诉讼，指控百度公司的百度输入法侵犯其专利权，并提出1.8亿元的赔偿请求。总计2.6亿元的索赔额刷新了我国专利诉讼索赔数额的纪录。

　　作为输入法软件市场的先行者，2006 年，搜狐公司正式发布搜狗输入法产品。同样是在 2010 年，百度公司推出百度输入法，正式进军输入法市场。

　　"此次诉讼涉及的专利，都是输入法中比较重要的。正是根据这些专利的重要性，我们权衡之后提出了这样的索赔金额。在搜狗输入法产品研发方面，搜狗公司也在近 10 年间投入了大量的人力、物力来对它进行不断地创新和完善，这也是我们索赔的重要依据。"搜狗公司相关负责人表示。

　　面对搜狗公司的专利攻势，百度公司已就相关专利向国家知识产权局专利复审委员会提起了专利权无效宣告请求。2016 年 4 月 5 日，国家知识产权局专利复审委员会对其中一个无效宣告请求案进行了公开口头审理。

　　业内有观点认为，搜狗公司和百度公司的输入法专利之争其实是为了抢占互联网入口。输入法是人机交互的主要手段，也是进入互联网的第一入口，互联网企业通过分析用户输入的字符，可以收集用户信息和个性化需求，这为企业向用户定向推送产品和服务提供了准确依据。

　　点评：搜狗公司与百度公司此次在输入法市场上的短兵相接，背后是输入法软件巨大的市场潜力。近年来，输入法软件已经成为除浏览器和即时通信软件外，我国网民使用最频繁的软件之一。越来越多的互联网企业试图通过打进输入法市场，来增强用户黏性，争夺用户流量。互联网行业作为知识密集型行业的典型代表，知识产权也成为互联网企业在市场竞争中最重要的武器之一。

扩展阅读 9-8　互联网医疗创业者如何保护自己的知识产权

　　资料来源：中华人民共和国国家知识产权局（2016 年 4 月 22 日）

　　随着时代的进步和发展，国家知识产权相关法律法规也在不断完善。从事高新技术创业的大学生团队，应制定出一套切合实际的知识产权保护策略，并由专人负责知识产权的保护与管理，提高应对国内外企业知识产权纠纷的能力，切实提高创业企业竞争力。在竞争日益激烈的创业大市场，大学生创业者只有基于自身特点，处理好各种关系，找准"落脚点"，树立知识产权保护意识宣扬知识产权文化，才能不被淘汰，从而闯出一片自己的新天地。

第四节　云程发轫——创业筹资融资

导入案例

失败的教训：缺少定位，融资过多

　　这是一个全民创新创业的时代，每天有成千上万的创业企业诞生。创业资金对每个企业来说都非常重要。创新创业的启动资金从哪里来？企业发展的资金从哪里来？这是每个创新创业者都要思考的问题。了解融资渠道，掌握融资方法是每个医药卫生类专业学生创新创业者都要学习的知识。只有在创新创业融资过程中找到适合自己的

融资方式，做到适度融资，有效规避融资风险，才能使创业企业的资金运转，真正做到助力企业发展。

一、资金筹措

当前，我国医药卫生类专业学生创新创业正面临一个好的时代机遇。大学生在创新创业过程中有来自政府、高校、社会各方面的支持，但同时大学生创新创业仍然面临很多障碍。创新创业的门槛不仅在于它需要一定的胆识、个人能力的创业领导团队和前景广阔的创业项目，还在于它需要投入一定的资金以启动和维持项目运营。中国青少年网络协会曾经发表过一篇文章——《全国大学生创业调研报告》，其中83.3%的人认为"资金"问题是大学生创业过程中需要面对的首要客观因素。

"巧妇难为无米之炊"，大学生在自主创业之前一定要做好资金准备，尤其是那些资金需求较大的创业项目，更要考虑好资金的来源。一般来说，初创资金大多来源于家庭资助；另外，近年来国家鼓励大学生创新创业，有一定的政策支持；其他来源还有融资，包括向投资人、投资企业和风险投资公司融资等。

资金是企业的血脉，是企业经济活动的第一推动力和持续推动力。任何企业都需要成本，即使拥有再多的创新创业激情，没有资金的推动也没用。对初次创新创业的创新创业者来说，快速稳妥地筹集资金，是创新创业成功至关重要的因素。

（一）资金筹措要适度

资金规模要与创新创业项目相适应，并不是资金越多越好。任何资金筹集都是有成本的，都要索取回报。因此，资金筹集要适度，不要一味追求过多资金。

那么，怎样的资金规模才算适度呢？创新创业资金需求主要取决于以下因素。

（1）最低的有效规模，指创新创业企业实现最低单位生产成本的产量水平。创新创业者通常需要准备好可以实现最低有效规模的资金，否则将处于竞争劣势。

（2）盈利能力。其他条件相同时，创新创业企业盈利能力越强，越有能力从企业内部满足资金需求，同时对外部融资需求也就越低。

（3）现金流。现金流水平低的创新创业企业需要更多的资金；反之，现金流水平高的企业只需要少量资金。创新创业者在筹措创业资金时，必须是以能支付公司创业第一年内所有营运开销为目标。

（4）销售增长率。销售增长率越高，要求创新创业企业增加的投资越多，需要的资金就越多。此外，还有一些其他因素也会影响创业资金需求。比如，创新创业者对于营运资本和现金流的管理能力，良好的管理营运资本和现金流可以显著地增强企业的盈利能力，从而减少对资金的需求。

（二）保持控股/话语权

不少创新创业者在苦于没有资金时，往往视投资者为救命稻草，会出让自己的公司股份，甚至出让控股权。百度CEO李彦宏曾说："不要轻易将主动权交给投资人，在创新创业过程中没有人会乐善好施，一定在尚不缺钱的时候借到下一步的钱。"

多数创新创业者都是在企业面临资金困难时才想到融资，他们并不了解资本的本性。资本的本性是逐利，不是救急，更不是慈善。不论创新创业者的志气有多高、魄力有多大，都应该在不缺钱时就考虑融资策略，并与资金方建立广泛联系。

（三）慎重选择投资人

电影《非常创业》介绍了一个超级天才，他的一套算法和程序受到追捧。但由于选择的投资人不对，导致企业在发展过程中，遇到一系列的困难，差一点"胎死腹中"。

医药卫生类专业学生创新创业要尽量选择既能投资，又能带来资源的投资人。只能投资的，叫作财务投资人；既能投资又能带来资源的，叫作战略投资人。后者是我们鼓励的。当然，财务投资人也有他的优点，他可能不会关注创业内容，从而就不会产生干扰。

二、融资管理

融资，是指资金的融通。狭义的融资，主要是指资金的融入，也就是通常意义的资金来源，具体是指通过一定的渠道、采用一定的方法，以一定的经济利益付出为代价，为资金持有者筹集资金，组织对资金使用者的供应资金，满足资金使用者在经济活动中对资金需要的一种经济行为。广义的融资，不仅包括资金的融入，也包括资金的运用，即包括狭义融资和投资两个方面。

任何企业的生产经营活动都需要资金来支撑。尤其是对于新创企业来说，在企业能够产生现金流之前，企业需要技术研发，需要为购买原材料和生产支付资金，需要进行广告宣传，需要支付员工薪酬，还可能需要对员工进行培训；另外，要实现规模经济效应，企业还需要持续地进行资本投资；加上产品或服务的开发周期一般比较漫长，就使得创业企业在生命周期早期需要大量资金。

资金是企业的血液。资金不仅是企业生产经营活动的起点，更是企业生存发展的基础。资金链的断裂是企业致命的威胁。合理融资有利于降低创业风险。创业企业使用的资金，是从各种渠道借来的，都具有一定的资金成本。因此，合理选择融资渠道和融资方式，有利于降低资金的成本，将创业财务风险控制在一定的范围之内。科学的融资决策有利于企业持续发展，为创业企业植入"健康的基因"，保证创业企业可持续发展。

（一）融资渠道

每个创新创业者在实施创业时，常常会面临到哪里筹集创业资金的问题，而且也不太清楚适合自己的资金来源和融资途径。因此，熟悉各种资金来源和理解不同时期资金的要求和期望，显得异常重要。倘若不了解这些，创新创业者在寻找启动资金时会很茫然。

值得注意的是，大学生创新创业者要根据风险水平和企业产品生命周期的不同阶段（即婴儿期、创业期、成长期、成熟期）来选择合适的融资途径。

1. 家庭资助

据中国科协《"大众创业、万众创新"政策措施落实情况第三方评估》调查报告显示，经创业的大学生中，超过 70% 的大学生创新创业资金来源于家庭。这说明绝大部分创新创业的大学生，创新创业初期所需资金主要依靠家庭资助。因此，也可以说，家庭是学生创新创业者的第一个天使投资人。

2. 巧用国家政策

国家出台了一系列政策，鼓励大学生创新创业，其中包括小额贷款政策。大学生创业贷款，是银行等资金发放机构对各高校学生发放的无抵押、无担保的大学生信用贷款。随着国家对大学生创新创业的日益支持和重视，各级政府出台了许多针对大学生创新创业的贷款优惠政策。但要注意的是，小额贷款的获得有一些先决条件，必要时需在学院就业指导老师及当地人力资源部门的指导下申请。

扩展阅读 9-9　国家支持大学生创业资金支持的新政策

3. 债权融资

以债权的方式向别人借债，商定借款利息和借款时间。这一方式需要签订借款合同，要规定借款的时间、利息，归还的方式和借款时限等。

案例

甲乙两个人合作成立了一家公司，因公司流动资金不足，公司向甲的妻子借款 100 万元用于公司周转，商定利息由公司承担。但在借款两个月时，甲的妻子擅自从公司账户划走 37 万元，导致公司预期安排的资金用途无法实现，在这种情况下客户直接毁约，给公司业务造成严重损失。而当乙方准备向甲的妻子追究法律责任时，才发现借款合同上没写明还款时间，导致无法追究。

债权融资形成企业的债务资本，也称为借入资本，是企业依法取得并依约运用、按期偿还的资本。向亲友借款、向银行借款、向非银行类金融机构借款交易租赁、向其他企业借款等是常用的债权融资方式。

创新创业者可以根据企业需要，结合筹集资金的目的，选择筹集长期还是短期的资金，一方面，使资金的来源和运用与企业运行阶段相匹配，提高偿还债务的能力；另一方面，尽可能降低资金的筹集成本，提高创业企业的经济效益。

4. 股权融资

股权融资是通过股权出让的方式进行融资，也就是把自己的股权折合成钱转让给他人，实际上也就是让他人以资金入股，这是大学生创新创业采用较多的一种方式。一般情况下，创新创业者是不太愿意出让股权的，创新创业最大的目的就是把企业做大，而股权的转让会造成自己控股能力的减弱，这是创新创业者需要慎重考虑的。当然，我们也要看股权转让是否有利于企业的发展，有时自己虽然完全控股，但是规模很小；而出让股权后，企业的发展更有活力，规模更大。这样虽然股份少了，但是总的收益增加，对创业者而言还是利大于弊。

2015 年 6 月，国务院常务会议创新性地提出扶持创新创业的新举措，其中就包括"投贷联动，股权众筹"的模式，这为大学生创新创业者解决资金困难打开了方便之门。

5. 适当贷款

（1）抵押贷款。

抵押贷款指借款人以其所拥有的财产，作为获得银行贷款的担保进行抵押。在抵押期间，借款人可以继续使用其用于抵押的财产。如果创新创业者有购房意向并且手中有一笔足够的购房款，这时可以将这笔购房款"挪用"来创业，然后向银行申请办理住房按揭贷款。住房贷款是商业贷款中利率最低的品种，办理住房贷款后，将手中的余钱用于创业，成本更低。如果创业者已经购买住房，也可以用现房做抵押办理普通商业贷款，这种贷款不限用途，可以当作创业启动资金。

抵押贷款有以下三种形式：①不动产抵押贷款。不动产抵押是指创业者可以土地、房屋等不动产作抵押，从银行获取贷款。②动产抵押贷款。动产抵押贷款是指创业者可以用机器设备、股票、债券、定期存单等银行承认的有价证券，以及金银珠宝首饰等动产作抵押，从银行获取贷款。③无形资产抵押贷款。无形资产抵押贷款是一种创新的抵押贷款形式，适用于拥有专利技术、专利产品的创业者，创业者可以用专利权、著作权等无形资产向银行作抵押或质押获取贷款。

（2）担保贷款。

担保贷款指借款方向银行提供符合法定条件的第三方保证人作为还款保证的借款方式。当借款方不能履约还款时，银行有权按照约定要求保证人履行或承担清偿贷款连带责任。其中，适合创业者的担保形式有：①自然人担保贷款。自然人担保贷款是由自然人担保提供的贷款。可采用抵押、权利质押、抵押加保证三种方式。②专业担保公司担保贷款。目前各地有许多由政府或民间组织的专业担保公司，可以为包括初创企业在内的中小企业提供融资担保，像北京中关村担保公司、首创担保公司等，其他省份也有很多类似性质的担保机构为中小企业提供融资担保服务。创业者可以通过申请，由这些机构担保向银行贷款。

（3）信用贷款。

信用贷款分为两种，一种是个人信用贷款，另一种是信用卡透支贷款。

①不少银行推出了个人信用贷款，这是对平时信用较好的人提供的无担保贷款。各个银行评价人的信用等级的方式不一样，如考核工作单位或职业、工资收入稳定性、水电费支出的稳定性、信用卡消费的还款记录等。

②信用卡透支贷款是银行为持卡人提供的小额现金贷款，在创新创业者急需资金时可以帮助其解决临时的融资困难。创新创业者可以持信用卡通过银行柜台或者是

ATM 提取灵活使用额度的 30%，最高的可提取信用额度的 100%；另外，除取现手续费外（各银行取现手续费不一），境内外透支取现还须支付利息，不享受免息待遇。

这是临时使用的救急方法，不应作为主要融资手段。

（4）亲情借款，成本最低的创业"贷款"。

创新创业初期最需要的是低成本的资金支持。如果亲朋好友在银行存有定期存款或国债，创新创业者可以向他们协商借款，按照存款利率支付利息，并可以适当上浮，方便快捷地筹集到创新创业资金，亲朋好友也可以得到比银行略高的利息，可以说两全其美。

6. 中小企业互助基金

我国中小企业发展较好的地区和省份（如江苏、浙江、安徽等地）近年来积极建立中小企业互助基金，以实现中小企业抱团资助和危机互助的目的。这类互助基金多采取"政府支持、企业互助、金融合作"的模式，遵从"共同受益、共担风险、相互制约"的原则，实行会员制管理。政府投入较少部分作为启动资金，组建基金，设立章程。中小企业具备章程规定的入会条件就可自愿入会，缴纳一定的贷款保证金后成为会员单位，享有相应额度的担保或贷款便利。发生坏账时，基金会先用当时会员保证金抵扣，再有不足，则按比例抵扣其他会员的保证金。通过建立雇主基金，中小企业在承担一定保证金的情况下，可在需要融资时，随时得到放大数倍的积极担保或直接贷款，从而较好地解决融资问题。

7. 天使投资

天使投资指个人出资协助具有专门技术或独特概念而缺少自有资金的企业家进行创新创业，并承担创业中的高风险和享受创业成功后的高收益；或者说，自由投资者或非正式风险投资机构对原创项目构思或小型初创企业进行的前期投资，是一种非组织化的创新创业投资形式。

"天使投资"一词源于纽约百老汇，特指富人出资资助一些具有社会意义的演出的公益行为。对于那些充满理想的演员来说，这些赞助者就像天使一样从天而降，让他们的美好理想变为现实。后来，天使投资被引申为一种对高风险、高收益的新兴企业的早期投资。天使投资主要有三个来源：曾经的创业者、传统意义上的富翁、大型高科技公司或跨国公司的高级管理者。在部分经济发展良好的国家里，政府也会扮演天使投资人的角色。

美国的天使投资者主要是美国自主创业造就的富人，他们有扎实的商务和财务经验，年龄在 40～50 岁，受过良好的教育，95% 的人持有学士学位，51% 的人持有硕士学位；获得硕士学位的人，44% 现从事技术工作，35% 在商业或经济领域。在我国，随着经济的发展，一部分富人在希望自己越来越富有的同时也在寻找挑战，开始充当天使投资者。

8. 风险投资

风险投资是指具备资金实力的投资家对具有专门技术并具备良好市场发展前景，

但缺乏启动资金的创业家进行资助，帮助其实现创业梦，并承担创业阶段投资失败的风险。投资者投入资金换得企业部分股份，并以日后获得红利或出售该股权获取投资回报为目的。风险投资的特色是投资人敢冒高风险以追求最大的投资报酬，并将退出风险企业所回收的资金继续投入"高风险、高科技、高成长潜力"的类似高风险企业，实现资金的循环增值。

风险投资具有以下优势：

（1）风险投资的支持为新创企业带来了良好的声誉，使新创企业的价值更容易被利益相关者（员工、顾客、供应商、政府、金融机构、媒体等）认可；

（2）风险投资为新创企业提供启动和扩展资金；

（3）风险投资者能够帮助创业者吸引一流人才；

（4）风险投资者能够在员工招聘协议、劳动合同、技术合同、财务管理、风险管理方面提供建设性的指导意见，发挥管理顾问、监督和评价的作用；

（5）风险投资者能够为那些没有市场部的新创企业提供市场发展的战略；

（6）风险投资者能够提供与政府监督管理相关的咨询和指导。

由此可见，对于创新创业者来说，获取风险投资的支持，不仅可以为新创企业赢得良好的信誉，打开通向其他融资渠道的方便之门，还可以给创新创业者带来额外的管理资源，帮助其经营新创企业。

这里推荐两部电影，一部是《硅谷》，另一部是《非常创业》。影片中介绍了风险投资选择和注意事项。

在完成以上过程后，大学生基本完成创业实践阶段，接下来就要进行正式的创业。因此成为一个创新创业者，即将成为一个企业的老板，心态也应该适时进行调整。

案例

崔玉涛儿童健康管理中心何以吸引数百万风投？

"我是一名热衷儿童健康宣教的儿科医生。"在"崔玉涛儿童健康管理中心"的成立发布会上，和睦家医院儿科医生崔玉涛进行如是自我介绍。此时，崔的身份还是"崔玉涛儿童健康管理中心"董事长、首席医务官。"在和睦家继续做儿童医生，出来做的是儿童健康宣教。我这不叫辞职创业，是用工作以外的时间帮助更多的人。"他说。

与崔玉涛一起做这件事的是其在北京八中的两位校友——邵宗宗、姜巍，二者分别来自医疗健康领域和母婴行业，现分别任崔玉涛儿童健康管理中心的 CEO 和 COO。

投身儿童健康教育

崔玉涛的儿童健康宣教之路始于 2000 年。那一年，崔玉涛先为创办不久的摇篮网撰写一篇关于"发热"的科普文章，后又受邀为《中国食品报》、《父母必读》、《父母世界》、新浪网等媒体撰写科普文章。此后，他对科普有了更深刻的理解和感悟，并乐此不疲。"科普是和家长平等交流，在和他们聊天的过程中，把科学育儿的理念和他们的实际情况相结合。"他说。

此后，结合工作经验与研究成果，崔玉涛又先后翻译和出版了《0～12个月宝贝健康从头到脚》《崔玉涛——宝贝健康公开课》《崔玉涛图解家庭育儿》等书籍，受到读者的广泛欢迎。

2009年，崔玉涛开始通过新的媒介进行儿童健康知识的传播——通过微博为家长提供咨询和指导服务，亦获得了家长们的尊敬与信赖。崔玉涛每天都会更新微博。五年的坚持为崔玉涛积累了一批忠实的"粉丝"，微博"粉丝"数量接近400万，转发量最高的一篇微博被转发了5000多万次。"我经常出国，不论是在巴西、美国、欧洲地区还是迪拜，一定会在北京时间早上6点到7点发微博。因为太多人等着。"崔玉涛说。

在过往实践的基础上，崔玉涛希望能够以更广阔的平台，为更多的爸爸妈妈提供更具系统性和可信赖的儿童健康指导。他说，希望建立一套学术体系，帮助家长更好的关护孩子、认识孩子。2014年年底，崔玉涛和邵宗宗、姜巍共同创立了国内首家立足于儿童成长发育、健康管理的崔玉涛儿童健康管理中心，希望依托移动互联网将线上互动与线下服务相结合，为父母们提供更好的育儿健康指导，致力于打造一个适合中国儿童身心发展的健康管理新平台。

在参与创办崔玉涛儿童健康管理中心之前，邀请崔玉涛一起创业的人并不少，却连连被崔玉涛回绝。对崔玉涛来说，院长、CEO的名头远不如"医生"的职务有吸引力。同意创办崔玉涛儿童健康管理中心的前提，亦是保持当前的工作状态——在和睦家医院做儿科医生。

而参与创立崔玉涛儿童健康管理中心后，崔玉涛仍将继续其在和睦家医院的工作。对其而言，在和睦家的工作是治病救人，在崔玉涛儿童健康管理中心的工作则是健康宣教。

资本助力医者梦

2015年年初，崔玉涛儿童健康管理中心获得弘晖资本A轮投资，投资规模达数百万美元。投资方认为崔玉涛的团队有一套非常独特、有价值的知识体系，用邵宗宗的手把社会上各种各样的资源整合起来，再借助姜巍团队的移动互联网能力，把它开发成一个产品，随时、随地、个性化地服务很多家庭。在任何时间、任何地点，根据用户的健康档案，给予用户精准的咨询和指导。

在弘晖资本看来，崔玉涛儿童健康管理中心是不可多得的好项目。邵宗宗和崔玉涛相识多年，与姜巍是中学同学，三人同为校友，团队成员之间有起码的信任。同时，邵宗宗与弘晖在马泷诊所的项目上已有合作，因此整个创业、投资的过程，均建立在深厚的信任关系之上。

点评：投资人在选择投资项目时，最看重一个团队同时具备两个特征，第一个是创造价值的能力，第二个是为人着想的善良。能聚到这样的团队是很难得的，弘晖资本看重的也正是崔玉涛团队具备这样难得的两个特征。作为投资人，弘晖资本非常有幸能投资这样一个团队。

资料来源：21世纪经济报道（2015年2月9日）

9. 众筹

众筹的起源，翻译自"crowd funding"一词，即大众筹资，是一种"预消费"模式，用"团购＋预购"的形式，向公众募集项目资金。通常是指人们在互联网上的一种合作行为，汇集一定的资金以支持其他人或组织发起的某项努力。众筹支持多样化的筹资意图，从灾难捐赠到图书出版，从艺术家狂热的"粉丝"支持到政治竞选、筹钱创业等。

相较于传统的融资方式，众筹更为开放，能否获得资金也不再是以项目的商业价值作为唯一标准。只要是公众喜欢的项目，都可以通过众筹方式获得项目启动的第一笔资金，且一般首次筹资的规模都不会很大，众筹为更多小本经营或创业的人提供了无限的可能。

我国众筹具有以下特征。

（1）低门槛。众筹不论身份、地位、职业、年龄、性别，只要有想法、有创造能力。现在，许多众筹网站主要的卖点都是"实现你的梦想"。这句话的潜台词是"之前创业门槛高，众筹帮你降低这个门槛"。

（2）多样性。众筹的方向具有多样性、广泛性，其项目类别包括设计、科技、教育、影视、食品、漫画、出版、演出、游戏、摄影等。

（3）依靠大众力量。支持者通常是普通的民众，而非公司、企业或是风险投资人。

（4）注重创意。发起人必须先使自己的创意（设计图、成品、策划等）达到可展示的程度，才能通过平台的审核，而不能只有一个概念或者一个点子。

（5）具有一定的回报性。参与众筹的民众通常可以获得一定的与项目相关的回报。

相比国外市场我国众筹发展还有一定差距，各个众筹模式网站还处于初期阶段，未来还有较大的发展空间。目前，国内众筹网站众多，但发展情况参差不齐。目前的众筹运转模式，主要以奖励回馈模式为主，少量机构开展了股权众筹。

作为互联网金融的融资模式之一，众筹有着巨大的发展空间，它为缺乏项目启动资金的大学生创新创业者提供了机会。

10. 知识产权融资

知识产权融资也是医药卫生类专业学生创新创业者最值得关注的融资方式，在国内外已有诸多成功案例。知识产权融资可以采用知识产权作价入股、知识产权质押贷款、知识产权信托、知识产权资产证券化等方式。

（1）知识产权作价入股。

根据《公司法》的规定，除了法律、行政规定不得作为出资的财务外，股东可以用知识产权等做货币估价，并可以将依法转让的非货币财产作价出资。对作为出资的非货币财产应当评估作价，核实财产，不得高估或者低估作价，专业的知识产权评估才可以作为出资依据。

（2）知识产权质押贷款。

知识产权质押是指用合法拥有的专利权、商标权、著作权中的财产权，经评估后向银行申请融资，是商业银行积极探索的中小企业融资途径。知识产权质押贷款可以采用以下三种形式：质押——知识产权质押作为贷款的唯一担保形式；质押加保证——以知识产权质押作为担保形式，以第三方连带责任保证作为补充组合担保；质押加其他抵押担保——以知识产权作为主要担保形式，以房产、设备等固定资产抵押，或个人连带责任保证等其他担保方式作为补充担保的组合担保形式。

知识产权质押贷款仅限于贷款人在生产经营过程中的正常资金需要，贷款期限一般为一年，最长不超过三年；贷款额度一般控制在 1000 万元以内，最高可达 5000 万元；贷款利率采用风险定价机制，原则上在中国人民银行基准利率基础上按不低于 10% 的比例上浮。质押率：发明专利最高为 40%，实用型专利最高为 30%，驰名商标最高为 40%，普通商标最高为 30%。质物要求投放市场至少一年，根据企业的现金流情况采取灵活多样的还款方式。

（3）知识产权信托。

知识产权信托是以知识产权为标的的信托，是知识产权权利人为了使自己所拥有的知识产权产业化、商品化，将知识产权转移给投资公司做信托，由其代为经营管理，知识产权权利人获取收益的一种法律关系。依据知识产权的类型，结合我国目前已有的信托案例，当前的知识产权信托包括专利信托、商标信托、版权信托等方式。在美国、日本等国家，知识产权信托已广泛用于电影拍摄、动画制作等短期需要大量资金的行业的资金筹集。流动资金少的文化产业公司，在投入制作时，可与银行、信托公司签订信托构思阶段新作品著作权的合同，银行或信托公司向投资方介绍新作品的构思、方案，并向投资方出售作品未来部分销售收益的"信托收益权"，制作公司则以筹集的资金再投入新作品的创作。

（4）知识产权资产证券化。

知识产权资产证券化是发起人将能够产生可预见的稳定现金流的知识产权，通过一定的金融工具，对其中风险与收益要素进行分离与重组，进而转换成为在金融市场上可以出售的流通证券的过程。知识产权资产证券化的参与主体包括发起人（原始权益人）、特设载体、投资者、受托管理人、服务机构、信用评级机构、信用增强机构、流动性提供机构。

（二）融资规模

融资规模的确定，首先根据企业经营与投资的实际需要确定融资的总规模，然后核算投资主体自有资金的数额，融资总规模与自有资金的差额即为应筹集的企业外部资金的数额。

（1）投资资金的测算。

如上所述，投资资金包括创业企业开业之前的流动资金投入、非流动资金投入，以及开办费用所需的资金投入。一般来说，在估算投资资金时，大部分创业者均能想到购置厂房、设备、材料等的支出，以及员工的工资支出、广告费，但常常会忽略诸如机器设备安装费用、厂房装饰装修费用、创业者的工资支出、业务开拓费用、营业税等开业前可能发生的其他大额支出。因此，采用表格的形式将资金投向予以固定化，是合理估算创业资金的有效办法，具体内容如表9-3所示。

表 9-3　投资资金的测算

序号	项　　目	数量	金额/元
1	房屋、建筑物		
2	设备		
3	办公家具		
4	办公用品		
5	员工工资		
6	创业者工资		
7	业务开拓费		
8	房屋租金		
9	存货的购置支出		
10	广告费		
11	水电费		
12	电话费		
13	保险费		
14	设备维护费		
15	软件费		
16	开办费		
⋮	⋮		
合计			

表9-3中有关项目的内容说明如下。

表格中第1～3行投资资金的支出属于非流动资金支出，一般在计算创业资金时作为一次性资金需求予以考虑。其中，房屋、建筑物的支出包括厂房的装饰装修费用，若企业拟在租来的房屋中办公，则将相应的支出填写在第8行房屋租金中，而且应关注房租的支付形式，房屋租金可能采用押一付三的方式支付，也可能采用押一付一的方式，但基本上都采用先付房租的形式，那么，房租的支出应相当于4个月或2个月的租金数额；若房租支付按半年付费或按年付费的方式，房屋租金的支出会更多；机器设备的支出包括机器设备的购置费用和安装调试费用，而且应考虑安装调试的时间对企业生产经营的影响。

表格中第4～15行，投资资金的支出属于流动资金支出，在计算创业资金时需要考虑其持续投入问题。创业者在估算投资资金时，一定不要忽略其自身的工资支出、业务开拓费、营业税费、设备维护等项目。

表格中的第16行是创业企业开办费用。开办费用是企业自筹建之日起，到开始生产、经营（包括试生产、试营业）之日止的期间（即筹建期间）内发生的费用支出，包括筹建期间人员的工资、办公费、差旅费、印刷费、培训费、注册登记费以及不计入固定资产和无形资产等购建成本的汇兑损益和利息支出。开办费用的发生不形成特定固定资产，企业可以在开始经营之日的当年一次性从利润中扣除，也可以在一定的时期内分期返销计入不同期间的利润之中。不同行业所需要的开办费用不同，如高科技行业筹建期间员工的工资和人员的培训费用可能较高，有较高进入门槛的行业筹建期可能较长等。

最后，不同行业所需要的资金支出不同，创业者可通过市场调查，将本行业所需的资本支出项目予以补充，填写在相应的表格中，并在最后一行计算所需要的投资资金的合计数。例如，创业项目需要特定技术，需要支付购买技术的费用。若采用加盟的方式进行创业，需要说明的是，创业者在估算投资资金时，要尽可能考虑所需的各种支出，避免漏掉一些必须执行的项目，以充分估算资金需求；同时，由于创业资金筹集的困难性及创业初期资金需求的迫切性，创业者想方设法节省开支，减少投资资金的花费，如采用租赁厂房、采购二手设备等方法节约资金。

（2）营运资金的测算。

营运资金主要是流动资金，是新创企业开始经营后到企业取得收支平衡前，创业者需要继续投入企业的资金。营运资金的估算需要根据企业未来的销售收入、成本和利润情况来确定，通过财务预测的方式实现。

①测算新创企业的营业收入。营业收入是指企业在从事销售商品、提供劳务和让渡资产使用权等日常经营业务过程中所形成的经济利益的总收入。对新创企业营销收入的测算是制订财务计划、编制预计财务计划、编制预计财务报表的基础，也是估算营运资金的第一步。在进行营销收入测算时，创业者应立足于对市场的研究和对行业营业状况的分析，根据其试销售经验和市场调查资料，利用推销人员意见综合、专家咨询、时间序列分析等方法，以预测的业务量和市场售价为基础估计每个会计期间的营业收入。创业者可通过表9-4来进行营销收入的预测。

表 9-4　营销收入的预测

项目		1	2	3	4	5	6	7	…	合计
产品一	销售数量									
	平均单价/元									
	销售收入/元									
产品二	销售数量									
	平均单价/元									
	销售收入/元									
⋮										
合计	销售收入/元									

②编制预计利润表。利润表是用来反映企业某一会计期间经营成果的财务报表。该表是根据"收入－费用＝利润"的会计等式，按营业利润、利润总额、净利润的顺序编制而成的，是一段时期的、动态的报表。创业者在编制预计利润表时，应根据测算营业收入时预计的业务量对营业成本进行测算；根据拟采用的营销组合对销售费

用进行测算；根据市场调查阶段确定的业务规模和企业战略，对新创企业经营过程中可能发生的管理费用进行测算；根据预计采用的融资渠道和相应的融资成本对财务费用进行测算；根据行业的税费标准对可能发生的营销税费进行测算，以此计算新创企业每个会计期间的预计利润。营销成本预测表和预计利润表分别如表 9-5 和表 9-6 所示。

表 9-5　营销成本预测表

项　　目		1	2	3	4	5	6	7	…	合计
产品一	销售数量									
	单位成本/元									
	销售成本/元									
产品二	销售数量									
	单位成本/元									
	销售成本/元									
⋮	⋮									
合计	销售成本/元									

表 9-6　预计利润表　　　　　　　　　　单位：元

项　　目	1	2	3	4	5	6	…	n
一、营业收入								
减：营业成本								
营业税金及附加								
销售费用								
管理费用								
财务费用								
二、营销利润								
加：营业外收入								
减：营业外支出								
三、利润总额								
减：所得税费用								
四、净利润								

销售成本根据创业企业存货的计价办法确定，可以采用先进算法、移动加权平均法、月末一次加权平均法等对销售产品的成本进行计量。

由于新创企业在起步阶段业务量不稳定，在市场上默默无闻，营业收入和推动营销收入增长所付出的成本之间一般不成比例变化，所以，对于新创企业初期营业收入、营业成本和各项费用的估算按月进行，并按期预估企业的利润状况。一般来说，企业实现收支平衡之前，企业的利润表均应按月编制，达到收支平衡之后，可以按季、按半年或者按年度来编制。

③编制预计资产负债表。资产负债表是总括反映企业在某一特定日期全部资产、负债和所有者权益状况的报表。资产负债表是根据"资产=负债＋所有者权益"这一会计基本等式，依照流动资产和非流动资产、流动负债和非流动负债大类列示，并按一

定要求编制的，是一张时点的、静态的会计报表。创业者在编制预计资产负债表时，应根据测算营业收入金额和企业的信用政策确定在营业收入中回收的货币资金及形成的应收款项；根据材料或产品的进、销、存情况确定存货状况；根据投资资本估算时确定的非流动资金数额和选择采用的折旧政策计算固定资产的期末价值；根据行业状况和企业拟定采用的信用政策计算确定应付款项；根据估算的收入和行业税费比例测算应交税费；根据预计利润表中的利润金额确定每期的所有者权益，并可由此确定需要的外部筹资数额。预计资产负债表如表 9-7 所示。

表 9-7　预计资产负债表　　　　　　　　　　　　单位：元

项　　目	1	2	3	4	5	6	7	⋯
一、流动资产								
货币资金								
应收款项								
存货								
其他流动资产								
流动资产合计								
二、非流动资产								
固定资产								
无形资产								
非流动资产合计								
资产合计								
三、流动负债								
短期借款								
应付款项								
应交税费								
其他应付款								
流动负债合计								
四、非流动负债								
长期借款								
其他非流动负债								
非流动负债合计								
负债合计								
五、所有者权益								
实收资本								
资本公积								
留存收益								
负债和所有者权益合计								
六、外部筹资额								

与使用预计利润表相同，一般来说，预计资产负债表在企业实现收支平衡之前也应按月编制，在实现收支平衡之后可以按季、按半年或按年编制。

企业在经营过程中增加的留存收益是资金的一种来源方式，属于内部融资的范畴。

留存收益取决于企业当期实现的利润和利润留存的比例。一般来说，初创期的企业为筹集企业发展需要的资金，利润分配率会很低，甚至为零。于是，企业实现利润的大部分都将留存下来，构成企业资金来源的一部分。当留存收益增加的资金无法满足企业经营发展时，需要从外部融资，外部融资额为资产合计与负债和所有者权益合计差值。

④编制现金流量表。现金流量表是反映停业整顿一定会计期间现金和现金等价物流入和流出的报表。编制现金流量表的主要目的是为财务报表使用者提供企业一定会计期间内现金和现金等价物流入和流出的信息，以便财务报表使用者了解和评价企业获取现金和现金等价物的能力，并据此预测企业未来现金流量。

在现金流量表中，现金及现金物被视为一个整体，企业现金（含现金等价物，下同）形式的转换不产生现金的流入。

根据企业业务活动的性质和现金流量的来源，现金流量表将企业一定期间产生的现金流量分为三类：经营活动现金流量、投资活动现金流量和筹资活动现金流量。

与资产负债表和利润表不同的是，现金流量表是以现金制为基础制的财务报表，通常一个自然年编制一次，反映的是一个企业现金流入和流出的累积数。

企业编制的现金流量表应当分别按照经营活动、投资活动和筹资活动编辑，列报量应当分别按照现金流入和流出总额列报。预计的企业现金流量表如表9-8所示。

表 9-8　预计的企业现金流量表　　　　　　　　单位：元

项　　目	本期金额	上期金额
一、经营活动产生的现金流量		
销售商品、提供劳务收到的现金		
收到的税费返还		
收到其他与经营活动有关的现金		
经营活动现金流入小计		
购买商品、接受劳务支付的现金		
支付给职工以及为职工支付的现金		
支付的各项税费		
支付其他与经营活动有关的现金		
经营活动现金流出小计		
经营活动产生的现金流量净额		
二、投资活动产生的现金流量		
收回投资收到的现金		
取得投资收益收到的现金		
处置固定资产、无形资产和长期资产收回的现金净额		
收到其他与投资活动有关的现金		
投资活动现金流入小计		

续表

项　　目	本期金额	上期金额
购建固定资产、无形资产和其他资产支付的现金		
投资支付的现金		
支付其他投资活动有关的现金		
投资活动现金流入小计		
投资活动产生的现金流量净额		
三、筹资活动产生的现金流量		
吸收投资收到的现金		
取得借款收到的现金		
收到其他与筹资活动有关的现金		
筹资活动现金流入小计		
偿还债务支付的现金		
分配股利、利润或偿还利息支付的现金		
支付其他与筹资活动有关的现金		
筹资活动现金流出小计		
筹资活动现金流量净额		
四、现金及现金等价物增加额		
加：期初现金及现金等价物余额		
期末现金及现金等价物余额		

（三）融资风险

资金风险在创业初期会一直伴随在创业者左右，是否有足够的资金创办企业是创业者遇到的第一个问题。企业创办后，就必须考虑是否有足够的资金支持企业的日常运作。对于初创企业来说，连续几个月入不敷出或者由于其他原因导致企业的现金流中断，都会给企业带来极大的威胁。相当多的企业会在创办初期因资金紧缺而严重影响业务的拓展，甚至错失商机而倒闭。

从某种意义上讲，规避风险并少犯错误，就是成功的。创业之路并非一帆风顺，商海风云变幻，陷阱多多。创业者脚下的雷区无处不在。陷阱的性质不同，形式各异，有大有小，或明或暗。任何一个失误都足以使创业者陷入四面楚歌、难以自救的境地。医药卫生类专业学生创业者在融资过程中，更要有意识地小心躲避"陷阱"，设法规避风险。

创业者在创业过程中常常会遇到融资的问题。融资是有风险的，融资风险是指筹资活动中由于筹资的规划而引起的收益变动的风险。那么，如何尽量减少融资风险，需要注意以下问题。

1. 股权融资要注意的问题

股权融资形成企业的股权资本，也称权益资本、自有资本，是企业依法取得并长期持续，可自主调配运用的资金。广义上的股权融资包括内部股权融资和外部股权融资。外部股权融资的方式包括个人积蓄、亲友投入、合伙人资金和天使投资等。内部股权融资主要是企业的内部积累。

创新创业企业在创建的启动阶段及较早发展阶段，内部积累显得格外重要。采用内部积累方式融资符合融资优先理论的要求，也是很多创业者的必要选择。内部积累的资金来源主要是企业在经营过程中赚取的利润。鉴于创新创业企业在资金实力、经营规模、信誉保证、还款能力等方面的限制，创新创业企业往往会通过不分红或少分红的方式，将企业的经营利润尽可能通过未分配利润的形式留存下来，投入到再生产过程，为支持经营或扩大经营提供必要的资金支持。

股权融资是创新创业企业最基础，也是最先采用的融资方式。股权融资的数量会影响债权融资的数量，股权融资的分布会影响创业企业未来利润的分配与长远发展。创新创业企业在进行股权融资决策前应了解增加获得股权融资概率的方法，融资决策时应考虑投资者的特点和专长。

创新创业企业是否通过合伙或组建公司的形式筹集资金，对于企业日后的产权归属和企业发展有着极为重要的影响。由于合伙企业既是资合又是人合，所以对于合伙人的选择尤为重要，如果创业者拟吸收合伙人的资金，则一定要认真考虑合伙人的专长和经验，更好地发挥团队的优势，各尽其才。在吸引风险投资商投资时，创业者要分析其声誉、专注投资的领域以及对投资企业的态度，选择最适合企业发展的投资商。

无论通过何种方式吸引股权投资，对合作者的专长和特质都要进行充分了解，以期寻求更长久的合作，谋求企业更好发展。另外，对企业控制权的把握也是创新创业者必须考虑的因素，转让多少控制权能够吸引投资又有利于对企业日后经营的控制，是创新创业者必须慎重选择且关乎企业健康发展的最重要的问题之一。

2. 债权融资要注意的问题

债权融资形成企业的债务资本，也称为借入资本，是企业依法取得并依约运用、按期偿还的资本。向亲友借款、向银行借款、向非银行类金融机构借款、向其他企业借款等是常用的债权融资方式。

创业者可以根据企业需要，结合筹集资金的目的，选择筹集长期还是短期的资金，一方面，使资金的来源和运用在期间上相匹配，提高偿还债务的能力；另一方面，尽可能降低资金的筹集成本，提高创业企业的经济效益。

创业者如果想通过借款的方式筹集资金，需要从以下五个方面进行分析。

一是，考虑经营过程的获利是否能够超过借款的利息支出及其他费用支出。如果企业在日后的经营过程中赚取的利润能够支付借款的利息和其他费用支出，且还有剩余，则借款经营对企业较为有利，可以给创业者带来杠杆收益。

二是，慎重考虑借款期限。借入资金的归还期限应与其投资的资产回收期限相匹配，保证企业在日后归还时，不会影响正常的生产经营。

三是，确定合理的借款金额。借款经营成本较低且具有财务杠杆效应，但每期会有固定的资金支出。创业者在决定借款前一定要对其风险和收益进行充分权衡，并根据企业实际的资金需要量确定一个合适的借款金额。

四是，充分考虑借款可能的支出。对于创业者来说想获得借款，一般都需要提供抵押或担保，如果创业者缺乏债权人认可的抵押资产，可以申请担保公司为其借款进行担保。但担保公司作为营利性的企业会收取部分担保费用，如果创业者拟通过担保公司担保的方式取得借款，则还需将担保公司的担保费用计入未来的经营成本，以有效地避免经营风险。

扩展阅读 9-10　风险投资协议的陷阱

五是，选择合适的银行。创业者事先通过各种渠道对银行的风险承受力、银行对借款企业的支持度等信息进行了解，以选择最适合新创企业借款的银行。

3. 慎重选择风险投资

（1）选择风险投资后可能面临的问题。

风险投资的目的就是给出资人创造回报，要实现这个目标，投资人就要去发掘能成为"羚羊"的企业。所以，对于一些有出色技术和稳定团队的公司来说，不要轻易接受风险投资。如果公司只需要很少的资金就可以起步、成长，或者由于产品的特性面临竞争、商业模式的限制、市场容量的限制，被并购是一个更可行的出路，那么远离风险投资，或许找周围的朋友筹集资金才是更好的选择。创业者拿到风险投资后，可能会面临如下风险。

①公司小规模退出的可能性没有了。风险投资者在投资协议中会要求优先清算股权、参与分配权和最低回报数。例如，风险投资者出资 200 万元的一家公司最后以 1000 万元的价格出售了，创始人有 18% 的股权，风险投资者要求最低回报倍数是 3 倍，并且有参与分配权。风险投资者要先拿走投资额 200 万元的 3 倍，即 600 万元，而剩下的 400 万元，由风险投资在内的全体股东按照股权比例分配，所以创始人最后只能拿到 72 万元。

②风险投资的资金就像是火箭燃料，希望能够尽快把投资的公司送上"太空轨道"，使公司快速发展，收入大幅提升。但是，这可能跟公司发展目标并不一致，或者超出了公司的能力范围，在风险投资者的助力下，公司可能会朝着一个不一定合适或者不一定最佳的发展方向"飞"去。

③被风险投资绑定。公司的未来通常是与创始人团队密切相关，风险投资者一旦投资，一定会给创始人戴上以下三副"手铐"和一个"紧箍"：

- 业绩对赌：达不到既定经济目标，股权要被风险投资者稀释；
- 股份锁定：通常创始人的股份会被锁定，需要 3～4 年才能逐步兑现，如果创始人提前离开公司，尚未兑现的股份就被公司收回了；
- 竞业竞争：如果创始人跟投资者产业分歧，并且离开公司，根据竞业禁止协议不允许创始人去做类似、竞争性的业务；
- 董事会协议及保护条款：风险投资者会对公司进行经营上的监督和决策。

案 例

李途纯对赌英联、摩根士丹利、高盛，输掉太子奶

太子奶曾于1997年年底以8888万元夺得中央电视台日用消费品的标王。据传言，该公司董事长李途纯在夺得标王时，身上所剩无几。无疑，太子奶曾经想通过一举夺得标王大赚一笔。但事与愿违，在奶制品同行业比较，太子奶在价格、质量、性能各方面指标并不出众，付出巨额广告费用的太子奶只能在市场中分得极小的一块蛋糕。

太子奶为实现上市计划，于2006年（对赌）英联、摩根士丹利、高盛等三大投行，三大投行借款7300万美元给李途纯，之后又介绍花旗集团、新加坡星展银行等6家国际银行，为太子奶提供了5亿元人民币的无抵押、无担保、低息3年期信用贷款。

根据这份对赌协议，在收到7300万美元注资后的前3年，如果太子奶集团业绩增长超过50%，就可调整（降低）对方股权；如完不成30%的业绩增长，李途纯将会失去控股权。

借助这些资金，李途纯开始疯狂扩张。2008年，由于高速扩张，太子奶被曝资金链断裂。

2008年8月，太子奶集团开始陆续被曝资金链断裂，随后陷入了严重的债务危机。三大投行以再注资4.5亿元的承诺让李途纯交出所持的61.6%股权。2009年1月，湖南省株洲市政府注资1亿元，由高科奶业托管太子奶，并从三大投行手中要回61.6%股权，交给李途纯，并抵押给高科奶业代为行权。然而，这些举措并未救活负债累累的太子奶。根据德勤审计的结果显示，太子奶集团负债高达26亿元左右。

在资金链趋于断裂，销售业绩急剧下滑的双重压力下，李途纯签订的"对赌协议"被迫提前履行，他不得不将自己持有的股权全部出让。

点评：为了吸引风险投资者，太子奶签订了对赌协议。对赌协议能促进被投企业在收到投资之后努力经营达到业绩目标，但同时也蕴藏着巨大的风险。所以，创业者在急于得到投资人帮助的同时，也不要忘记评估合作的风险，切勿盲目自信允诺不合理的业绩目标。

资料来源：中关村投融资网（2015年11月30日）

（2）选择风险投资后需要放弃的权利。

一旦选择风险投资，就好比是开着车上了高速公路，出口在遥远的地方，叫作"IPO"上市或者"被并购"。创新创业者只有在这条路上一直开下去，要么顺利开到底，要么冲破高速公路护栏，公司破产清算。在高速公路上开车是有规则的，同样，走上风险投资融资道路的公司也是有规则的。

①放弃一部分股权。首先创始人要给风险投资一部分股权，比例可能比较大比如，第一轮风险投资融资出让超过30%，第二轮、第三轮融资之后，剩下的股权就不到50%了。投资人只希望能从自己投下去的资金里获得合理回报。

总之，把蛋糕做大才是关键，创新创业者只有把公司做大了，股份比例才有意义，一家长不大的公司100%的股权还不如一家大公司10%的股权有价值。

②放弃一部分控制权。公司以后的重大决策不再只由创始人决定。风险投资者通常是"优先股东",他们拥有一些特殊的权利,用来保护自己的利益。他们通常会在董事会上占一两个席位,对公司的重大事件有举手表决的权利,可能很多事件他们还拥有一票否决的权利。

思考题

1. 通过学习,大家认为最适合自己的创新创业类型是什么?

2. 大家觉得还有哪些比较好的商业模式?请与同学们分享。

3. 公益创业的资金问题一直备受争议。大家认为,公益创业获得的"造血"资金是否应该盈利并进行利润分配?请查阅相关资料后讨论。

4. 知识产权的类型有哪些?

5. 医药卫生类专业学生创业者进行知识产权保护的意义是什么?

6. 医药卫生类专业学生在筹集创业资金时要遵循哪些原则?

7. 创业常用的融资途径有哪些?适合自己的融资途径有哪些?

8. 如何测算出适度的融资金额?

9. 医学生选择风险投资要注意哪些事项?

第十章

创新创业大赛解读

【知识目标】

1. 了解创新创业大赛的概况和分类。

2. 掌握创新创业大赛的参赛技巧。

3. 理解双创项目特点。

【能力目标】

通过创新创业项目案例学习，能够将创新创业的基础知识与专业知识相结合，能够掌握如何发现问题、分析问题和解决问题的方法。

【素质目标】

创新创业精神、意识、能力得到提升，进而全方位地提升综合能力，成为面向未来的高素质人才。

我们身处一个瞬息万变、创新不息的时代。创新创业，这不仅仅是一种商业的突破，更是一种引领社会进步的力量。从硅谷的繁忙景象到北京中关村的科技热潮，创新创业的精神正在全球范围内点燃激情，推动社会进步。无数的成功案例表明，创新创业赛事是培养创新思维、提升创业能力的重要舞台，也是展示创新创业成果的重要平台。那么，创新创业赛事究竟是什么样的呢？它们有着怎样的魅力和挑战呢？我们又该如何去参与并奋力争先呢？今天，我们将在课堂中深入探讨这些问题。

我们将对一些知名的创新创业赛事进行解读，通过这些赛事的实例，我们将深入了解创业赛事的运作机制、评选标准以及如何通过参与这些赛事来提升自己的创新创业能力。无论是初涉创业的新手，还是已有一定经验的创新创业者，都将在本章看到一个全新的视角和思考方式。我们还将邀请一些成功的创业者和投资人分享他们的经验和建议，希望他们的故事和建议能给你带来一些启示和帮助。

【创业名言】

一个人再有本事，也得通过所在社会的主流价值认同，才能够有机会。

——任正非，华为创始人

第一节　运筹帷幄——双创赛事深度解读

导入案例

共享单车：从"互联网+"大赛金奖到城市出行的革新之路

在 2016 年，第二届中国"互联网+"大学生创新创业大赛中，共享单车以其独特的设计和环保理念荣获了金奖，从此开启了它改变人们生活的创新之旅。

作为一款便捷的公共交通工具，共享单车以其灵活、便捷和环保的特性，迅速赢得了广大用户的喜爱。从繁华的城市街道到宁静的校园角落，共享单车的身影无处不在，为人们提供了便捷、绿色的出行方式。

然而，随着共享单车的普及，一些问题也逐渐浮现。乱停乱放、管理混乱等问题严重影响了城市交通秩序。面对这些问题，共享单车企业积极寻求解决方案。他们利用大数据分析、智能化管理等技术手段，成功地解决了这些问题，并进一步提升了共享单车的服务质量。

共享单车的故事并没有在此结束。随着科技的发展和社会的变化，共享单车也在不断地进行自我革新。他们开始探索电动自行车、自动驾驶等新的技术方向，以满足人们日益增长的出行需求。同时，共享单车也在积极推动城市绿色出行的发展，为环保事业作出了积极贡献。

这个故事告诉我们，创新并不是一蹴而就的，它需要我们有决心面对困难和挑战，勇于尝试和改变。正如共享单车的发展历程一样，只有不断创新和适应变化，才能在激烈的市场竞争中立于不败之地。

这个故事也激励着每一个有梦想的青年人，无论他梦想是什么，只要有决心、有勇气、有创新精神，就能像共享单车一样，改变世界，改变生活。让我们一起加入创新的行列，为未来的世界贡献自己的力量。

案例分析

1. 请思考：共享单车为什么能够成功？
2. 请评价：共享单车的发展对当代大学生培养创新创业意识方面有哪些启示？

一、创新创业大赛概述

创新创业大赛是创新创业教育体系中的重要组成部分，是连接创新创业理论教育和实践教育的桥梁和纽带。充分发挥创新创业大赛的载体作用，可以推动高校树立科学的创新创业理念，促进高校完善创新创业教育体系，加速高校科技成果转化。

（一）创新创业大赛的历史

创新创业大赛起源于美国，最早是得克萨斯大学奥斯汀分校在 1983 年举办的首届创业计划竞赛。目前，美国已有包括麻省理工学院、斯坦福大学等在内的十多所大学每年举办这一竞赛。1997 年，清华大学的学生将创业计划竞赛引入中国，并于 1998 年开展活动。2015 年，"大众创业、万众创新"系列活动如火如荼，国务院办公厅《关于深化高等学校创新创业教育改革的实施意见》指出要建设创新创业平台，增强支撑作用，支持各类创新创业大赛。各高校响应号召，推进高校创新创业教育，高校创新创业竞赛也随之迅速发展。

（二）创新创业大赛的概念

1998 年，清华大学联合几所高校与上海的一家杂志社成功地举办了首届"清华创业计划"大赛，清华大学成为我国首个举办大学生创业大赛的高校。1999 年，清华大学又承办了第一届"挑战杯"中国大学生创业计划大赛。同年，教育部颁布的《面向21 世纪教育振兴行动计划》中指出，要加强对教师以及学生的创业教育，要鼓励其自主创办高新技术企业。从此以后，我国的高校掀起了创新创业的热潮，大学生创业教育开始以创业大赛的形式走进我国各个高校，并产生了广泛而深远的影响。

大学生创新创业大赛的关键在于创新创业，创新创业的概念从广义上来说，与创业的概念相同；而从狭义上来说，创新创业的特点是创新，创新创业的结果是创业，创业的基础与前提是创新，创新的体现与延伸是创业。创新创业与一般意义上的创业的区别在于该创业活动是否有创新，值得注意的是，这里的创新不仅指技术创新，也包括更广泛意义上的科学创新、组织创新、金融创新及商业创新等一系列活动。

大学生创新创业大赛是一种使大学生群体通过对原有知识、技术或制度进行创新而产生创业项目，进而对所产生的创业项目进行比较、竞争并决出胜负的教育活动。

（三）创新创业大赛的开展情况

创新创业大赛一般由第三方机构如非营利性组织、基金会或者企业机构等发起主办，然后给社会人员发布参加邀请。为进一步激发高校学生创新创业热情，展示高校创新创业教育成果，2015 年，教育部牵头举办首届中国 "互联网＋"大学生创新创业大赛。从"挑战杯"中国大学生创业计划竞赛到各省市创业竞赛，从地级市创业竞赛到行业协会类的创业竞赛，已经初步形成了创业竞赛的网络。参加创新创业大赛的项目大致分为两种：一种是停留在创意层面的项目，另一种是已经付诸实践的项目。大赛要求参赛者以团队为单位报名参赛，接受跨院校组建团队。首先以高校为单位开展校级初赛，遴选参加省级复赛的项目，然后以各省为单位组织开展省级复赛，遴选优秀项目参加全国总决赛。大赛邀请行业企业、创投风投机构、大学科技园、高校和科研院所等专家对参赛项目创业计划书进行评审。对于处于创意阶段的项目，以创业计划书评审、现场答辩等作为参赛项目的主要评价内容，已创业的项目还需以盈利状况、发展前景等作为参赛项目的主要评价内容。

（四）创新创业大赛的意义

近年来，各级政府、高校和行业组织等举办了多种类型的创新创业大赛，对引导和激励广大民众弘扬时代精神，把握时代脉搏，培养和提高创新、创意、创造、创业的意识与能力，促进创新创业教育、促进创业实践活动的蓬勃开展等作用显著；对发现和培养一批具有创新思维和创业潜力的优秀人才，帮助更多有创新创业意愿的人采取创新创业的实际行动，推动大众创业、万众创新，为建成社会主义现代化强国、实现中华民族伟大复兴的中国梦贡献青春力量起到了重要支撑作用。可以说，我国已进入"大众创业、万众创新"的新时代。例如，中国国际"互联网＋"大学生创新创业大赛，有力促进了创新创业教育改革，加快了"双创"环境和创新型国家建设。

（五）创新创业大赛的目的与任务

以赛促教，探索人才培养新途径。全面推进高校课程思政建设，深入推进新工科、新医科、新农科、新文科建设，不断深化创新创业教育改革，引领各类学校人才培养范式深刻变革，形成新的人才培养质量观和质量标准，切实提高学生的创新精神、创业意识和创新创业能力。

以赛促学，培养创新创业生力军。构建新发展格局，激发学生的创造力；激励广大青年扎根中国大地，了解国情民情，在创新创业过程中增长智慧才干，坚定执着追理想，实事求是闯新路，把激昂的青春梦融入伟大的中国梦。

以赛促创，搭建产教融合新平台。能够把教育融入经济社会发展，推动成果转化和产学研用融合，促进教育链、人才链与产业链、创新链有机衔接，以创新引领创业、以创业带动就业，推动形成高校毕业生更高质量创业就业的新局面。

（六）创新创业大赛的组织

为充分发动全校各部门和各学院力量，确保大赛组织工作形成合力，积极发动在校生及毕业 5 年内的毕业生参赛，建议高校成立校级竞赛组委会。组委会中可包括分管学校创新创业教育改革工作的校领导、各机关处室主要负责人和各学院教学工作负责人。组委会下设大赛办公室，负责大赛竞赛的日常管理工作，包括大赛工作通知发布、大赛参赛材料汇总、组织专家评审、大赛结果公示、大赛奖品颁发等工作。为使大赛取得良好开局，大赛办公室应及时组织赛事推动会，对各参赛学院进行动员，要求进一步提高认识；对大赛传递的教育教学领域改革方向进行把握，以赛促学，以赛促改，以赛促教，进一步提高学校专业建设、人才培养、教育教学水平。同时，各学院在组织学生申报大赛的过程中，要结合本学院的学科特点、专业特点进行深入发掘，鼓励在校生及毕业 5 年内的毕业生跨专业、跨年级、跨学院组队，扬长避短，充分发挥不同专业背景学生的优势。

为进一步提升大学生创新创业大赛的比赛质量，学校组织方可以从以下几个方面开展工作。

（1）加强校园创新创业氛围营造，利用校园网、官方微信平台等及时发布各类创新创业活动信息，吸引学生参加。充分挖掘校园创新创业故事，以身边的榜样激励人、鼓舞人，充分发挥校园创客传帮带的作用。

（2）最大限度地整合学校各类实验中心、实验室、"众创空间"等资源，构建校园创新创业实践平台。定期举行创新创业讲坛、创新创业经验交流、创新创业实训等活动，吸引全校各专业学生及毕业生在校园创新创业实践平台进行跨学科、跨专业的思维碰撞，拓宽视野。实践平台配备创新创业导师，为学生提供各类咨询和服务，为创新创业团队的组建和发展打下坚实基础。

（3）完善学校创新创业大赛管理规定和奖励办法，加强基层学院创新创业组织机构建设，常态化开展创新创业教育，增加创新创业类通识课程和专业课程的数量，渐进式改革人才培养方式。

（4）组建大学生创新创业导师团队，对学生的创新创业项目进行孵化培训。

二、创新创业大赛分类

2015 年以来，随着"大众创业、万众创新"政策的提出，各个部委和各级政府部门、教育部的各个专业教指委、相关学会、有关企业举办了各种类型的创新创业大赛。2022 年 2 月 22 日，中国高等教育学会高校竞赛评估与管理体系研究工作组发布了 2021 年全国普通高校大学生竞赛分析报告（https://www.cahe.edu.cn/site/content/14825.html）根据相关管理原则，基于竞赛数据采集、综合评价和专家委员会投票情况，确定 56 项竞赛教育部官方认可的，最具含金量、最具参赛价值的赛事，具体详见表 10-1。

表 10-1　全国大学生学科竞赛项目名单

级别	类别	项 目 名 称	主 办 单 位
国家级	A	中国"互联网＋"大学生创新创业大赛	教育部
国家级	A	全国大学生节能减排社会实践与科技竞赛	教育部高等教育司
国家级	A	全国大学生工程训练综合能力竞赛	教育部高等教育司
国家级	A	全国大学生创新创业训练计划年会展示	教育部高等教育司
国家级	A	中国大学生服务外包创新创业大赛	教育部、商务部等
国家级	A	中美青年创客大赛	教育部
国家级	A	全国大学生电子设计竞赛	教育部高等教育司、工业和信息化部
国家级	A	全国大学生地质技能竞赛	国土资源部等
国家级	A	"中国软件杯"大学生软件设计大赛	工业和信息化部等
国家级	A	"挑战杯"全国大学生课外学术科技作品竞赛	共青团中央
国家级	A	"挑战杯"中国大学生创业计划大赛	共青团中央
国家级	A	全国大学生机器人大赛——RoboMaster、RoboCon	共青团中央、全国学联
国家级	B	ACM-ICPC 国际大学生程序设计竞赛	国际计算机协会
国家级	B	中国高校智能机器人创意大赛	中国高等教育学会等
国家级	B	全国大学生嵌入式芯片与系统设计竞赛	中国电子学会等
国家级	B	中国机器人大赛暨 RoboCup 机器人世界杯中国赛	中国自动化学会
国家级	B	全国大学生光电设计竞赛	中国光学学会等
国家级	B	中国机器人及人工智能大赛	中国人工智能学会
国家级	B	全国大学生数学建模竞赛	中国工业与应用数学学会

续表

级别	类别	项　目　名　称	主　办　单　位
国家级	B	全国大学生机械创新设计大赛	高等学校机械学科教指委等
国家级	B	全国大学生结构设计竞赛	高教学会工程教育专业委员会等
国家级	B	全国大学生广告艺术大赛	高等学校新闻传播学类专业教指委等
国家级	B	全国大学生智能汽车竞赛	高等学校自动化类教学指导委员会
国家级	B	全国大学生交通科技大赛	交通运输与工程学科教指委
国家级	B	全国大学生电子商务"创新、创意及创业"挑战赛	高等学校电子商务专业教指委
国家级	B	全国大学生物流设计大赛	教育部高等学校物流类专业教指委
国家级	B	中国大学生计算机设计大赛	高等学校计算机类专业教指委等
国家级	B	全国大学生市场调查与分析大赛	高等学校统计学类专业教指委等
国家级	B	中国高校计算机大赛——大数据挑战赛、团体程序设计天梯赛、移动应用创新赛、网络技术挑战赛、人工智能创意赛	高等学校计算机类专业教指委等
国家级	B	全国大学生先进成图技术与产品信息建模创新大赛	高等学校工程图学教指委等
国家级	B	全国大学生物理实验竞赛	高等学校大学物理课程教指委等
国家级	B	全国大学生信息安全竞赛	信息安全类专业教指委
国家级	B	全国周培源大学生力学竞赛	高等学校力学教指委、中国力学学会和周培源基金会
国家级	B	全国大学生金相技能大赛	高等学校材料类专业教指委
国家级	B	中国大学生机械工程创新创意大赛——过程装备实践与创新赛、铸造工艺设计赛、材料热处理创新创业赛、起重机创意赛、智能制造大赛	中国机械工程学会、高等学校机械类专业教指委、高等学校材料类专业教指委等
国家级	B	全国大学生生命科学竞赛（CULSC）——生命科学竞赛、生命创新创业大赛	高等学校大学生物学课程教指委等
国家级	B	"西门子杯"中国智能制造挑战赛	教指委、西门子（中国）有限公司和中国系统仿真学会
国家级	B	全国大学生化工设计竞赛	中国化工学会化学工程专业委员会等
国家级	B	"蓝桥杯"全国软件和信息技术专业人才大赛	工业和信息化部人才交流中心
国家级	B	全国高校数字艺术设计大赛	工业和信息化部人才交流中心
国家级	B	全国大学生集成电路创新创业大赛	工业和信息化部人才交流中心
国家级	B	"大唐杯"全国大学生移动通信5G技术大赛	工业和信息化部人才交流中心等
国家级	B	RoboCom机器人开发者大赛	工业和信息化部人才交流中心
国家级	B	米兰设计周——中国高校设计学科师生优秀作品展	中国教育国际交流协会等
国家级	B	外研社全国大学生英语系列赛——英语演讲、英语辩论、英语写作、英语阅读	外语教学与研究出版社、中国外语与教育研究中心
国家级	B	两岸新锐设计竞赛——华灿奖	中华中山文化交流协会
国家级	B	全国高校商业精英挑战赛——品牌策划竞赛、会展专业创新创业实践竞赛、国际贸易竞赛、创新创业竞赛	中国贸促会商业行业委员会、中国国际商会商业行业商会等
国家级	B	中国好创意暨全国数字艺术设计大赛	全国高校计算机基础教育研究会等
国家级	B	全国大学生化学实验邀请赛	高等学校化学教育研究中心等
国家级	B	全国高等医学院校大学生临床技能竞赛	医学教育临床教学研究中心等

续表

级别	类别	项目名称	主办单位
国家级	B	全国三维数字化创新设计大赛	3D动力、国家制造业信息化培训中心等
国家级	B	"学创杯"全国大学生创业综合模拟大赛	国家级实验教学示范中心联席会经济与管理学科组
国家级	B	全国高校BIM毕业设计创新大赛	中国软件行业协会培训中心等
国家级	B	华为ICT大赛	华为技术有限公司等
国家级	B	中国科学院"先导杯"并行计算应用大奖赛	中国科学院主办，中科院计算科学应用研究中心等共同承办
国家级	C	由企业、协会及其他单位主办的创新创业大赛	

创新创业大赛有多种分类方法，可以按照大赛主办单位的类型、大赛的属性等分别进行分类。

（一）按照大赛主办单位的类型分类

创新创业大赛按照主办单位类型可以分为以下三类。

（1）A类大赛。A类大赛是由政府部门主办的创新创业大赛，如表10-1列举的全国大学生学科竞赛项目名单中的A类比赛和《国务院关于推动创新创业高质量发展打造"双创"升级版的意见》（国发〔2018〕32号）中重点打造的中国创新创业大赛（由科技部等多部门主办）、"中国创翼"创业创新大赛（由人力资源和社会保障部等多部门主办）、"创客中国"创新创业大赛（由工业和信息化部等多部门主办）、"创青春"中国青年创新创业大赛（由共青团中央委员会等多部门主办）等。

（2）B类大赛。B类大赛是由教育部高等学校教学指导委员会和相关学会等主办的创新创业大赛，如表10-1中列举的全国大学生学科竞赛项目名单中的B类比赛。

（3）C类大赛。C类大赛是由企业、协会及其他单位主办的创新创业大赛。

（二）按照大赛的属性分类

创新创业大赛按照属性可以分为综合类创新创业大赛和学科类创新创业大赛。

（1）综合类创新创业大赛：综合类创新创业大赛一般是指针对所有学生举办的综合性创新创业大赛，参赛者可以根据自己的特长参加相应组别的比赛。中国国际"互联网+"大学生创新创业大赛、"挑战杯"全国大学生课外学术科技作品竞赛、中国创新创业大赛、"中国创翼"创业创新大赛、"创客中国"创新创业大赛、"创青春"中国青年创新创业大赛、中国青少年科技创新大赛等都属于综合类创新创业大赛。

（2）学科类创新创业大赛：学科类创新创业大赛主要是针对某些专业学生举办的专业性较强的创新创业大赛。全国大学生节能减排社会实践与科技竞赛、全国大学生交通科技大赛、全国大学生智能汽车竞赛、全国大学生电子商务"创新、创意及创业"挑战赛、全国大学生工程训练综合能力竞赛、全国大学生服务外包创新创业大赛、全国大学生集成电路创新创业大赛等都属于学科类创新创业大赛。

三、中国国际大学生创新大赛

　　中国国际大学生创新大赛是中国高等教育学会发布的学科竞赛排行榜榜单排名第一的赛事，是目前国内级别最高和参与人数最多的创新创业大赛，已经成为我国深化创新创业教育改革的重要载体和关键平台，成为覆盖全国所有高校、面向全体大学生、影响最大的高校双创盛会。自 2015 年以来，中国国际"互联网＋"大学生创新创业大赛围绕"更中国、更国际、更教育、更全面、更创新"的总体目标，培养了一大批有理想、有本领、有担当的源源不断的青春力量。2023 年 12 月，大赛在第九届全国总决赛时正式更名为中国国际大学生创新大赛。接下来将结合第十届大赛文件，分析创新大赛的目标、任务、内容、要求等。

（一）大赛主题

　　我敢闯，我会创。

（二）总体目标

　　更中国、更国际、更教育、更全面、更创新、更协同，落实立德树人根本任务，传承和弘扬红色基因，聚焦"五育"融合创新创业教育实践，开启创新创业教育改革新征程，激发青年学生创新创业热情，打造共建共享、融通中外的国际创新创业盛会，让青春在全面建设社会主义现代化国家的火热实践中绽放绚丽之花。

　　——更中国。更深层次、更广范围体现红色基因传承，充分展现新发展阶段高水平创新创业教育的丰硕成果，集中展示新发展理念引领下创新创业人才培养的中国方案，提升新时代中国高等教育的感召力。

　　——更国际。深化创新创业教育国际交流合作，汇聚全球知名高校、企业和创业者，服务以国内大循环为主体、国内国际双循环相互促进的新发展格局，搭建全球性创新创业竞赛平台，提升新时代中国高等教育的影响力。

　　——更教育。推动思想政治教育、专业教育与创新创业教育深度融合，弘扬劳动精神，加强学生创新实践能力培养，造就敢想敢为又善作善成的新时代好青年，提升新时代中国高等教育的塑造力。

　　——更全面。推进职普融通、产教融合、科教融汇，鼓励各学段学生积极参赛，形成创新创业教育在高等教育、职业教育、基础教育、留学生教育等各类各学段的全覆盖，打通人才培养各环节，提升新时代中国高等教育的引领力。

　　——更创新。积极开辟发展新领域新赛道，不断塑造发展新动能新优势，丰富竞赛内容和形式，激发全社会创新创业创造动能，促进高校创新成果转化应用，服务国家创新发展，提升新时代中国高等教育的创造力。

　　——更协同。充分发挥大赛平台纽带作用，促进优质资源互联互通，推动形成开放大学、开放产业、开放问题的良好氛围，助推大赛项目落地转化，营造支持青年大学生创新创业、共同合作、互相包容、互相支持的良好生态。

（三）主要任务

以赛促教，探索人才培养新途径。全面提高人才自主培养质量，强化高校课程思政建设，深入推进新工科、新医科、新农科、新文科建设，深化创新创业教育改革，引领各类学校人才培养范式深刻变革，形成新的人才培养质量观和质量标准，切实提高学生的创新精神、创业意识和创新创业能力。

以赛促学，培养创新创业生力军。着力造就拔尖创新人才，激励广大青年扎根中国大地，了解国情民情，在创新创业过程中增长智慧才干，怀抱梦想又脚踏实地，敢想敢为又善作善成。

以赛促创，搭建产教融合新平台。把教育融入经济社会发展，推动成果转化和产学研用融合，促进教育链、人才链与产业链、创新链有机衔接，以创新引领创业、以创业带动就业，推动形成高校毕业生更高质量创业就业的新局面。

（四）大赛内容

大赛主体赛事包括高教主赛道、"青年红色筑梦之旅"赛道、职教赛道、萌芽赛道和产业命题赛道，各赛道具体参赛要求详见每年大赛各赛道组织实施方案。

（五）组织机构

大赛由教育部、中央统战部、中央网信办、国家发展改革委、工业和信息化部、人力资源社会保障部、农业农村部、中国科学院、中国工程院、国家知识产权局、国家乡村振兴局、共青团中央和地方政府共同主办。

（六）参赛要求

（1）参赛项目能够紧密结合经济社会各领域现实需求，充分体现高校在新工科、新医科、新农科、新文科建设方面取得的成果，培育新产品、新服务、新业态、新模式，促进制造业、农业、卫生、能源、环保、战略性新兴产业等产业转型升级，促进数字技术与教育、医疗、交通、金融、消费生活、文化传播等深度融合。

（2）参赛项目应弘扬正能量，践行社会主义核心价值观，真实、健康、合法。不得含有任何违反《中华人民共和国宪法》及其他法律法规的内容。所涉及的发明创造、专利技术、资源等必须拥有清晰合法的知识产权或物权。如有抄袭盗用他人成果、提供虚假材料等违反相关法律法规或违背大赛精神的行为，一经发现即刻丧失参赛资格、所获奖项等相关权利，并自负一切法律责任。

（3）参赛项目只能选择一个符合要求的赛道报名参赛，根据参赛团队负责人的学籍或学历确定参赛团队所代表的参赛学校，且代表的参赛学校具有唯一性。参赛团队须在报名系统中将项目所涉及的材料按时如实填写提交。已获本大赛往届总决赛各赛道金奖和银奖的项目，不可报名参加本届大赛。

（4）参赛人员（不含产业命题赛道参赛项目成员中的教师）年龄不超过35岁。

（5）各省级教育行政部门及各有关学校要严格开展参赛项目审查工作，确保参赛项目的合规性和真实性。审查主要包括参赛资格以及项目所涉及的科技成果、知识产权、财务状况、运营、荣誉奖项等方面。

（七）比赛赛制

大赛主要采用校级初赛、省级复赛、总决赛三级赛制（不含萌芽赛道以及国际参赛项目）。校级初赛由各院校负责组织，省级复赛由各地负责组织，总决赛由各地按照大赛组委会确定的配额择优遴选推荐项目。大赛组委会将综合考虑各地报名团队数（含邀请国际参赛项目数）、参赛院校数和创新创业教育工作情况等因素分配总决赛名额。

（八）赛程安排

（1）参赛报名（每年4—7月）。参赛团队通过登录全国大学生创业服务网（网址：cy.ncss.cn）或微信公众号（名称为"全国大学生创业服务网"或"中国'互联网+'大学生创新创业大赛"）任一方式进行报名。

国际参赛项目通过全球青年创新领袖共同体促进会官网进行报名（网址：www.pilcchina.org）。

（2）初赛复赛（每年6—8月）。初赛复赛的比赛环节、评审方式等由各校、各地自行决定。

（3）总决赛（每年9—11月）。大赛设金奖、银奖、铜奖；另设省市组织奖、高校集体奖及若干单项奖。入围总决赛的项目将通过网评和会评，择优进入总决赛现场比赛，决出各类奖项。大赛组委会通过全国大学生创业服务网、国家24365大学生就业服务平台（https://www.ncss.cn/）为参赛团队提供项目展示、创业指导、人才招聘、资源对接等服务，各项目团队可登录上述网站查看相关信息，各地可利用网站提供的资源，为参赛团队做好服务。

第二节　决胜千里——项目参赛技巧分析

掌握创新创业大赛的参赛技巧对于提高获奖概率和获奖名次具有重要作用。首先要充分研究大赛规则，其次要选择优秀参赛项目，再次要组建一流创业团队，然后训练好参赛基本功，最后要打磨完善参赛资料。

扩展阅读 10-1　邹光磊的创业历程

一、充分研究大赛规则

每一个创新创业大赛都有各自的特点和评审重点，参加创新创业大赛之前一定要仔细研读相关的比赛文件，研究大赛的项目征集重点和评审要点，做到有的放矢，这样才能提高获奖概率和获奖名次。例如，中国国际"互联网＋"大学生创新创业大赛比较关注创新创业教育维度，中国创新创业大赛比较关注项目的科技维度，"中国创翼"创业创新大赛比较关注项目带动的就业维度。

二、选择优秀参赛项目

一个好的选题可以极大提升项目的参赛获奖概率和获奖名次。参赛者一定要结合自己的专业和特长选择合适的项目参加比赛。项目选题要遵循以下原则：需要性原则、创造性原则、科学性原则和可行性原则。创新创业大赛项目的主要来源有以下几个方面。

（1）学生自发的创新创业项目。如做一个数据信息对接的服务平台，校内可做校内奶茶店、打印店之类的，校外可做简单的中小学家教之类的；二手商品交易平台，如可以针对一些在校大学生，做一个二手商品交易的 App，方便大学生的生活，类似于闲鱼等的运营模式；校园文创平台，如利用自身学校的特性，制作一些与学校有关的周边纪念品——书签、挂件、笔记本等。

（2）来自社会热点的创新创业项目。根据经济社会和科学技术的发展，选择一些社会关注度高的有发展潜力的创新创业项目，如 VR/AR、无人机、3D 打印、云计算、大数据、创客、互联网教育、互联网汽车、互联网医疗等社会热点的新兴前沿行业。由于其迸发的巨大生产力和强大政策扶持力度使其迅猛发展，因此抢占"潜力股"行业容易受到产业界和投资界评委的重点关注。

（3）科技成果转化的创新创业项目。高校产学研用及科技成果转化成为越来越多创新创业大赛获奖的主旋律。以中国国际"互联网＋"大学生创新创业大赛为例，近几年国赛金奖的主要项目来源就是学校的科技成果转化项目。在医疗健康方面的项目：抗癌药物、医疗器械设备或新的医疗方式等；在信息技术方面的项目：芯片、AR、VR 之类的高科技等。

（4）产教融合的创新创业项目。产教融合，讲求的是学以致用，是将地区产业结构转型升级与高校人才培养相结合，实现特色学科的建设，真正做到把知识转变为财富。例如，一般的培训机构对人员、场地等要求较高，且多注重线下教学，线上建设水平低。而我们可以利用所学的知识和技术，为他们制作一套软件，帮助他们进行门店管理和搞好线上开课等；如今电影产业飞速发展，像一些小型的电影制作，可能没有太多的费用去购买众多摄影器械，我们就可以利用好这一特质，做器械租赁服务平台。而且，除了器械，还可以为其联系第三方提供一些拍摄方案以及特效制作等，进行多方合作。

（5）学校优势学科的创新创业项目。结合学校特色或优势专业、当地人文和产业特色的参赛项目容易获得认可。如在结合学校特色或优势专业方面：Unicorn 无人机项目结合北京航空航天大学在无人机专业的优势；指尖上的陶艺结合景德镇陶瓷大学在陶瓷专业的优势；乐乐医患者诊后随访及慢病管理平台结合思创大学华西临床医学院的临床医学专业领域的优势等。在当地人文和支柱产业特色方面：河南省作为农业大省，约 50%的获奖项目与农业相关，如"农二代 App""互联网＋鸡蛋"等；山东省的幕影春秋泰山皮影传播与推广系统；云南省的互联网＋非物质文化遗产——云南民族刺绣；新疆的"切糕王子"。

（6）互联网新技术的创新创业项目。利用互联网新技术（如大数据检索、云计算等），在传统电商的基础上实现现代创新，加入一些新颖的宣传、经营手段等进行项目升级。

（7）"一带一路"相关的创新创业项目。参赛项目的产品和服务可以围绕共建"一带一路"的各国家展开，表现友爱互助、共同富裕的主题等。

（8）满足社会公益需求的创新创业项目。关注一些弱势群体、特殊群体等，实现公益帮扶。

（9）校友"大手拉小手"的创新创业项目。一般情况下，学校会有一些已经毕业的比较优秀的校友，可以尝试联系他们，校友的社会经验和资源都很丰富，与其合作，把他们的成果做成比赛项目，一般这样的项目质量会比较高。

（10）政府公共采购项目。参赛项目的内容要与当地政府有一些合作，如参与当地政府的一些采购计划等。

三、组建一流创业团队

一流的团队可能会把三流的项目打造成一流的项目，但是三流的团队一定不会把一流的项目运作好，这就是团队的重要性。因此，在正式做项目之前，先要组建好团队。项目组队应把握以下原则：不同专业、不同年级、不同角色、不同资源、同一目的。在队员专业和年级选择方面：跨学院和跨年级组队，吸纳不同专业背景的同学，才能激发出更多的创新思想，有利于创业计划书中不同板块的撰写。在队员担当角色方面：团队中要有管理能力强的队长，责任心强的板块负责人，执行能力强的队员，还要有负责后勤保障、活跃团队氛围的同学。在队员能够提供的资源方面：可以多吸纳一些和指导老师特别熟悉的同学，和相关行业企业能对接的同学，和政府相关部门能联系的同学等。所有参赛队员必须有坚定的参赛目标，态度必须端正。

四、训练好参赛基本功

创新创业者的基本功可以概括为"三个明白"，即想明白、做明白、讲明白。做好创新创业项目，必须具备这三项基本功。

（一）想明白

想明白分为五个层次。

第一层次：创新创业的本质是价值创造，价值创造就是用自己独有的方案解决社会存在的痛点问题。在做一个创新创业项目之前，首先要明白这个项目有什么价值；这个项目可以提供什么产品或服务，可以满足什么社会需求。

第二层次：从企业四要素入手，深入考虑创新创业项目卖什么产品或服务，向谁卖这些产品或服务，如何卖这些产品或服务，顾客为什么买这些产品或服务。

第三层次：填写九宫格结构。创新创业项目的九宫格结构包括现有问题和现有解决方案、自己的解决方案、关键指标、价值主张和定位、门槛优势、渠道、客户细分和天使客户、成本结构、收入结构。九宫格结构包括九方面的内容，按照维度可以分为科研思维、客户思维、财务思维三个思维维度。

科研思维：

①问题：列出客户（用户）的三个最重要的问题。

现有方案：问题现在是怎么解决的。

②解决方案：产品或服务。

③门槛优势：不易被复制或者购买到的优势。

客户思维：

①细分客户：目标客户和用户群，天使用户、理想客户的特征。

②关键指标：客户数、用户量、产品数、满意度。

③价值主张：唯一、独特、清楚、引人瞩目。

④渠道：获取客户的方式？

财务思维：

①成本分析：固定成本、可变成本。

②收入分析：收入来源多样化。商业模式贯穿九宫格结构的主线。商业模式包括价值载体（产品或服务是什么）、客户细分（客户是谁）、渠道模式（怎么让客户知道、客户怎样购买）、盈利模式（怎么赚钱）。

第四层次：按照九宫格结构撰写 PPT 版创业计划书。

第五层次：按照 PPT 版创业计划书的结构，详细扩充各部分内容，撰写 Word 版的详细创业计划书。

（二）做明白

做明白是一个验证、试错、修正的过程，就是要不断试错、不断靠近真相（真正的需求点）。一开始做创新创业项目时，该项目需要满足的社会需求（痛点问题）往往都是想象出来的，解决方案也是想象出来的，这个想象出来的社会需求究竟是不是真的需求，提出的解决方案是否可行，这些只有靠实践才能检验。因此，做项目的过程也是不断接近真相的过程，不断验证自己想象当中的社会需求是不是真的需求，提出的方案是否真的可行，把想象中的社会需求和解决方案变成真实的社会需求和切实可行的解决方案。做明白的关键就是要模拟现实场景，即做出产品原型和找到天使客户。

（三）讲明白

创新创业项目，无论是参加比赛还是进行融资，都需要进行路演，因此，讲明白在项目路演中是非常重要的。讲项目时需重点讲明以下几个问题：谁有什么问题需要解决？怎样解决？解决方案好在哪里？为什么只有该项目能解决？参加该项目的都有谁？如何分工？现在做得怎么样？未来怎样发展？还需要多少钱？

做到讲明白，就要学会善于摆事实和讲故事。

摆事实方面：表达时多用数字，善用对比；注重行动和结果，重视客户反馈；多呈现图片、证照、视频等。

讲故事方面：讲客户故事和团队故事、讲创业初心和创业磨难、讲社会价值和未来梦想。

讲明白的三重境界就是令人明白、令人相信、令人感动。

五、打磨完善参赛材料

准备大赛资料包括以下五个步骤。

（1）应用创业九宫格，梳理思路，确定方向。

（2）进行市场调研和客户访谈，搜集资料，梳理 PPT 版创业计划书的大纲。

（3）在项目 PPT 版创业计划书的指导下，在事件中验证假设，逐步完善项目计划书。

（4）图文表达不清楚时，可以通过动画或者视频表达。

（5）不断升级和完善项目的 PPT 版和 Word 版创业计划书，凝练演讲台词，反复练习。

扩展阅读 10-2 创业九宫格

第三节 入木三分——双创项目特点剖析

一、高校科技创新活力迸发，助力双创生态打造

河南省充分发挥全省 8 所全国深化创新创业教育改革示范高校、11 所全国创新创业典型经验高校、10 所省级首批深化创新创业教育改革示范高校、50 个省级创新创业实践示范基地，在促进大学生创新创业教育，特别是在大学生创新创业大赛中的引领示范带动作用，营造了创新创业的良好氛围，不断激发高校科技创新活力。广大青年学子紧跟国家创新驱动发展战略部署和科技创新趋势开展创新创业，创造出大批独立研发、自主可控的高科技创业项目，大量高技能人才共同助力河南省双创生态打造。

以"互联网＋"大学生创新创业大赛为例。自 2015 年首届大赛以来，人工智能、机器人、无人机、新材料等高科技项目层出不穷，体现了广大青年学子运用所学，服务国家战略的创新能量。例如，第五届大赛国赛金奖——郑州大学"万创智造——全球领先的新一代超高精密超硬刀具制造商"项目致力于先进超硬材料刀具的设计生产和加工应用，拥有完全的自主知识产权，是国内唯一的集原材料选择与优化、材料配方设计、刀具结构设计、磨加工、现场应用方案"五位一体"的超硬材料刀具系统方案提供商，产品广泛应用于汽车、船舶、航空航天、矿山设备、冶金、新能源等各大领域。

第二届大赛国赛铜奖——洛阳师范学院"骨科打孔机器人"项目针对传统打骨机器人不精确的问题，研发出由床旁机械臂系统、手术台转动装置、计算机辅助定位系统和模拟手术共同构成的骨科打骨机器人，产品易操作，精度较高，在针对神经外科手术时效果特别显著。第三届大赛国赛铜奖——郑州航空工业管理学院"新型多功能水上无人机"项目针对现有船只及陆基无人机在应对水上问题方面处理能力的严重不足，创新性地提出一种新型盒式连翼布局水上无人机，结合船身式机身，实现对指定水域高效地留空或留水作业，增加了结构强度，缩短了起降距离，明显减小了水动阻力，可广泛应用于水质探测、灾害救援、渔业探测等各方面。另外，还有河南师范大学的"智驱未来——智能三电平防爆变频器"，郑州轻工业大学的"魔冰——新型二氧化碳气肥技术及装备"，郑州大学的"施必克——全球首创智能感知防水系统"，河南工业大学的"太未来科技——迈向粮食快速无损检测新时代"，郑州轻工业大学的"LYMX医疗——新一代脑卒中患者康复治疗行业领跑者"等。

二、项目与产业和经济深度融合，助力经济高质量发展

从获奖项目所属领域来看，项目集中分布于制造业、信息技术服务以及现代农业、社会服务、文化创意、公共服务等社会经济各领域，大赛项目与各领域、各行业的紧密融合，在带动中原经济发展、推动传统产业转型升级、打造具有国际影响力的枢纽经济先行区等方面发挥了重要作用。例如，第二届大赛国赛银奖——河南农业大学"甲加由农业综合化服务项目"以农产品为纽带，使用互联网、物联网等信息技术手段，融合农业生产、交易、流通、金融等产业要素，实施"订单式"销售，实现按需规划种植，在农业种植端和市场需求端之间搭建了一个服务平台，解决了种植户和农产品购销企业之间信息不对称的难题，农民可以及时获知市场需要哪些农产品，不必过多担心种销脱节，农产品加工企业也能获得安全稳定的优质农产品来源，从而提高农业生产效率，实现了优质丰产、增产增收。第四届大赛国赛铜奖——河南工业大学"预感应电弧传感器——为机械制造保驾护航"项目研发的预感应式电弧测距系统，广泛应用于焊接、车、铣、刨、磨、钻等机械制造领域，为操作人员和机械加工设备提供全方位的保护。

在习近平总书记"绿水青山就是金山银山"理论的指导下，紧跟污染防治攻坚战、"打赢蓝天保卫战三年行动计划"等国家生态文明建设战略等，在烟气治理、市政供水、污水处理、土壤修复、固体废物污染防治、环境监测等产业细分领域，大赛项目涌现出首届大赛国赛银奖——黄河科技学院"飞轮威尔互联网＋个人绿色智能出行生态圈"等一批优质环保项目。

三、多措并举扶农助农，助力乡村振兴全面推进

2017年，第三届大赛首次开展"青年红色筑梦之旅"活动，同年8月15日，习近平总书记给参与第三届大赛"青年红色筑梦之旅"的大学生回信，深切勉励青年学子扎根中国大地，了解国情民情，在创新创业中增长智慧才干，在艰苦奋斗中锤炼意志品质。为全面贯彻落实习近平总书记重要回信精神，从第四届开始，大赛设立"青年红

色筑梦之旅"赛道，鼓励大学生充分运用所学专业知识，组织大学生创新创业团队到各自对接的县、乡、村和农户，从质量兴农、绿色兴农、科技兴农、电商兴农、教育兴农等多个方面开展帮扶工作，推动当地社会经济建设，助力精准扶贫和乡村振兴。

作为我国的农业大省，河南省涌现出大量扶农助农创业项目，互联网科技助农、互联网电商助农、互联网教育助农等成为河南省大学生创新创业最大亮点之一。

在互联网科技助农方面，涌现出了首届大赛国赛铜奖——周口师范学院"智慧农业控制系统"、第三届大赛国赛铜奖——河南科技学院"王者农药——让人们吃上更绿色的粮食"、第四届大赛国赛银奖——河南科技大学"芪麦计划——打造营养面食助力全民健康"、第五届大赛国赛银奖——河南大学"穗穗年年——中国特色小麦推广领军者"、第六届大赛国赛银奖——河南师范大学"快繁技术在特色中药材种植中的应用——助力乡村振兴"等优秀项目。其中，在第六届大赛国赛银奖——河南师范大学"快繁技术在特色中药材种植中的应用——助力乡村振兴"项目自主研发出植物非试管快繁技术以及多个中药材新品种，可快速生产出一大批质优价廉的中药材种苗，实现了科学化大规模种植，极大降低了种植成本，提升了种植收益，同时指导村民采用"高校＋公司＋农业经济合作社＋农户＋药商"的模式进行运作，不断助力河南省辉县市柳湾村村民增收致富。

在互联网电商助农方面，涌现出了首届大赛国赛金奖——河南大学"农二代的O2O"、首届大赛国赛铜奖安阳工学院"'新农人'新型农业电商"、第二届大赛国赛铜奖——黄淮学院"来村网农村电子商务平台"等优秀项目。如首届大赛国赛金奖——河南大学"农二代的O2O"项目迅速抓住机遇，以"互联网＋"为平台，运用互联网技术，打造"农二代"专属的农产品网络销售平台，通过O2O平台，结合人们对食品安全的关注、对绿色食品的需求，为目标客户投放、推送安全、绿色、无公害的农产品信息，致力于通过线上、线下相结合的方式，提供源地可查的健康食品，为农户挖掘农产品的最大价值，帮助老百姓增收致富。

在互联网教育助农方面，涌现出了首届大赛国赛金奖——河南科技大学"小康农民讲习所"、第六届大赛国赛铜奖——河南师范大学"'星火燃梦'公益支教团"等优秀项目。如首届大赛国赛金奖——河南科技大学"小康农民讲习所"项目以打造"农民脱贫增收服务平台"为目标，重点发展优势农业产业，打造农民众创扶贫基地，开展职业农民培训，带动农民创业增收，经过讲习所培训后的普通农民创业增收年收入可达29800元，同时带动贫困户每年保底分红3000元。同时，小康农民讲习所整合社会资源，开展多样的"社会互助式"活动，合力带动农民奔小康。小康农民讲习所开展"智慧农工培训计划"项目，以培训新型职业农民技能为主要目标，搭建人员培训、人才培养、技术服务为一体的新型职业农民培育平台，截至目前已累计培训新型职业农民5万余人次，帮扶500余个农业经营主体；讲习所与高校联合开展"校企众创"计划，将科研成果以创业的形式落户到农村，共建5个包括马铃薯新品种、农业信息化等方面的专业实验室，成立 8 支创业团队，落地 20 余项科研成果；小康农民讲习所开展"工业振兴"计划，在村镇引入"绿色制造业"企业，提供更多工作岗位，吸引外出务工青年返乡就业，一期引入的"银帆电子"示范工程，总计提供 5000 个工作岗位，返乡青年就业年收入不低于 3 万元。

另外，还有河南农业大学的"'粟梦兰考'——农民脱贫致富在路上"项目、河南工业大学的"仿生叶绿素创新者——小麦光合技术·抓牢中国饭碗"、河南财经政法大学的"数农通——科技助力数字乡村建设的践行者"项目、新乡医学院的"鱼博士——科技助力水产绿色养殖"项目、河南工业大学的"集羽归雁——设计赋能乡村产业振兴的创践者"等。

四、弘扬传承红色文化，指引新时代青年创享未来

文化传承，初心不改。中原大地拥有历史悠久的传统文化和砥砺奋进的红色精神，红旗渠精神、焦裕禄精神、大别山精神等红色精神与文化始终指引着一代又一代的青年勇往直前，开辟未来。例如，在第六届大赛中，河南理工大学"'燎原'计划：传承红色文化，助力乡村振兴"项目在焦作太行山革命老区的乡村开展调研和规划设计，通过再现红色革命文化，激发乡村活力，实现乡村振兴。团队按照全面调研、现场设计、指导建造、定期回访的工作流程，摸索出了以红色文化为引爆点，在教师参与下与乡村共同制定发展思路，开展乡村规划、建筑和环境设计，为乡村文旅、生态农业、康养住宿等产业提供了保障，解决了乡村发展所面临的环境、产业、经济问题，以项目共建的战略关系为贫困乡村提供服务。截至 2021 年年底，在已经建设运营的十二会村、寨卜昌村、北西尚村等项目中，全部实现了一年内脱贫，乡村产业运行良好、百姓持续增收。第七届大赛河南师范大学"星耀中华"公益支教团项目十年间针对农村地区教育的问题形成了自身的特色和优势，成功探索了一套具备流程性、系统性的公益支教体系。线下搭建"八大板块"支教立体工程，线上依托远程教育，打造"EQE"智慧教育平台，进而形成一套可推广复制的"想学 + 会学"双翼教学机制。通过持续性公益支教激活学生学习内驱力，促进乡村素质教育发展进步，以"少年强"助推"国家强"，助力乡村教育事业蓬勃发展，以人才振兴推动乡村振兴战略全面推进。在第六届大赛中，安阳师范学院"寻访即将消逝的红旗渠建造者"项目沿红旗渠渠线，用人文主义纪实摄影方式，将图文、影音相结合，记录修渠老人对红旗渠的回忆，访谈经典故事，传承时代精神。项目历时 3 年多的时间，行程 9800 多千米，足迹遍布河北、山西多个省市，以及林州 500 多个村落，走访了 412 人，拍摄了 78547 张照片，汇编修渠故事 53600 字，录制口述史视频 4320 分钟，剪辑人物专题片 20 部，立项完成国家艺术基金"红旗渠建造者"摄影项目，甄选 140 余幅作品在河南省美术馆举办《问渠——寻访修渠人》专题摄影展，展览期间超过 5 万人次参观展览，让人们在潜移默化中了解红旗渠精神、接受红旗渠精神、践行红旗渠精神、传承红旗渠精神。

五、双向赋能驱动，模式创新与技术创新齐头并进

项目创新主要体现在技术创新或者模式创新，如果一个项目是单独的模式创新或者技术创新，都缺乏竞争力。只有同时有技术创新和模式创新，项目才具有较大的竞争力。

从历届河南省大赛获奖项目来看，项目的运营模式和核心技术都在不断创新。例如，首届大赛国赛铜奖——黄河科技学院"智慧农业互联网云生态技术服务平台"项目整合大数据、物联网等现代农业技术服务于传统农业，帮助传统农业经营者找寻新模式、使用新技术，打造高端低价的农业物联网，让每个农业经营者用得起、学得会，破解传统农业的种地难、种地贵的难题，运用融资租赁和分期付款的方式为新型农业经营者提供低成本的智能化农业装备，提升了传统农业发展的创新力和生产力，形成了更广泛的以互联网为基础设施和创新要素的经济社会发展新形态。第五届大赛国赛铜奖——河南工业大学"倾果倾诚——生鲜社区团购领跑者"项目专注地标类生态农产品的种植、生产、销售和高品质健康休闲食品开发，采取"种植基地 + 公司 + 线上线下"的模式进行运营，以团长为运营中心，以社区微信群为主要销售窗口，从品控、管理、服务、模式方面吸引用户，为消费者提供健康的原生态农产品，推动我国农业品质发展。截至 2022 年 6 月，该公司已覆盖 200 多个小区，有团长 220 人，人均收入2000～6000 元，能带动失业人员再就业；同时在农户销售方面给予重点帮扶，帮助农民解决滞销农产品数百次，总金额达 500 万余元。第五届大赛国赛铜奖——洛阳理工学院"航弯钛构——国内航空钛合金弯曲件一体化快速成形技术引领者"项目针对传统二次加工方法加工金属 3D 弯曲件有褶皱、截面畸变、回弹和壁厚不均匀的问题，提出了通过多方位动态调控分流模具中通道截面面积的挤压理论，开发出了新一代弯管、弯板制造技术，实现了无缺陷高性能弯曲件的一次成形挤压，实际应用和市场潜力巨大，推广前景良好。另外，还有河南师范大学的"华萃中药——引领中草药艺术品的潮流"项目等。

思考题

1. 创新创业大赛如何分类？
2. 创新创业大赛参赛技巧有哪些？
3. 新工科、新农科、新医科、新文科的创新创业项目特点都有哪些？

参 考 文 献

[1] 李俊，郑友取，周建华，等. 创业基础与实践[M]. 北京：北京师范大学出版社，2021.

[2] 李时椿，常建坤. 创新与创业管理[M]. 南京：南京大学出版社，2017.

[3] 雷重熹，池云霞，靳润奇，等. 创新创业案例与分析[M]. 北京：高等教育出版社，2019.

[4] 李肖鸣，朱建新. 大学生创业基础[M]. 2版. 北京：清华大学出版社，2013.

[5] 李宁. 大学生创新创业基础[M]. 北京：现代教育出版社，2018.

[6] 孙亚清. 跨界创业联盟资源整合机制研究[D]. 长春：吉林大学，2016.

[7] 中华人民共和国教育部. 关于举办第九届中国国际"互联网+"大学生创新创业大赛的通知（教高函〔2023〕6号）[Z]. 2023-05-19.

[8] 刘鑫. 基于大数据时代的大学生创业资源整合策略研究[J]. 吉林农业科技学院学报，2021，30（1）：33-36.

[9] 徐乔梅. 初创企业管理的"收"与"放"[J]. 现代企业文化（上旬），2018（12）：98-99.

[10] 戴永辉，王佳依，徐波，等. 高校大学生创业机会识别影响因素实证研究[J]. 特区经济，2020，（11）：104-107.

[11] 韩爽. 牛根生：淡出商界的慈善"牛"人[J]. 中国品牌，2016（5）：52-54.

[12] 樊敏，温欣言. 基于中国创新创业大赛和中国创新挑战赛机制激发创新主体活力的研究[J]. 科技创新与生产力，2023，44（5）：1-3.

教师服务

感谢您选用清华大学出版社的教材！为了更好地服务教学，我们为授课教师提供本书的教学辅助资源，以及本学科重点教材信息。请您扫码获取。

❯❯ 教辅获取

本书教辅资源，授课教师扫码获取

❯❯ 样书赠送

创业与创新类重点教材，教师扫码获取样书

清华大学出版社

E-mail: tupfuwu@163.com
电话：010-83470332 / 83470142
地址：北京市海淀区双清路学研大厦 B 座 509

网址：https://www.tup.com.cn/
传真：8610-83470107
邮编：100084